Fomentando la cultura tributaria, el cumplimiento fiscal y la ciudadanía

GUÍA SOBRE EDUCACIÓN TRIBUTARIA EN EL MUNDO

OCDE
MEJORES POLÍTICAS PARA UNA VIDA MEJOR

FIIAPP
COOPERACIÓN ESPAÑOLA

EUROsociAL
PROGRAMA PARA LA COHESIÓN SOCIAL EN AMÉRICA LATINA

Este trabajo se publica bajo la responsabilidad del Secretario General. Las opiniones expresadas y los argumentos utilizados en el mismo no reflejan necesariamente el punto de vista oficial de los países miembros de la OCDE o del International and Ibero-American Foundation for Administration and Public Policies; y/o de EUROsociAL II.

Tanto este documento como cualquier mapa que se incluya en él no conllevan perjuicio alguno respecto al estatus o la soberanía de cualquier territorio, a la delimitación de fronteras y límites internacionales, ni al nombre de cualquier territorio, ciudad o área.

Por favor, cite esta publicación de la siguiente manera:
OECD/The International and Ibero-American Foundation for Administration and Public Policies (FIIAPP) (2015), *Fomentando la cultura tributaria, el cumplimiento fiscal y la ciudadanía: Guía sobre educación tributaria en el mundo*, OECD Publishing, Paris.
http://dx.doi.org/10.1787/9789264222786-es

ISBN 978-92-64-20516-1 (impresa)
ISBN 978-92-64-22278-6 (PDF)

FIIAPP/EUROsociAL

Las erratas de las publicaciones de la OCDE se encuentran en línea en: *www.oecd.org/about/publishing/corrigenda.htm*.

Prefacio

La Educación Cívico-Tributaria está adquiriendo rápidamente el cariz de actividad estratégica de las administraciones tributarias. Gobiernos y administraciones tributarias de todo el mundo están explorando alternativas que sirvan de complemento y refuerzo a las técnicas de ejecución y cumplimiento tributario tradicionales, de ahí que recurran con mayor frecuencia a programas de Educación Cívico-Tributaria a fin de mejorar la ética fiscal.

Simultáneamente, las administraciones tributarias han experimentado una transformación gradual, pasando de ser meros órganos recaudadores de impuestos a convertirse en proveedores de servicios propiamente dichos para los ciudadanos, lo que les otorga la condición de *nexo* entre Estado y ciudadanos. Ello refleja y se traduce en una creciente toma de conciencia acerca de la importancia de recaudar impuestos de cara a una mayor y mejor rendición de cuentas entre el binomio Estado-ciudadanos, al tiempo que contribuye a incrementar los ingresos necesarios para financiar los servicios básicos.

El informe titulado *Cómo instaurar una cultura, cumplimiento y ética fiscales: Guía Global de Educación Cívico-Tributaria* (*Building Tax Culture, Compliance and Citizenship: A Global Source Book on Taxpayer Education)* plasma este cambio de enfoque a través de una extensa muestra de innovadoras ideas en materia de Educación Cívico-Tributaria para contribuyentes de países y territorios de Asia, del Báltico, Caribe, América Latina, Oriente Próximo, África del Norte y África Subsahariana. Dicho informe versa sobre las actividades que las administraciones tributarias nacionales llevan a cabo, específicamente dirigidas a sus ciudadanos, y responde a los interrogantes *cómo* y *por qué* se pagan los impuestos, todo ello vinculado, en gran medida, a la dimensión social del gasto público y a la asignación equitativa de los recursos públicos.

Dicho informe constituye una publicación clave del Grupo de Trabajo sobre Fiscalidad y Desarrollo de la OCDE, creado en 2010 para reflejar la importancia de reforzar la movilización de recursos internos como instrumento para que los países definan sus respectivos programas y políticas de desarrollo, que desempeña tareas de asesoramiento a la OCDE en lo concerniente a la forma de generar un entorno propicio que permita a los países en desarrollo recaudar sus impuestos de forma eficaz y equitativa.

Confiamos en que el presente informe contribuya ulteriormente al debate global actualmente en boga y aporte, asimismo, su punto de vista a la literatura científica existente sobre la transcendencia de la Educación Cívico-Tributaria y su papel al abrigo de las modernas estrategias de recaudación tributaria. Asimismo, nos gustaría hacer hincapié en la transcendencia de la cooperación al desarrollo en apoyo a los sistemas tributarios de los países en desarrollo. He aquí nuestra apuesta porque esta publicación sirva de guía de consulta para los profesionales en el ámbito del desarrollo, esperando que se convierta en referente para poder incluir módulos educativos orientados a los contribuyentes en sus futuros programas de cooperación al desarrollo y, simultáneamente, sirva de fuente de inspiración para el desarrollo de estrategias, campañas informativas y de alfabetización fiscal.

Agradecimientos

Esta *Guía de Educación Cívico-Tributaria*, realizada por encargo del Grupo de Trabajo sobre Fiscalidad y Desarrollo de la OCDE, es fruto de la estrecha colaboración entre la OCDE y EUROsociAL II, el programa regional de la Unión Europea para la cohesión social en América Latina, dirigido por la Fundación Internacional y para Iberoamérica de Administración y Políticas Públicas (FIIAPP). Ha sido producida y coordinada por Keith Patterson, Asesor de Políticas en materia de Fiscalidad y Desarrollo de la OCDE, contando para ello con la asistencia de Ben Dickinson, Jefe de la Unidad de Fiscalidad y Desarrollo de la OCDE, y en estrecha cooperación con Borja Díaz Rivillas, Técnico Superior de la Unidad Técnica de Gobernabilidad Democrática y Finanzas Públicas de la FIIAPP, que ha coordinado y editado los capítulos relativos a los países de América Latina y contribuyó al capítulo de la visión general. Trasladamos también nuestro más sincero agradecimiento a Marc Berenson, del Instituto de Estudios sobre el Desarrollo, a quien debemos, en gran parte, la concepción de los contenidos de este trabajo.

Esta publicación no habría visto la luz sin la esencial ayuda e implicación de los funcionarios y empleados públicos de 28 administraciones tributarias de todo el mundo, comprometidos con y plenamente dedicados a su trabajo, sobre los que recae, entre otras, la responsabilidad de concienciar a sus conciudadanos acerca de la importancia de pagar impuestos y de las repercusiones de dicha conducta no ya sólo para ellos, en primera persona, sino por el bien de sus respectivos países, así como también de mostrarles que esta tarea es cada vez más fácil gracias a las nuevas tecnologías. En algunos casos, estos hombres y mujeres, que proporcionaron insumos esenciales para esta publicación esforzandose por cumplimentar encuestas y formularios y dedicando su tiempo a responder a las preguntas formuladas, deberán incluso concienciar a sus jefes y superiores, al tiempo que tendrán que convencerles de que la Educación Cívico-Tributaria representa una de las actuaciones estratégicas a largo plazo de la propia administración tributaria.

Nos gustaría agradecer especialmente por su colaboración: en Bangladesh, a Khan Meftha Uddin, Director General del Cuerpo Bengalí de Funcionarios (BCS, por sus siglas en inglés); en Bután, a la Escuela de Hacienda Pública y a Ugyen Wangdi, Recaudador Adjunto del Departamento de Rentas y Aduanas (DRC, por sus siglas en inglés) en la Unidad de Gestión Tributaria del Ministerio de Finanzas; en Brasil, a Antônio Henrique Lindemberg Baltazar, Inspector de Hacienda y Coordinador de Educación Cívico-Tributaria en la Secretaría Federal brasileña de Impuestos y Aduanas (RFB, por sus siglas en portugués), a Clóvis Belbute Peres, Inspector de Hacienda en la Secretaría de la RFB y a João Maurício Vital, Inspector de Hacienda y Coordinador General del Servicio de Atención al Contribuyente y Educación Cívico-Tributaria, adscrito a la Secretaría de la RFB; en Burundi, a Domitille Mukandori, Directora del Servicio de Asistencia e Información al Contribuyente de la Agencia Tributaria de Burundi (OBR, por sus siglas en francés); en Chile, a Jorge Guzmán, Jefe del Programa Nacional de Educación Fiscal del Servicio de Impuestos Internos (SII); en Colombia, a Francisco Ruiz Peronard,

Consejero del Director General de la Dirección de Impuestos y Aduanas Nacionales (DIAN); en Costa Rica, a Billie Brenes, Director del Servicio de Atención al Contribuyente en la Dirección General de Tributación (DGT) y a Daniela Chacón, Subdirectora de Educación Cívico-Tributaria y Cultura Fiscal de la DGT; en Egipto, a Wagdy Abdelkader, Unidad Técnica del Ministerio de Finanzas egipcio; en El Salvador, a Evelyn Carballo, Jefa del Departamento de Educación Fiscal de la Dirección General de Impuestos Internos (DGII); en Estonia, al Consejo Estonio de Impuestos y Aduanas (ETCB, por sus siglas en inglés); en Guatemala, a Sergio Estrada, Consultor del Programa de Educación Cívico-Tributaria y Cultura Fiscal de la Superintendencia de Administración Tributaria (SAT); en Jamaica, a Meris Haughton, Director de Comunicaciones en la Administración Tributaria de Jamaica (TAJ, por sus siglas en inglés); en Kenia, a Ezekiel Maru, Delegado Adjunto en el Organismo Keniata de Gestión Tributaria (KRA, por sus siglas en inglés); en Corea, al Servicio Nacional de Impuestos coreano (NTS, por sus siglas en inglés); en el Líbano, a Thérèse Ghossein, Directora del Departamento de Ética Fiscal del Ministerio de Hacienda libanés (MoF, por sus siglas en inglés); en Malasia, al Consejo de Hacienda Malayo (LHDNM, por sus siglas en malayo); en Mauricio, a Naimduth Bissessur, Director de la Administración Tributaria de Mauricio (MRA, por sus siglas en inglés); en México, a Carlos Malpica, Jefe del Programa Nacional de Educación Fiscal del Servicio de Administración Tributaria (SAT); en Marruecos, a Laila Alami Ouehhab, Jefa de Sección en la Dirección General de Tributos marroquí (DGI, por sus siglas en francés); en Mozambique, a Susana Raimundo, Directora de la Oficina de Imagen y Communicación y Hermínio Sueia, Director General de la Oficina de Control Interno; en Nigeria, a Emmanuel Obeta, Director de Relaciones Públicas y Comunicaciones en el Servicio Federal de Rentas Internas nigeriano (FIRS, por sus siglas en inglés); en Perú, a Carmen Vargas, Coordinadora del Programa de Cultura Fiscal de la Superintendencia Nacional de Aduanas y Administración Tributaria (SUNAT); en Ruanda, a Dorcella Mukashyaka, Directora de los Servicios de Atención al Contribuyente de la Agencia Tributaria Ruanesa (RRA, por sus siglas en inglés); en Senegal, a Ange Mancabou, Directora del Departamento de Comunicaciones y Relaciones Públicas de la Dirección General de Tributos y Patrimonio Público (DGID, por sus siglas en francés); en Singapur, a la Hacienda Pública Singapurense (IRAS, por sus siglas en inglés); en Sudáfrica, a Jabulile Khumalo, Sobantu Ndlangalavu y Collen Lediga, todos ellos funcionarios y empleados públicos del Servicio de Gestión Tributaria Sudafricano (SARS, por sus siglas en inglés); en Turquía, a la Administración Tributaria Turca (GIB, por sus siglas en turco); en Uruguay, a Margarita Faral, Consejera Delegada en la Dirección General Impositiva uruguaya (DGI) y, en Zambia, a Bridget Chepeshi, Jefa del Servicio de Asistencia y Atención Telefónica de la Administración Tributaria Zambia (ZRA, por sus siglas en inglés).

Agradecemos también la colaboración de representantes de aquellos otros países que tomaron parte en las primeras fases de nuestra recopilación de información y que no figuran en esta versión de la guía.

También nos gustaría manifestar nuestro agradecimiento a diversos autores por su aportación al presente informe, entre ellos a Emma Barr y Maria Kuss, del Instituto de Estudios sobre el Desarrollo; a Devi Thani, de la Secretaría del Foro sobre Administración Tributaria (FAT) de la OCDE; a la Dra. Attiya Waris, de la Universidad de Nairobi, y a Mohammed Hameed Khudhair Al-Darkazali, de la Universidad de Sussex. Fiona Hinchcliffe, por su parte, ha proporcionado una valiosa asistencia editorial, y Jennifer Allain ha participado en los trabajos de impresión y diseño gráfico.

Índice

Cuadros

Gráfico

Sinopsis

Los gobiernos de los países en desarrollo invierten sus esfuerzos ahora más que nunca en movilizar mayores ingresos fiscales a nivel interno. A la luz de la recesión global y de la merma de los fondos destinados al desarrollo, todo país necesita disponer de recursos propios para poder alcanzar un desarrollo sostenible, mitigar los niveles de pobreza, reducir las desigualdades, prestar servicios públicos e implantar la infraestructura necesaria para lograr un crecimiento integrador.

Una forma prometedora de apoyar y respaldar la movilización de recursos internos radica en promover una cultura global de cumplimiento fiscal que se sustente en derechos y obligaciones, en cuyo marco los ciudadanos conciban el pago de impuestos como parte integrante de su relación con el gobierno de sus respectivos países. A lo largo y ancho de todo el globo, gobiernos y administraciones tributarias están desarrollando innovadores programas de Educación Cívico-Tributaria para informar y fomentar una conducta fiscal responsable entre los contribuyentes, ya sean presentes o futuros.

Dichos programas de Educación Cívico-Tributaria se fijan un importante objetivo: preparar a las generaciones futuras inculcando una ética fiscal tanto a niños en edad escolar como a estudiantes universitarios. Se puede comenzar por los alumnos de educación primaria y secundaria, inmersos en un momento crucial de su proceso de socialización y sensibilización fiscal. El hecho de garantizar la continuidad de la Educación Cívico-Tributaria hasta alcanzar la universidad representa, asimismo, una importante oportunidad para educar a jóvenes adultos en materia tributaria a modo de transición natural hacia su incorporación al mercado laboral.

La Educación Cívico-Tributaria no es sólo una estrategia para recaudar más ingresos ni se centra exclusivamente en explicar *por qué* han de pagarse los impuestos; más bien intenta fortalecer actitudes de compromiso con el bien e interés general enfatizando el valor social del impuesto y su nexo con el gasto público. Al mismo tiempo, pone de manifiesto *cómo* y *en qué* se gasta el dinero público, y subraya los efectos perniciosos y devastadores del fraude fiscal y la corrupción para un país y sus ciudadanos. En consecuencia, el cumplimiento fiscal camina de la mano del concepto de *ciudadanía* y está intrínsecamente asociado a la responsabilidad colectiva.

Para alcanzar este objetivo, se precisan programas de Educación Cívico-Tributaria que pongan el punto de mira en una amplia gama de temas educativos: la toma de conciencia y sensibilización pública sobre la nueva normativa tributaria, los mecanismos de atención y respuesta a las consultas de los usuarios, la simplificación de los procedimientos para facilitar la vida de los contribuyentes o la explicación de los riesgos de la economía sumergida, ámbito en el que la evasión fiscal no es sólo una hipótesis.

Mientras que los 28 casos de países presentes en esta guía sugieren que aún no se ha encontrado un método infalible para desarrollar programas de Educación Cívico-Tributaria, las nuevas TIC o tecnologías de la información y la comunicación ofrecen un amplio abanico de posibilidades para suscitar el interés de los destinatarios finales y optimizar unos recursos limitados gracias a su difusión. A través de canales como el teatro, los videojuegos, programas televisivos y espacios de juego interactivo, entre otros, los programas de Educación Cívico-Tributaria pueden llegar a convertirse en una forma de entretenimiento propiamente dicho. Las distintas oportunidades pasan, por ejemplo, por celebrar jornadas anuales sobre fiscalidad, o bien por organizar festivales de temática tributaria. El aprendizaje entre pares y el intercambio de conocimientos a través de organismos y oficinas regionales de gestión tributaria, desempeñan un papel fundamental a la hora de identificar e impulsar buenas prácticas en la materia.

En su conjunto, los casos de estudio por país ponen de manifiesto que el éxito de los programas de Educación Cívico-Tributaria reside en la existencia de lazos de cooperación, respaldados por un compromiso político de alto nivel. Toda relación de cooperación firme, ya sea a nivel nacional, regional e incluso internacional, puede garantizar la sostenibilidad y posibilita el cambio cultural a largo plazo. En lo que concierne a los programas orientados a alumnos de educación básica o estudiantes universitarios, es determinante entablar fuertes vínculos con el sector educativo del país en cuestión, que generalmente será el Ministerio de Educación. Por su parte, las empresas y la sociedad civil representan otros aliados clave, al igual que lo son los personajes públicos y famosos, como pueden ser cantantes, actores o deportistas de élite, que también pueden ser parte activa en las iniciativas de Educación Cívico-Tributaria.

Cuantificar o medir el impacto de los programas de Educación Cívico-Tributaria es un proceso bastante incipiente aún, en particular en América Latina y África, donde se requieren más trabajo e investigación sobre la incidencia de la Educación Cívico-Tributaria en la mejora del cumplimiento fiscal y la consolidación de las relaciones entre gobiernos y ciudadanos. Mediante el aprendizaje entre pares, nuestra base de conocimientos podría verse incrementada sobre cuestiones inherentes a cómo abordar la economía sumergida, cómo optimizar el uso de las nuevas tecnologías, qué papel desempeñan las empresas y la sociedad civil y cómo se producen y evolucionan los cambios de conducta de unas generaciones a otras.

La cooperación al desarrollo podría desempeñar un papel aún más contundente en apoyo a las administraciones tributarias y los gobiernos con miras a superar los principales obstáculos a la puesta en práctica de sus programas formativos sobre Educación Cívico-Tributaria. Dichos obstáculos guardan una estrecha relación con la limitada disponibilidad de tiempo, las restricciones de fondos y la escasez de recursos humanos. El hecho de analizar, cuantificar y determinar las causas que provocan todo cambio en el comportamiento de los contribuyentes supone un auténtico desafío en sí mismo, lo que dificulta aún más el plantearlo como una prioridad política o un objetivo estratégico. Por todas estas razones, la cooperación al desarrollo debería apuntar a incorporar iniciativas de Educación Cívico-Tributaria en aquellos programas de carácter fiscal, o bien en programas públicos de gestión financiera de impuestos financiados por donantes.

A título de ejemplos de una prometedora cooperación al desarrollo en este ámbito cabe destacar la labor de la Unión Europea a través del sector fiscalidad del Programa EUROsociAL en El Salvador y Costa Rica, el apoyo prestado por la Agencia Alemana de Cooperación al Desarrollo (GIZ) en varios países (como Zambia, entre otros) y las estrategias e iniciativas de cooperación bilateral como, por ejemplo, la Agencia de los Estados Unidos para el Desarrollo Internacional (USAID), el Acuerdo para el Desarrollo de las Exportaciones en África Oriental (TMEA) en Burundi, el Organismo Danés de Desarrollo Internacional (DANIDA) en Bután y el Programa de las Naciones Unidas para el Desarrollo (PNUD) en el Líbano.

Capítulo 1

Visión general: Una nueva era para la educación cívico-tributaria

En la primera parte del presente capítulo, se define el concepto de «Educación Cívico-Tributaria» y su utilidad de cara a reforzar el cumplimiento fiscal y las relaciones entre el binomio Estado-ciudadanos. La segunda parte sintetiza las múltiples formas en que las distintas administraciones tributarias de los países en desarrollo explican cómo y por qué han de pagarse los impuestos. Por último, el capítulo pone en relieve los obstáculos y retos a los que se enfrentan los programas existentes de Educación Cívico-Tributaria, y concluye dejando abiertas distintas vías para un futuro debate al respecto.

Son numerosos los países en desarrollo que atraviesan por una etapa crucial en su camino y progreso hacia el desarrollo sostenible, en la lucha por mitigar los niveles de pobreza existentes, por reducir las desigualdades, prestar servicios públicos e implantar la infraestructura que favorezca un crecimiento integrador. Para muchos, la recesión económica global ha ralentizado el ritmo de crecimiento, al tiempo que han asistido a una merma de la disponibilidad de fondos destinados a iniciativas de desarrollo. En este nuevo escenario, los gobiernos necesitan más que nunca movilizar mayores ingresos y recaudar más impuestos a nivel interno. A tal fin, están ampliando gradualmente su ámbito de actuación y alcance para informar y concienciar a los contribuyentes, tanto presentes como futuros. El objetivo radica en generalizar y expandir una «cultura global del cumplimiento» que se sustente en derechos y obligaciones, en cuyo marco los ciudadanos conciban el pago de impuestos como una parte integrante de su relación con el gobierno de sus respectivos países. En este contexto, la Educación Cívico-Tributaria actúa como nexo entre las administraciones tributarias y los contribuyentes.

Actualmente, se están desarrollando técnicas innovadoras para instaurar una cultura del cumplimiento y una conducta fiscalmente responsable entre los contribuyentes de todo el mundo. El presente volumen aglutina ideas de América Latina y el Caribe, África Subsahariana, Asia, África del Norte, Oriente Próximo y el Báltico, en su mayor parte, aunque no totalmente, procedentes de países en desarrollo y economías emergentes. Fruto de ello surge una guía para los países en desarrollo en la que se plasman múltiples ideas en torno a cómo involucrar a los contribuyentes de formas prácticas e interesantes que pueden adaptarse a diferentes contextos.

La presente guía ha sido elaborada conjuntamente por la OCDE y EUROsociAL (Programa regional de la Unión Europea para la cohesión social en América Latina), en colaboración con el Instituto de Estudios sobre el Desarrollo (IDS, por sus siglas en inglés), el Foro sobre Administración Tributaria (FAT) y 28 administraciones tributarias de todo el mundo.

Concepto de «Educación Cívico-Tributaria» y utilidad

La Educación Cívico-Tributaria abarca una extensa variedad de actividades y agentes, desde programas gubernamentales para fomentar una conducta fiscalmente responsable a los esfuerzos en los que incurren algunas organizaciones empresariales con objeto de movilizar y representar los intereses de sus miembros en cuestiones fiscales, e incluso iniciativas de la sociedad civil en pro de la participación ciudadana en los debates políticos sobre la recaudación de impuestos y la redistribución de los recursos. La presente guía se concentra en los esfuerzos de las distintas administraciones tributarias nacionales para mostrar a los contribuyentes cómo pagar sus impuestos y concienciarles acerca de la importancia de este gesto, todo ello vinculado, en gran medida, a la dimensión social del gasto público y la asignación equitativa de los recursos públicos.

Estudios recientes, incluidos los de la OCDE, reflejan un vínculo directo entre la ética fiscal y la percepción de los ciudadanos tanto en materia tributaria como acerca de la calidad del gasto público. En otras palabras, se aprecia una mayor predisposición a pagar impuestos entre aquellos segmentos sociales que perciben una mayor calidad de los servicios públicos prestados (OCDE/CEPAL, 2011). Esta situación de escasa ética fiscal no sólo debilita los sentimientos de pertenencia a un proyecto social común, sino que pone de manifiesto la existencia de un círculo vicioso en virtud del que la evasión fiscal o la negativa a pagar más impuestos se justifica bajo el pretexto de que el Estado no cumple su parte del contrato social, lo que conduce al mismo tiempo a que los servicios no puedan mejorar por ser insuficientes los ingresos, de ahí que los servicios se deterioren, degeneren y el ciclo se perpetúe.

El fraude fiscal es un fenómeno complejo en el que sin duda inciden elementos como el escaso temor a la imposición de penas o sanciones, el limitado cumplimiento o respeto por las normas, e incluso el desconocimiento y la desconfianza en que la recaudación tributaria por parte del Estado se lleve a cabo de forma justa y eficaz, así como la afección de dichos ingresos en beneficio de la mayoría de los ciudadanos. De igual modo, inciden otros factores conexos tales como la corrupción. A pesar de los esfuerzos por crear agencias especializadas anticorrupción para garantizar la transparencia y el acceso a la información pública, la corrupción continúa siendo una seria lacra que erosiona la confianza en las instituciones y limita el potencial de desarrollo.

La escasa satisfacción existente con los servicios públicos, con el funcionamiento de la democracia y de las principales instituciones del Estado, entre ellas las administraciones tributarias, puede debilitar la ya maltrecha cultura cívica e ir en detrimento del cumplimiento fiscal. Así por ejemplo, los propios latinoamericanos perciben que la mitad de sus conciudadanos no pagan debidamente sus impuestos y sólo un 47% considera el pago de los tributos como un aspecto esencial del ejercicio de ciudadanía (Latinobarómetro, 2010). Una media del 34% de los latinoamericanos considera la evasión fiscal «nunca justificable» frente al 62% de los ciudadanos de las economías de la OCDE, mientras que un 20% justifica la evasión fiscal frente al 7% de los países de la OCDE (OCDE, 2012).

La magnitud de la economía sumergida en la mayoría de los países en desarrollo se erige en otro de los argumentos en favor de la Educación Cívico-Tributaria. Resulta más que plausible que un simple análisis de coste-beneficio revele que el hecho de perseguir a muchos contribuyentes potenciales, cuya aportación sería probablemente mínima, consume más recursos de los que pretende generar. Sin embargo, la sensibilización y educación fiscal de dichos contribuyentes puede coadyuvar a fortalecer los sentimientos de responsabilidad y pertenencia o identificación con un determinado Estado.

Es cada vez mayor el número de gobiernos y las respectivas administraciones tributarias que asumen estos retos e intentan hacerles frente. Nos hallamos ante una verdadera transformación de las relaciones entre Estado-ciudadanos y ante una transformación cultural propiamente dicha de las administraciones tributarias, organismos éstos que apuestan por transmitir mensajes positivos para informar a los contribuyentes de sus responsabilidades en este ámbito, al tiempo que les prestan asistencia incorporando nuevas tecnologías y activando nuevos servicios con objeto de fomentar un mayor cumplimiento voluntario. Asimismo, el alcance masivo de los actuales sistemas tributarios impone la necesidad de implantar un nuevo modelo de comunicación que convenza a los contribuyentes de la importancia de pagar sus impuestos en lugar de obligarles a ello. Los ciudadanos han pasado gradualmente a ser considerados como aliados y no sólo como sujetos de obligaciones. Dicha evolución resulta particularmente relevante en aquellos países en los que históricamente ha predominado una visión de las administraciones tributarias como agentes coactivos y represores. No obstante, si bien el perfil de las administraciones tributarias puede haberse visto alterado, puede que la percepción pública requiera aún algún tiempo.

Este nuevo escenario ha allanado el camino para que las administraciones tributarias dieran un paso más: vincular el cumplimiento fiscal al ejercicio de la ciudadanía y a los valores que sustentan la convivencia democrática. En la práctica, la Educación Cívico-Tributaria no es una mera estrategia para recaudar más dinero, ni se centra exclusivamente en explicar *por qué* han de pagarse los impuestos. Simple y llanamente intenta fortalecer actitudes de compromiso con el bien e interés general enfatizando el valor social del impuesto y su nexo con el gasto público, haciendo hincapié en el uso y destino del dinero público y subrayando los efectos perniciosos y devastadores del fraude fiscal y la corrupción para un país y sus ciudadanos. La investigación llevada a cabo, incluido el estudio conjunto de la OCDE y el PFI (Pacto Fiscal Internacional) sobre las modalidades de ayuda para reforzar los sistemas tributarios titulado *Tax and Development: Aid Modalities for Strengthening Tax Systems* (OCDE, 2013), señala que las campañas de Educación Cívico-Tributaria pueden revelarse una forma eficaz y eficiente de generar confianza y aumentar la participación pública.

Las administraciones tributarias son conscientes de la enorme dificultad que entraña cambiar la cultura fiscal sin educar desde edades tempranas a los futuros contribuyentes, o sin que los ciudadanos interioricen por convicción propia la responsabilidad de pagar sus impuestos. El fracaso de un Estado cualquiera para socializar los valores éticos de justicia, solidaridad e «interés general» puede traducirse en una barrera al cumplimiento. La inversión en actividades escolares y preescolares refleja los esfuerzos de las administraciones tributarias por propiciar un cambio cultural a largo plazo en las actitudes y conductas fiscales existentes. La idea de *ciudadanía* basada en derechos y obligaciones constituye un elemento clave de innumerables programas educativos en materia tributaria. La participación ciudadana activa en debates sobre políticas fiscales, entre otras iniciativas, resulta decisiva en este nuevo proceso de construcción de la ciudadanía.

Por lo general, se trata de iniciativas bastante incipientes. La creación de la mayoría de los programas de Educación Cívico-Tributaria, especialmente en América Latina y África, se concentra en la década pasada. Sin embargo, pese a su corta tradición, la Educación Cívico-Tributaria se integra cada vez más entre las actividades y líneas estratégicas de las administraciones tributarias.

Variedad temática

Esta guía aglutina un amplio abanico de temas educativos como, por ejemplo, cómo enseñar a los contribuyentes a presentar sus declaraciones de impuestos, cómo mantenerles informados de los cambios en la normativa tributaria, cómo instaurar una conducta fiscalmente responsable y cómo educar en materia tributaria a alumnos de enseñanzas obligatorias y estudiantes universitarios.

Sensibilización del contribuyente y simplificación de los procedimientos

Los países han ideado un sinfín de formas de suscitar el interés del público por la nueva normativa tributaria y las modalidades de presentación de sus declaraciones para poder, así, aclarar las dudas y dar respuesta a las exigencias de los usuarios, así como también para hacerle la vida más sencilla al contribuyente. El Líbano ha establecido un único calendario fiscal al uso para recordar a los contribuyentes afectados las fechas en las que deben presentar las declaraciones del impuesto sobre valor añadido (IVA) (Capítulo 15). Corea imparte clases tanto a personas físicas como a pequeñas empresas para explicarles el funcionamiento del sistema tributario (Capítulo 14). El nuevo *Servicio de exclusión de la presentación de declaración* (NFS, por sus siglas en inglés) de Singapur es más eficaz tanto para contribuyentes como para la administración, y ha incrementado consiguientemente el nivel de cumplimiento (Capítulo 25).

Simultáneamente, aun sin poder dar por sentado que los contribuyentes sepan cómo satisfacer sus obligaciones, Sudáfrica ha intensificado su presencia en zonas rurales gracias a vehículos móviles que proporcionan información fiscal a los habitantes de esas áreas (Capítulo 26). En lo referente a Zambia, el programa radiofónico semanal denominado «Canal de Fiscalidad» permite a los contribuyentes llamar en directo y formular preguntas (Capítulo 29).

Cómo abordar el problema de la economía sumergida

Si bien no existen una definición ni cifras universalmente aceptadas acerca de la magnitud de la economía sumergida, es el estándar habitual en los países de rentas bajas y en la mayor parte de aquellos de rentas intermedias, que se estima representa al menos dos tercios de la población activa mundial, e incluso más en los países en desarrollo (OCDE, 2009). Ampliar la base imponible para reducir los niveles de economía sumergida y el impago de impuestos es el objetivo principal o secundario de muchas de las iniciativas descritas en el presente informe. Varios países están realizando enormes esfuerzos para instar, por un lado, a los pequeños comerciantes a darse de alta en el IVA, al tiempo que se incita igualmente a los consumidores, ya sea a través de loterías o juegos para niños, entre otros, a fin de que se familiaricen y acostumbren a pedir los recibos de las compras que efectúen. Esta línea de acción ha llevado a equipos de estudiantes de Burundi perfectamente cualificados a trabajar con pequeños comerciantes en centros comerciales para ayudarles a presentar sus declaraciones mediante su registro para obtener un NIF o número de identificación fiscal (Capítulo 5). Turquía ha desplegado una campaña comercial multimedia en todo el país para enseñar tanto a los contribuyentes *de facto* como a los potenciales a utilizar el nuevo formulario pre-diligenciado (*borrador*) para la declaración de la renta en línea, hasta entonces bastante en desuso (Capítulo 27).

Hablando «de tú a tú» con las generaciones del mañana

En los centros de enseñanza obligatoria...

El trabajo con una joven población escolar, tanto en los niveles de educación primaria como secundaria, es un tema recurrente en muchos de estos programas educativos. Este segmento de la población se encuentra en un momento clave de socialización y conformación de su conducta fiscal. Abriéndose paso entre estos jóvenes, las administraciones tributarias pretenden propiciar un cambio cultural a largo plazo. Así por ejemplo, en 2012, Jamaica amplió y relanzó su denominado *Programa de Educación Cívico-Tributaria en Escuelas* (STEP, por sus siglas en inglés), dirigido no solamente a centros educativos de enseñanza secundaria y superior, sino también a aquellos otros de educación primaria, mediante programas educativos y actividades formativas de carácter lúdico para niños (Capítulo 12). Kenia implementó su *Programa Educativo Escolar* el mismo año para inculcar una conducta fiscalmente responsable a los futuros contribuyentes (Capítulo 13). Por su parte, la Administración Tributaria de Mauricio ha desarrollado una campaña de sensibilización en los centros educativos de enseñanza secundaria (Capítulo 17). Marruecos ha tomado parte en la iniciativa de alfabetización fiscal para niños en edad escolar desde el año 2000 (Capítulo 19). De igual modo, Malasia se dirige también a niños en edad escolar con su campamento fiscal, un concurso de discursos y la nueva agencia tributaria para contribuyentes noveles: la ciudad para niños conocida como *Kidzania* (Capítulo 16). Asimismo, junto a sus actividades educativas para niños en edad escolar, Perú dio comienzo en 2009 a nuevos cursos dirigidos a profesores y docentes de educación primaria y secundaria a fin de garantizar la calidad de la enseñanza en materia tributaria (Capítulo 22).

...y en Universidades

Algunos programas de Educación Cívico-Tributaria han comenzado a trabajar en mayor medida con jóvenes de bachilleratos técnicos y, de forma incipiente, también con alumnos universitarios. La etapa universitaria constituye un momento fundamental para educar en materia tributaria a los jóvenes adultos en la transición hacia su inserción laboral. A través de la iniciativa de los Núcleos de Apoyo Contable y Fiscal, la *Receita Federal* o Administración Tributaria brasileña forma y capacita a universitarios en temas de cultura fiscal para que sean, posteriormente, estos jóvenes en período de formación quienes presten asistencia gratuita a contribuyentes y microemprendedores con bajos ingresos (Capítulo 4). El Servicio de Administración Tributaria (SAT) mexicano ha suscrito un acuerdo con la Universidad Nacional Autónoma de México para la enseñanza de la cultura fiscal en el marco de la asignatura denominada «Formación e Información Tributaria» (Capítulo 18), mientras que El Salvador ha diseñado e implantado un *Diploma en Educación Fiscal* encaminado a cambiar y mejorar la cultura fiscal de los docentes que imparten clases en centros de Educación Media Técnica (Capítulo 9).

En la práctica, los programas de Educación Cívico-Tributaria abarcan campañas publicitarias que giran en torno a la creación de una conducta fiscalmente responsable para educar también al público en general. En 2010, Mozambique lanzó una campaña que lleva por título «Construyamos juntos Mozambique» con el propósito de que todos los ciudadanos se familiarizasen con aquellos asuntos de temática fiscal. El objetivo de dicha iniciativa resulta coherente y compatible con los derechos y obligaciones de los contribuyentes, al tiempo que reactiva e impulsa una ética fiscal y hace hincapié en el problema de la economía sumergida (Capítulo 20). Por su parte, Ruanda ha creado consejos consultivos fiscales para concienciar a los ciudadanos sobre el papel que desempeñan en primera persona en la lucha contra la corrupción y el contrabando, así como también sensibilizarles sobre la importancia de los tributos en el ámbito del desarrollo (Capítulo 23). Los usuarios tenían igualmente acceso al Taller de Contabilidad para Pequeñas Empresas y Microempresas de Bután, diseñado con el objeto de colmar las lagunas informativas existentes y de concienciar al público interesado sobre la forma adecuada de llevar la contabilidad como detonante para pagar impuestos (Capítulo 3).

Diversidad de enfoques

Fiscalidad en el ciberespacio

La utilización de las nuevas tecnologías genera también importantes oportunidades para llegar a más destinatarios y optimizar recursos. La difusión es más que evidente en iniciativas como el *Diploma en Educación Fiscal* en línea de El Salvador (Capítulo 9), los Portales SIIEduca y PlanetaSII de Chile para estudiantes y educadores (Capítulo 6) y el Plan Ceibal de Uruguay, que pretende hacer entrega a cada niño de un ordenador portátil lleno de aplicaciones y actividades relacionadas con los impuestos (Capítulo 28). Las nuevas tecnologías ayudan, asimismo, a reducir la brecha digital y a mitigar las desigualdades en el acceso a la información, pero su uso requiere de formación: Colombia lanzó una campaña informativa para enseñar a los contribuyentes a utilizar el sistema de firma digital de cara a presentar sus declaraciones en línea (Capítulo 7), mientras que Estonia orienta a sus contribuyentes y les indica cómo pagar sus impuestos a través del nuevo servicio electrónico habilitado para la presentación de declaraciones tributarias y aduaneras en línea (Capítulo 10).

Los impuestos llegan a la «gran pantalla» y a las salas de juegos

La Educación Cívico-Tributaria es perfectamente compatible con actividades de carácter lúdico: la presente guía contiene algunos divertidos y desenfadados ejemplos que muestran cómo abordar el tema de los impuestos a través de canales como los espacios de juego interactivo, obras de teatro, videojuegos y series TV. Costa Rica ha creado una sala de juegos infantil con el nombre «Un tributo a mi país» en el *Museo de los Niños de San José*, en la que fuera una antigua penitenciaría (Capítulo 8). Allí los niños aprenden cosas sobre los impuestos y el gasto público mientras diligencian su primera declaración de la renta, deciden el destino de los fondos públicos en una Asamblea Nacional simulada, juegan a ser agentes de aduanas o siguen de cerca el destino de los fondos estatales. Mientras que la mayor parte de los países realizan periódicamente campañas publicitarias televisivas con motivo del período impositivo o con posterioridad a la publicación de los presupuestos generales del Estado, otros han optado por televisar series infantiles como, por ejemplo, la que se titula «Las aventuras de Ivo la Chinchilla», mascota oficial del Servicio de Impuestos Internos (SII) de Chile (Capítulo 6). Malasia patrocina una *sitcom* o comedia de situación dirigida a las pequeñas y medianas empresas (PYME). Por su parte, Nigeria ha ido más allá con la serie TV titulada «Deber vinculante», que sirve para recordar a los ciudadanos de forma distendida, entretenida y amigable la necesaria actuación responsable en el pago de los tributos (Capítulo 21).

La fiesta de los tributos: Jornadas y festivales de temática fiscal

Bangladesh celebra el *Día Nacional del Impuesto sobre la Renta* cada año el 15 de septiembre hasta el lanzamiento del día de la presentación formal el 30 de septiembre, fecha en que se tramita más del 80% de las declaraciones del impuesto sobre la renta (Capítulo 2). En Guatemala, tiene lugar el Festival anual de Cultura Ciudadana que lleva por título «La fuerza reside en las cifras» y que alberga actuaciones musicales, espectáculos de talentos, obras de teatro y espacios expositivos para informar a los ciudadanos acerca de la importante dimensión social de los impuestos (Capítulo 11). Asimismo, la celebración en Ruanda del *Día del Contribuyente* sirve para fortalecer los vínculos existentes entre la fiscalidad y el desarrollo nacional, promover el cumplimiento fiscal y generar un clima de confianza en la Agencia Tributaria Ruanesa (RRA). En su calidad de invitado de honor, el Presidente de Ruanda otorga premios a los mejores contribuyentes del país (Capítulo 23). Por su parte, Senegal lanzó las *Jornadas Fiscales Informativas* anuales en 2008 para dar respuesta al desconocimiento de los ciudadanos sobre la normativa tributaria y la reticencia a colaborar con los funcionarios de la administración tributaria (Capítulo 24). Las Jornadas informativas resultaron ser una plataforma clave para informar a y suscitar el interés de los ciudadanos senegaleses por la nueva reforma tributaria.

Las claves del éxito

Estrechar lazos de cooperación

La experiencia comparada revela que para que los programas de Educación Cívico-Tributaria tengan el impacto duradero esperado es imprescindible forjar alianzas y estrechar lazos de cooperación, ya sea a nivel nacional, regional e incluso internacional.

Para lograr un cambio cultural sostenible a largo plazo auspiciado por los *campeones educativos* del contribuyente es preciso entablar alianzas sólidas con el sector educativo, lo que implica un importante reto para la Educación Cívico-Tributaria. La colaboración con los Ministerios de Educación resulta determinante a la hora de facilitar la interacción entre las administraciones tributarias y los centros educativos, así como también para desarrollar contenidos relevantes y accesibles para los estudiantes, o lo que es lo mismo, para la próxima generación de contribuyentes potenciales. Pueden suscribirse –y son deseables– acuerdos formales con los Ministerios de Educación e instituciones educativas por los que se rijan los debates conjuntos acerca del enfoque, contenidos y retos por abordar. Si bien el hecho de entablar sólidas alianzas entre Ministerios puede traducirse en un proceso largo y complejo, hoy día asistimos a un escenario que invita al optimismo. Diversos Ministerios de Educación están ya comenzando a vislumbrar los beneficios de colaborar con las administraciones tributarias: dicha colaboración puede enriquecer la oferta curricular sobre estudios en materia social, contable y fiscal. Sólo en América Latina, son ya nueve los países que han incluido la educación fiscal en sus planes de estudios y han desarrollado materiales conjuntamente con los correspondientes Ministerios de Educación. A título de ejemplo, véanse los capítulos sobre El Salvador y Perú incluidos en la presente publicación, además del trabajo de EUROsociAL en América Latina.[1]

Las empresas y la sociedad civil pueden ser otros útiles aliados. Jamaica ha trabajado estrechamente con una organización no gubernamental (ONG) que promueve el espíritu emprendedor denominada *Junior Achievement* para ofrecer su programa educativo a estudiantes de Ciencias Económicas y Empresariales. Singapur colabora con distintas empresas a través de su *Panel de retroalimentación del contribuyente* y fomenta el voluntariado social mediante el *Servicio de presentación voluntaria de las declaraciones de impuestos en línea* de ámbito nacional. Por su parte, Ruanda creó el *Foro de Asuntos Fiscales* de forma experimental junto con la Federación de Empresas Privadas y la comunidad empresarial. Brasil forma y prepara a estudiantes para que presten asistencia en materia tributaria a grupos con rentas bajas y otros en riesgo de exclusión.

Campeones fiscales

La participación y el compromiso político de alto nivel representan otro factor clave en numerosas iniciativas. En Ruanda, el propio Presidente otorga premios anuales a los contribuyentes, mientras que el Ministro de Finanzas turco se dirigió personalmente a sus contribuyentes a través de YouTube. Distintas personalidades y representantes del mundo de la política nacional y regional lideran eventos educativos sobre fiscalidad en numerosos países, incluido el Ministro de Economía y Finanzas de Senegal y el Alcalde de la Municipalidad de Quetzaltenango, en Guatemala. En marzo de 2013, el Presidente y los Ministros de Educación y Finanzas de Costa Rica declararon la Educación Cívico-Tributaria un asunto de interés público y se comprometieron a promover la cultura fiscal a nivel nacional.

Otros personajes famosos pueden ayudar igualmente a transmitir mensajes a un público potencialmente escéptico. Así, por ejemplo, Bangladesh invitó, con motivo del *Día Nacional del Impuesto sobre la Renta*, a cantantes y actores famosos, además de jugadores de críquet y fútbol, mientras que Turquía consiguió que un popular cómico turco apoyase su Campaña de la Renta basada en un borrador pre-diligenciado.

Aprendizaje sin fronteras

Las organizaciones regionales pueden constituirse en foros de intercambio de conocimientos sobre Educación Cívico-Tributaria propiamente dichos. El Centro Interamericano de Administraciones Tributarias (CIAT) reunió a sus miembros para abordar el tema de la ética fiscal, la Educación Cívico-Tributaria y otras cuestiones conexas, y publicó posteriormente documentación relevante en su página web. Jamaica recibió una invitación para presentar su *Programa de Educación Cívico-Tributaria en Escuelas* (STEP, por sus siglas en inglés) a la Organización Caribeña de Administradores de Impuestos (COTA, por sus siglas en inglés). El Foro Africano de Administración Tributaria (FAAT), recientemente incorporado, celebró en agosto de 2013, en Suazilandia, un seminario técnico sobre servicios al contribuyente enfocado en la orientación a y la comunicación con el contribuyente. La Organización Intraeuropea de Administraciones Tributarias (IOTA, por sus siglas en inglés) organizó un taller el pasado mes de octubre de 2013 titulado «La Educación al servicio de un Mayor Cumplimiento» en la Antigua República Yugoslava de Macedonia, basado en el taller que organizara en 2008 con el título «Educación Fiscal de los Jóvenes».

¿El papel de la cooperación al desarrollo?

La Educación Cívico-Tributaria representa un aspecto de la cooperación al desarrollo a menudo en la sombra. La Unión Europea, a través del sector fiscalidad del Programa EUROsociAL, ha venido desarrollando una importante labor en este ámbito. EUROsociAL trabaja con las administraciones tributarias y los Ministerios de Educación de toda América Latina para transmitir e intercambiar capacitación y conocimientos sobre la Educación Cívico-Tributaria desde una perspectiva de cohesión social. A este respecto, basta recordar que ayudó a que Argentina compartiese su experiencia y conocimientos sobre cómo crear zonas infantiles de juego de temática fiscal con El Salvador (con la financiación de USAID) y Costa Rica (véanse los Capítulos 8 y 9). La Agencia Alemana de Cooperación al Desarrollo (GIZ) apoya distintas iniciativas de Educación Cívico-Tributaria en varios países, entre ellas el nuevo Departamento de Educación Cívico-Tributaria de Zambia y la financiación de un viaje de estudios a Nepal para funcionarios de la Administración Tributaria Zambia en 2013 (Capítulo 29). Entre las iniciativas de cooperación bilateral cabe destacar la Agencia de los Estados Unidos para el Desarrollo Internacional (USAID) y el Acuerdo para el Desarrollo de las Exportaciones en África Oriental (TMEA) en Burundi (Capítulo 5), el Organismo Danés de Desarrollo Internacional (DANIDA) en Bután (Capítulo 3) y el Programa de las Naciones Unidas para el Desarrollo (PNUD) en el Líbano (Capítulo 15).

Obstáculos y retos

La Educación Cívico-Tributaria se enfrenta a los obstáculos ya habituales de limitación de plazos y escasez de fondos y recursos humanos. A la hora de tomar decisiones difíciles sobre la asignación de los escasos recursos disponibles, algunas administraciones tributarias clarividentes han apostado por la Educación Cívico-Tributaria como un objetivo estratégico, mientras que otras dejan que sean funcionarios plenamente dedicados quienes se ocupen de esta importante labor como una más de sus ocupaciones principales. Conseguir que la Educación Cívico-Tributaria sea considerada una prioridad puede resultar una tarea particularmente ardua debido a los problemas que entraña el tener que evaluar, cuantificar y determinar la causa de todo cambio en la conducta de los contribuyentes.

Otros problemas residen en el hecho de acertar con la adopción de una determinada política fiscal. El estudio de caso relativo a Bután ilustra claramente cómo la adecuación de la política en cuestión puede mejorar la eficacia de la educación fiscal: en este caso concreto, exigiendo a los pequeños comerciantes que cumplan unos requisitos mínimos de contabilidad. Chile ha comprobado que las nuevas tecnologías llevan aparejadas ulteriores cargas y obligaciones: mantenimiento y actualización de páginas web que satisfagan las exigencias de navegación y acceso a contenidos en constante cambio y evolución. Mientras que Colombia se mostró determinada a poner fin a la falta de «cultura informática» imperante entre sus ciudadanos, El Salvador protagonizó su particular lucha contra el temor a las herramientas tecnológicas de formación subiendo a la web uno de los primeros temas de su programa educativo en línea, el *Diploma en Educación Fiscal*. Por su parte, Marruecos contrarrestó el elevado coste de las retransmisiones audiovisuales consiguiendo que se emitiesen mensajes radiofónicos y anuncios de televisión de forma gratuita o con importantes descuentos, y concluiremos refiriéndonos a la que tal vez sea la lección más importante de todas, como ha podido comprobar Mauricio, en lo referente a cualquier actividad de Educación Cívico-Tributaria, esto es, que si la administración tributaria correspondiente no hubiese emprendido una iniciativa tal (en este caso concreto, una campaña de alfabetización fiscal en beneficio de los futuros contribuyentes), nadie más lo habría hecho.

Continuando la conversación

Este volumen representa nuestra aportación al debate global en boga sobre la importancia de la Educación Cívico-Tributaria, el papel que desempeña en aras de mejorar el cumplimiento y reforzar las relaciones entre los gobiernos y sus ciudadanos y las actuaciones al respecto. De cara al futuro, existe la posibilidad de poder avanzar en distintos ámbitos:

- *Intercambio de conocimientos y buenas prácticas* sobre los temas tratados en el presente informe: cómo abordar el problema de la economía sumergida; programas educativos escolares y preescolares; el uso de las nuevas tecnologías para facilitar el acercamiento de los contribuyentes a las temáticas tributarias y proporcionarles conocimientos en la materia (iniciativa a la que se han sumado Colombia, Estonia, Malasia, Singapur y Turquía), y el papel de las empresas y la sociedad civil en la Educación Cívico-Tributaria. La estrategia de Marruecos para educar a sus ciudadanos y al público en general sobre temas fiscales, así como la utilización, por parte de Corea, de sus embajadas para llegar a los coreanos que viven en el extranjero, pueden generar un interés mayor. Los países frágiles y afectados por conflictos podrían aprender de las experiencias de aquellos otros que han pasado por lo mismo con anterioridad, tales como Burundi y Ruanda, e incluso la propia Ruanda – que también se ha sumado a la iniciativa «Un ordenador por niño» – podría extraer enseñanzas útiles de los esfuerzos realizados por Uruguay para transformar la crisis en oportunidad y crear una plataforma para que los futuros contribuyentes aprendan más sobre cuestiones fiscales mientras se divierten.
- *Cuantificación del impacto* de las iniciativas de Educación Cívico-Tributaria en términos del aumento del cumplimiento (cifras/porcentaje de contribuyentes; ingresos) y de la mejora de la ética fiscal. No es fácil para ninguna administración tributaria cuantificar el cambio de conducta, en particular si hay un cambio generacional. Se han realizado algunos esfuerzos (véase, por ejemplo, el Capítulo

26 relativo a Sudáfrica y el Capítulo 29 sobre Zambia) que merece la pena compartir como punto de partida para la futura labor que beneficiará a todos los países.

- *Expansión de la cooperación regional* en virtud del modelo de América Latina y el Caribe. El Programa EUROsociAL, organizaciones como el CIAT, la COTA y un número cada vez mayor de administraciones tributarias nacionales están colaborando activamente en esta región. Otras regiones están siguiendo sus pasos y los debates podrían sucederse, quizás empezando con los participantes en esta publicación.

- *Focalización en programas de ayuda y cooperación al desarrollo:* El mencionado estudio de la OCDE/ITC (OCDE, 2013) recomendaba que todo programa de educación fiscal financiado por un donante diese cabida, en la medida de lo posible, a programas de información pública y Educación Cívico-Tributaria, así como a un diálogo entre los sectores público y privado. Los organismos bilaterales y multilaterales de desarrollo pueden remitirse a los ejemplos presentes en este informe para ampliar sus esfuerzos en apoyo a la Educación Cívico-Tributaria. Existe una fuerte interacción e interdependencia entre la movilización de recursos internos y el apoyo a instituciones eficaces. Tal y como se afirmaba en el *proyecto de Principios para mejorar la transparencia y la gobernanza de los incentivos fiscales a la inversión en los países en desarrollo* de la OCDE, cabría considerar la posibilidad de prestar apoyo a las organizaciones de la sociedad civil con miras a promover la participación ciudadana en los debates políticos sobre la recaudación de impuestos y la redistribución de los recursos.[2]

Notas

1. Vea, por ejemplo, EUROsociAL/Instituto de Estudios Fiscales (2010).
2. www.oecd.org/ctp/tax-global/Principles_for_international_engagement_May2013.pdf.

Bibliografía

EUROsociAL/Instituto de Estudios Fiscales (2010): *Educación Fiscal y Cohesión Social: Experiencias de América Latina*, EUROsociAL/Instituto de Estudios Fiscales, www.eurosocialfiscal.org/uploads/documentos/centrodoc/d1cc7ba6323ad05a8e11113bed6d6814.pdf.

Latinobarómetro (2010): *Informe Latinobarómetro 2009,* Corporación Latinobarómetro, Santiago de Chile, www.latinobarometro.org.

Nerré, B. (2008): "Tax culture: A basic concept for tax politics", *Economic Analysis & Policy*, vol. 38, nº 1, Marzo, disponible en: https://docs.google.com/file/d/18H3eX7eKiZBK6wrYVI6VqLpnFKn1JGZc_PS1lY-2sGbrWaMVS11FHeVIbBwn/edit?pli=1.

OCDE (2013): *Tax and Development: Aid Modalities for Strengthening Tax Systems*, Ediciones OCDE, París, disponible en: http://dx.doi.org/10.1787/9789264177581-en.

OCDE (2012): "What drives tax morale?", *Centro de Desarrollo de la OCDE*, Documento de Trabajo nº 315, Ediciones OCDE, París, disponible en: http://dx.doi.org/10.1787/5k8zk8m61kzq-en.

OCDE (2009): *Is Informal Normal? Towards More and Better Jobs in Developing Countries*, Ediciones OCDE, París, disponible en: http://dx.doi.org/10.1787/9789264059245-en.

OCDE/CEPAL (2011): *Perspectivas Económicas de América Latina 2012: Transformación del Estado para el Desarrollo*, Ediciones OCDE, París, http://dx.doi.org/10.1787/leo-2012-en.

Capítulo 2

Bangladesh: Día Nacional del Impuesto sobre la Renta

Órgano bengalí de Gestión Tributaria (NBR)

Este capítulo presenta el Programa de Educación Cívico-Tributaria de Bangladesh. Comienza describiendo los objetivos generales del programa al completo para centrarse después en un elemento específico del mismo: el Día Nacional del Impuesto sobre la Renta. Posteriormente, analiza el impacto y las enseñanzas extraídas a raíz de la iniciativa, y finaliza apuntando a los futuros pasos por dar en este ámbito.

Bangladesh cuenta con una base imponible muy limitada y el grueso de la carga fiscal recae sobre un porcentaje extremadamente reducido de la población (menos del 1%, según datos de 2011 del NBR). El Órgano bengalí de Gestión Tributaria (NBR, por sus siglas en inglés) (Recuadro 2.2), principal administración tributaria del país, sospecha que son numerosos los obligados tributarios que declaran menos rentas de las obtenidas o que no las declaran en absoluto, por lo que el nivel de cumplimiento fiscal del que tiene constancia dicho organismo está muy por debajo del estimado en función del PIB y el crecimiento económico del país. Con un 9,3%, el coeficiente global de ingresos fiscales sobre el PIB en Bangladesh es bastante bajo en comparación con otros países de la misma región del Sudeste asiático (Fuente: NBR, 2011). En respuesta a estos desafíos, el NBR ha emprendido una reforma de gran alcance de su política y administración tributarias. Esta última pretende centralizar y automatizar las cuentas corrientes tributarias y la tramitación de las declaraciones de impuestos, lo que lleva aparejada a su vez la creación de una eficaz base de datos de números de identificación fiscal (NIF) en cuanto constituye una valiosísima herramienta para analizar el perfil y la conducta de un determinado contribuyente. Asimismo, el NBR está desarrollando sólidos sistemas de procesamiento de datos y gestión de contenidos que le permiten incorporar cuentas, tramitar las declaraciones de impuestos y emitir los correspondientes justificantes, procesar operaciones y el acceso identificado de los contribuyentes, y comentar y aclarar posibles dudas sobre la normativa tributaria.

El análisis y los datos facilitados a raíz de dicha reforma redundarán en beneficio de un Programa de Educación Cívico-Tributaria escrupulosamente diseñado para ayudar a los contribuyentes a entender la importancia de asumir sus obligaciones en calidad de ciudadanos o residentes fiscalmente responsables, y cómo hacerlo.

Educación Cívico-Tributaria en Bangladesh

La comunicación estratégica es extremadamente importante a fin de obtener el apoyo de los contribuyentes y de las partes interesadas para llevar a cabo la reforma fiscal. A tal fin, el NBR necesita reforzar su propia capacidad de comunicación con dichos agentes, o servirse de empresas externas para exponer sus razones donde convenga. (Recuadro 2.1)

En Bangladesh, la Educación Cívico-Tributaria corre a manos del NBR en colaboración con otros Ministerios y agencias gubernamentales, tales como el Ministerio de Información y otros Departamentos adscritos al Ministerio de Finanzas, y se dirige a todos los contribuyentes, ya se trate de personas físicas o jurídicas.

Recuadro 2.1. **Objetivos de la Educación Cívico-Tributaria en Bangladesh**

- Profundizar en el conocimiento de la normativa y los procedimientos tributarios
- Aumentar el nivel de cumplimiento voluntario
- Formar a funcionarios para el desempeño de sus tareas en consonancia con las leyes vigentes sin olvidar que están al servicio del contribuyente, debiendo mostrarle el mayor respeto y teniendo en cuenta sus derechos
- Mejorar las capacidades de gestión de jefes y personal directivo de organismos tributarios
- Orientar a los ciudadanos sobre cómo pagar impuestos
- Incrementar el número de contribuyentes cumplidores
- Explicar el motivo de pagar impuestos
- Legitimar a los ciudadanos para participar en debates sobre la afección de los ingresos fiscales
- Ampliar los conocimientos e información ciudadana en materia tributaria

Fuente: Órgano bengalí de Gestión Tributaria.

El Programa de Educación Cívico-Tributaria ofertará un menú de contenidos en línea (el NBR dispone de una página web bastante completa y muy útil) a los que se tendrá acceso directo contactando bien de forma individual o en grupo con el Departamento de Atención al Usuario del NBR, que dará soporte técnico a los contribuyentes en centros de asistencia convenientemente ubicados. Por otra parte, dicho programa prevé la creación de centros de atención telefónica para resolver las dudas de los contribuyentes. Estos centros ayudarán a su vez a los contribuyentes a preparar sus declaraciones, calcular sus impuestos y familiarizarse con los plazos para el pago de los tributos, entre otras cuestiones. Asimismo, los centros de asistencia coordinarán los programas de Educación Cívico-Tributaria a través de las distintas oficinas de gestión tributaria, foros de asociaciones de comercio e industria, foros de asesores fiscales, gestores, auditores y organizaciones comunitarias.

De igual modo, dicho programa educativo divulgará información a través de canales de televisión, radio y periódicos nacionales, principalmente gestionados a través del Ministerio de Información; la administración tributaria central publicará materiales didácticos multilingües; se organizarán seminarios y talleres para informar a los contribuyentes sobre sus derechos y obligaciones; se prestarán servicios de atención al contribuyente en otros organismos y agencias para intensificar la presencia gubernamental; se emitirán documentales y obras de teatro; se colocarán anuncios y carteles publicitarios; se repartirán folletos y catálogos; se celebrarán ferias de temática fiscal y se habilitará una calculadora de impuestos en línea para que los contribuyentes calculen el importe de sus deudas tributarias.

Especial referencia al: Día Nacional del Impuesto sobre la Renta

En Bangladesh, todos aquellos contribuyentes que sean personas físicas están obligados a presentar su declaración de la renta hasta el 30 de septiembre. Desde 2008, el

Gobierno de Bangladesh ha venido celebrando el *Día Nacional del Impuesto sobre la Renta* cada 15 de septiembre a modo de recordatorio de la obligación de pagar impuestos para los ciudadanos y contribuyentes inscritos.

Ese día, los departamentos de gestión tributaria de todo el país salen a las calles, celebran seminarios y talleres, colocan anuncios y carteles publicitarios, distribuyen panfletos, organizan actos y mesas redondas, montan *consultorios móviles* en la vía pública de asesoría fiscal gratuita, organizan concursos y premios para los contribuyentes que pagan los impuestos más elevados y emiten documentales y obras de teatro sobre temas fiscales.

En líneas generales, además de formar a los contribuyentes en este ámbito, la celebración tiene igualmente como objetivo:

- Mejorar los servicios al contribuyente.
- Informar a la población sobre enmiendas fiscales relevantes.
- Reducir la brecha entre contribuyentes y funcionarios de las administraciones tributarias.
- Propiciar un entorno de reciprocidad y colaboración con profesionales del sector (juristas, auditores contables y gestores fiscales).
- Erradicar la corrupción.

Los principales colectivos destinatarios y obligados tributarios son personas físicas, personas jurídicas y microempresas, pequeñas, medianas y grandes empresas. En consecuencia, las distintas actividades e iniciativas se centran en el impuesto sobre la renta de las personas físicas, al igual que también se enfocan hacia el impuesto sobre sociedades y el que grava los beneficios empresariales.

Para llegar al máximo número de personas posible, participan en el evento la televisión nacional, regional y local, la prensa y la radio. Otros de los instrumentos publicitarios empleados son materiales multilingües publicados por la administración tributaria central, junto a redes sociales tales como Facebook y Twitter. Los centros educativos de enseñanza superior toman parte igualmente en las mencionadas actividades.

El pistoletazo de salida para la organización y preparación del evento tiene lugar la última semana del mes de julio y es fruto de la colaboración entre el NBR y diversos departamentos y organismos gubernamentales, líderes políticos, organizaciones empresariales, sociedad civil, artistas conocidos del país (cantantes y actores, entre otros) y figuras del deporte (especialmente jugadores de críquet y fútbol). La coordinación corre a manos de un Comité nacional compuesto por 60 miembros, principalmente jefes de unidad, directores de departamento y altos funcionarios del NBR, ayudado a su vez por otros siete a diez Subcomités de unos 20 miembros que se ocupan de diversas cuestiones. El personal recibe igualmente formación y asiste a sesiones informativas previamente a la celebración del evento.

El coste de la iniciativa ronda los 30 millones de takas bengalíes (380 000 dólares estadounidenses) aproximadamente.

Impacto

- Aumento de los impuestos. El evento llega a un total de dos a cinco millones de contribuyentes cada año, lo que se ha traducido en un aumento significativo tanto del número de contribuyentes como de los ingresos tributarios recaudados los últimos años. Así, por ejemplo, la recaudación del impuesto sobre la renta ha registrado un crecimiento constante, llegando a duplicarse durante los últimos cuatro años. Por lo tanto, en términos generales, puede considerarse que la iniciativa ha sido un éxito. De igual modo, se ha registrado una mejora considerable de los conocimientos del contribuyente (o lo que es lo mismo, en la información necesaria para pagar impuestos), al tiempo que también se ha reforzado el sentido de obligación moral de la gente de pagar impuestos «voluntariamente».
- Percepción más positiva: Antes de que se pusiera en marcha la iniciativa, los medios de comunicación se mostraron bastante críticos al respecto, publicando a menudo informes negativos acerca de la administración tributaria central. Desde que tuviese comienzo la iniciativa, se ha intensificado la percepción de que los contribuyentes reciben un trato justo y transparente de la administración tributaria correspondiente, al igual que ha aumentado el número de contribuyentes que consideran que el gobierno gasta de forma inteligente el dinero procedente de la recaudación tributaria; por el contrario, apenas sí se estima que la iniciativa haya contribuido a reforzar la percepción en torno al hecho de si otros contribuyentes están pagando equitativamente la cuota correspondiente.
- Mejor y mayor cumplimiento fiscal: Hemos asistido a una gran mejora del cumplimiento fiscal en los últimos cinco años.

Si bien dicha iniciativa no se ha sometido a una evaluación independiente, los Diputados al Parlamento de Bangladesh hablan abiertamente del éxito del programa. Asimismo, la evaluación de ambas categorías de contribuyentes, tanto los que se encuentran en el escalafón más alto como en el más bajo, muestra un claro descenso en el número de obligados tributarios que no declaran sus impuestos.

Enseñanzas extraídas

Esta iniciativa ha puesto de manifiesto la transcendencia de la Educación Cívico-Tributaria: ha incidido en la mejora del cumplimiento fiscal ciudadano y ha transformado la percepción acerca del NBR de los contribuyentes. Ha demostrado que los contribuyentes pueden estar muy interesados en temas relacionados con los impuestos y que valoran positivamente el nuevo modelo de atención al usuario adoptado por el NBR.

El principal reto al que se ha enfrentado la implementación de la iniciativa ha sido la adecuación al nuevo modelo de atención al usuario del NBR por parte de los funcionarios y el personal de dicho organismo. Este nuevo modelo requiere el firme compromiso de los funcionarios de la administración tributaria con los usuarios de prestarles asistencia técnica. En el pasado, existían limitaciones al contacto directo y el personal se mostraba reticente a interactuar con el público. Para cambiar la actitud de los funcionarios de la administración tributaria, se llevaron a cabo debates, seminarios de intercambio de ideas y sesiones formativas. Por su parte, consultores internacionales contribuyeron también a concienciar a dichos funcionarios y empleados públicos.

El elevado coste de la iniciativa y la necesidad de asignar suficientes fondos para implementar el evento han supuesto un ulterior reto. En el pasado, las restricciones presupuestarias a menudo han limitado el alcance de la iniciativa.

Futuros pasos

El NBR prevé realizar mejoras al evento. Así, por ejemplo, los distintos talleres y actividades educativas tendrán que comenzar a principios de mes con objeto de ampliar el soporte dado a los contribuyentes para presentar sus declaraciones durante las dos últimas semanas previas a la fecha de presentación.

Por otra parte, el NBR tendrá que destinar y adscribir más personal a la iniciativa, en particular a nivel local, y necesitará apoyo de todos los partidos políticos, hecho que ayudará a mejorar la organización y el alcance de la iniciativa que nos ocupa.

Recuadro 2.2. **Órgano de Gestión Tributaria (NBR)**

El *National Board of Revenue* (NBR), creado por decreto presidencial en 1972, constituye el principal Órgano bengalí de Gestión Tributaria. Dicho órgano se halla adscrito al Departamento de Recursos Internos del Ministerio de Finanzas y aglutina tres subunidades: Unidad de Aduanas, Unidad Tributaria de IVA y Unidad Tributaria del Impuesto sobre la Renta. Asimismo, incluye un Departamento de Tecnología de la Información y un Departamento de Estadística e Investigación Operativa. El NBR cuenta con una plantilla de 8.900 empleados, distribuidos entre 649 oficinas de gestión tributaria ubicadas, en su mayor parte, en zonas urbanas y metropolitanas, mientras que 75 de ellas se encuentran en zonas rurales.

He aquí sus funciones y competencias:

- Recaudación tributaria;
- formulación y evaluación constante de las políticas fiscales y de la normativa tributaria;
- negociación de acuerdos fiscales y Convenios de Doble Imposición (CDI) con gobiernos extranjeros, y
- participación en deliberaciones interministeriales sobre asuntos económicos, con especial referencia a las políticas fiscales y a la administración tributaria.

Para mayor información, visite la página: www.nbr.gov.bd.

Fuente: Órgano bengalí de Gestión Tributaria.

Bibliografía

NBR (Órgano bengalí de Gestión Tributaria) (2011), *Outline of Modernization Plan (2011-2016): National Board of Revenue (NBR)*, NBR, Dacca, disponible en: www.nbr-bd.org/tender/NBR_Modernisation_Plan_Final_draft.pdf.

Capítulo 3

Bután: Talleres de contabilidad para pequeñas empresas

Departamento de Rentas y Aduanas (DRC)

Este capítulo presenta el Programa de Educación Cívico-Tributaria de Bután. Para ello, comienza por dar una visión global del programa al completo y sus objetivos, y continúa centrándose en un elemento en concreto: los talleres de contabilidad para microempresas y pequeñas empresas. A continuación, hace un recorrido por el impacto y las enseñanzas extraídas como fruto de la iniciativa y apunta brevemente a los futuros pasos al respecto.

La Cultura Cívico-Tributaria representa un concepto de cuño relativamente reciente en Bután. El Impuesto sobre la Renta de las Personas Físicas (IRFP), por ejemplo, se introdujo en 2001, y apenas unas décadas antes (con anterioridad a 1960) las deudas tributarias se pagaban *en especie*, utilizando el propio trabajo como moneda de cambio. La novedad de ciertos impuestos ha llevado al Departamento de Rentas y Aduanas (DRC, por sus siglas en inglés) (Recuadro 3.3) del Ministerio de Finanzas a tener que partir de una base muy limitada en términos de sensibilización de los contribuyentes ante sus obligaciones fiscales y las modalidades de cumplimiento.

Educación Cívico-Tributaria en Bután

El DRC admitió la necesidad de implantar formas creativas de informar a los usuarios sobre cómo pagar impuestos, lo que incluía una campaña de sensibilización sobre el IRPF (Recuadro 3.2). El DRC pronto asumió que muchas microempresas y pequeñas empresas no llevaban una adecuada contabilidad e intentó paliar esta situación organizando talleres de Educación Cívico-Tributaria (Recuadro 3.1).

Recuadro 3.1. **Objetivos de la Educación Cívico-Tributaria en Bután**

- Alentar a los contribuyentes a ser fiscalmente responsables.
- Incrementar el número de contribuyentes cumplidores.
- Explicar el régimen tributario.
- Ampliar los conocimientos e información ciudadana en materia tributaria.
- Orientar a los ciudadanos sobre cómo pagar impuestos.

Fuente: Departamento de Rentas y Aduanas.

Las restricciones de financiación y recursos humanos explican que el Ministerio de Finanzas no dispone de una sección o unidad de Educación Cívico-Tributaria. No obstante, el DRC lleva a cabo programas de Educación Cívico-Tributaria contando con la participación de todos los departamentos interesados (Auditoría de Ingresos, Aduanas e Impuestos Especiales, Impuesto sobre la Renta e Impuesto al Consumo) que aportan personal en función de las necesidades.

Las actividades de Educación Cívico-Tributaria comprenden talleres, sesiones informativas y seminarios. El DRC cuenta también con un Departamento de Información Pública encargado de difundir notificaciones legales públicas utilizando los medios apropiados.

Dichas actividades están dirigidas a todos los contribuyentes sujetos a IRPF, microempresas y PYME, y comprenden:

- Seminarios de contabilidad para PYME.
- Folletos para orientar a los contribuyentes sobre cómo y cuándo presentar sus declaraciones de la renta, entre otros.
- Campañas mediáticas y publicitarias en canales de televisión, prensa y radio nacionales y multilingües.

Dichas campañas se llevan a cabo uno o dos meses antes del período de declaración para alertar a los contribuyentes con suficiente antelación. El Servicio de Información Pública del DRC realiza encuestas de preferencia de medios de comunicación durante el período impositivo para optar por los canales mediáticos predilectos. Como resultado, se redactan contratos de un año con los servicios públicos de radio y televisión (Ente Público de Radiotelevisión de Bután) y los dos periódicos de mayor tirada (más recientemente, *Kuensel Corporation Limited* y *Bhutan Times Limited*). En la actualidad, existen 12 periódicos en el país, aunque algunos de pequeña tirada. Tan sólo cuatro de las seis emisoras de radio tienen cobertura en la capital del país. Los contratos de un año permiten al Departamento conseguir descuentos de hasta el 40%. Inicialmente, tan solo el DRC utilizaba esta modalidad de contrato; sin embargo, una vez comprobada su rentabilidad, se ha convertido en la modalidad más utilizada por el Ministerio. El Departamento de Información Pública del DRC centraliza y gestiona todos los anuncios. Gracias al compromiso del gobierno de ampliar y extender las iniciativas de banda ancha en todo el país, Internet pronto se convertirá en un instrumento viable para llegar a los contribuyentes. Asimismo, el DRC está desarrollando un nuevo Sistema en línea de Información de Gestión y Administración de Tributos (RAMIS, por sus siglas en inglés) en tiempo real, concebido y diseñado para ofrecer un autoservicio electrónico tributario a los contribuyentes y otras partes interesadas. Las ocho oficinas regionales, 17 puntos de control y el Aeropuerto Internacional de Paro (el único aeropuerto internacional en Bután) estarán conectados a este sistema. Dicho Proyecto será financiado por el Banco Asiático de Desarrollo (BAD) y se prevé que esté operativo para mediados de 2014.

El DRC fue una de las primeras instituciones gubernamentales en utilizar el envío de mensajes de texto (SMS) a través de teléfonos móviles. Sin embargo, ahora que muchos otros organismos han comenzado a emplear esta herramienta, su potencial ha disminuido en cierta medida.

Especial referencia a los talleres de contabilidad para microempresas y pequeñas empresas

El DRC diseñó esta iniciativa para mejorar el cumplimiento fiscal por parte de pequeñas empresas y microempresas. Sus inicios se remontan al año 2003 y fue completado en 2007. En Bután, se estima que un 80% de los contribuyentes entran en la categoría de microempresa o pequeña empresa. Representan un grupo particularmente delicado desde una perspectiva tributaria en cuanto es infrecuente que estas empresas conserven asientos contables. Pese a que legalmente todas las empresas cotizadas están obligadas a llevar un registro contable de sus operaciones, las PYME no lo están. Aunque se les insta a ello, muchas no lo hacen. En el pasado, las oficinas de gestión tributaria se encargaban de calcular los impuestos de estas empresas, pero ello desencadenó un creciente número de recursos tributarios, ya que los microempresarios y pequeños empresarios consideraban que los cálculos resultantes eran demasiado altos. Por esta razón, el DRC decidió ayudar a que estos contribuyentes calculasen sus propios impuestos de primera mano.

Se realizaron talleres y seminarios para orientar e incitar a las microempresas y pequeñas empresas a llevar una contabilidad mínima por iniciativa propia con el fin de simplificar el procedimiento de pago de impuestos. También se invirtieron esfuerzos en mejorar la comprensión de cuántos impuestos había que pagar en función de los beneficios, en aumentar los conocimientos en materia fiscal y en educar al colectivo destinatario en el ámbito de la normativa tributaria, ya que muchos comerciantes carecen del nivel educativo necesario para llevar la contabilidad.

Se trataba de talleres de contabilidad muy sencillos y de contenido básico. Si bien no se centraban necesaria y específicamente en temas de fiscalidad, los talleres abordaban los aspectos básicos contables en relación con el impuesto sobre sociedades y el impuesto sobre los beneficios empresariales. Se organizaron aulas-taller con el soporte de presentaciones en PowerPoint y otros materiales, encargándose el DRC de seleccionar a los ponentes[1].

Los talleres se realizaron en colaboración con la Cámara de Comercio e Industria de Bután, que cuenta a su vez con delegaciones repartidas por todo el país. Dichas delegaciones se encargaron de seleccionar e informar a pequeñas empresas y microempresas sobre los talleres. El Proyecto taller de contabilidad contó con la participación de un total de 15 empleados del DRC (2 a nivel nacional y 13 empleados regionales). El personal que participó no recibió cursos de formación. La responsabilidad de implementar los talleres recayó sobre los directores regionales. Los talleres son susceptibles de adaptación para satisfacer las exigencias de un colectivo en particular.

El coste total del proyecto alcanzó aproximadamente los 750.000 ngultrum de Bután (el equivalente a unos 12.000 dólares estadounidenses) durante el período correspondiente a 2003-2007, y contó con la participación de unas 3.000 microempresas y pequeñas empresas en total. Cabe señalar que, de 1996 a 2007, el DRC recibió ayuda del Gobierno danés en el marco del «Programa de Buen Gobierno» del Organismo Danés de Desarrollo Internacional (DANIDA), que prestó asistencia técnica y financiera en el ámbito de la buena gobernanza. De hecho, se asignó a un asesor fiscal danés al DRC para prestarle asistencia en materia de recursos humanos, ofimática y formación, con objeto de aumentar la capacitación existente y la base imponible. Junto a los talleres de contabilidad, se llevaron a cabo muchos otros programas formativos de temática fiscal durante dicho período de cooperación (véase el Recuadro 3.2, a título de ejemplo).

Impacto

Los talleres de contabilidad parecen haber tenido un éxito limitado: no se verificó un incremento perceptible en el mantenimiento de libros contables básicos entre el colectivo destinatario en los años sucesivos a la realización de los talleres. El programa se ha interrumpido.

Las comprobaciones efectuadas en enero/febrero de 2006 por el equipo de evaluación tributaria del DRC pusieron de manifiesto que únicamente 2 de los 26 participantes que asistieron al taller en el distrito de Wangdue llevaban una contabilidad mínima. Posteriores comprobaciones de carácter nacional revelaron que las razones por las que los participantes no llevaban un registro contable de sus operaciones, pese a las recomendaciones e indicaciones de los funcionarios de la administración tributaria, residían en el temor por las consecuencias accidentales de llevar libros contables, tales como la preocupación por el hipotético riesgo de verse sometidos a pagar elevados impuestos o que la inexistencia de libros contables pudiera permitirles negociar con los funcionarios de tributos, entre otras. Dichas comprobaciones revelaron, asimismo, que son numerosos los comerciantes que carecen de la formación necesaria para llevar la contabilidad, ya que algunos nunca han ido a la escuela.

Ante la inexistencia de una unidad de investigación, el mejor indicador de la transformación en la conducta de los contribuyentes sería, precisamente, un aumento del número de éstos. En términos contables, durante el período impositivo relativo al año 2003, el número de obligados tributarios sujetos al impuesto sobre sociedades y/o sobre actividades económicas alcanzó los 10 088 contribuyentes, de los que 1 008 llevaban una adecuada contabilidad. En el ejercicio fiscal 2010, aunque el número de obligados tributarios sujetos al mencionado impuesto aumentó hasta alcanzar los 16.679 contribuyentes, tan sólo 1 384 llevaban registros contables. Por otro lado, entre 2003 y 2010, el número total de contribuyentes de Bután creció un 206%: de 21.978 a 67.287 contribuyentes. Dicho aumento del número de contribuyentes responsables podría ser un indicio de que los antiguos programas formativos han sido eficaces (Recuadro 3.2), especialmente ante la falta de cualquier «redada» fiscal impositiva u otro acto de comprobación pertinente. También podría haber contribuido una iniciativa de 2007, mediante la que el DRC concedió a los contribuyentes un período de *amnistía* de dos meses durante el que declarar y regularizar las rentas no declaradas.

Se ha registrado una ligera mejora tanto de los conocimientos y competencias de los contribuyentes para el pago voluntario de los impuestos, como de la ética y civismo fiscal de los ciudadanos. No obstante, los talleres no parecen haber contribuido excesivamente a cambiar la percepción del público destinatario acerca de la administración tributaria.

Recuadro 3.2. **Campaña de sensibilización fiscal en materia de IRPF en Bután**

Previamente a la introducción del Impuesto sobre la Renta de las Personas Físicas (IRPF) en 2001, el DRC desarrolló una exitosa campaña de sensibilización e información fiscal que allanó el camino hasta la implantación del IRPF. Dicha campaña contó con el firme apoyo del Ministerio de Finanzas y recibió la financiación del DANIDA. Tanto el concepto de la campaña como la estrategia conexa se diseñaron internamente. El objetivo era fomentar el cumplimiento fiscal y/o declaración voluntaria, conceptos íntimamente relacionados con la construcción del país. Por aquel entonces, tan sólo había un canal de televisión y una emisora de radio en Bután que emitían programas diariamente, noche y día, y un periódico semanal de tirada nacional. A pesar de ello, el mercado de los medios de comunicación no estaba fragmentado y podía llegar a la mayor parte de la audiencia final, situación a la que se añadió ulteriormente la organización de talleres e instalando puestos de información con motivo de la celebración de festivales.

Fuente: Departamento de Rentas y Aduanas.

Enseñanzas extraídas

El hecho de que la normativa tributaria de Bután no contemple la obligación de que las microempresas y las pequeñas empresas lleven la contabilidad dificulta la labor de los inspectores de Hacienda a la hora de determinar la cuantía de la deuda tributaria y de convencer al contribuyente de que los cálculos son fiables. En un contexto tal de política fiscal, existe la posibilidad de que las medidas educativas y legitimadoras de los contribuyentes hayan limitado el impacto de la iniciativa. El programa tendría probablemente un mayor éxito si existieran incentivos, tales como un tipo impositivo reducido y desgravaciones fiscales, para quienes decidan llevar su propia contabilidad. El bajo índice de alfabetización fiscal del colectivo destinatario agrava dichos problemas. El DRC, pese a seguir recibiendo peticiones de la Cámara de Comercio e Industria de Bután de continuar con los talleres de contabilidad para microempresas y pequeñas empresas, ha interrumpido la iniciativa debido a su limitado impacto y a la falta de financiación. Si bien esta iniciativa no tuvo mucho éxito incluso en base a los criterios del propio DRC, ha resultado útil para poner de manifiesto la imperante necesidad de llevar a cabo reformas de la política fiscal con el fin de que algunas iniciativas de Educación Cívico-Tributaria cumplan su objetivo.

Otro gran desafío radica en la escasez de personal y fondos destinados a las actividades de Educación Cívico-Tributaria. El DRC necesita más personal y estar en condiciones de mantener su plantilla.

Futuros pasos

Un futurible colectivo destinatario de los programas de educación fiscal puede residir en las organizaciones no gubernamentales (ONG), que deben inscribirse con el DRC para obtener la pertinente exención fiscal. Puede que el DRC tenga que realizar talleres con algunas ONG para formar y capacitar a su personal sobre *cómo* y *por qué* deben llevar un registro contable, aun cuando se les considere fiscalmente exentas.

Recuadro 3.3. Departamento de Rentas y Aduanas de Bután

El Departamento de Rentas y Aduanas (DRC), convertido en un solo departamento en 1986, está adscrito al Ministerio de Finanzas. Su objetivo es asegurarse de que la administración tributaria y aduanera tiene la capacidad de recaudar impuestos de forma eficaz y eficiente, al mínimo coste, a través de la aplicación imparcial y coherente de la normativa correspondiente, así como también de prestar un servicio idóneo y responsable a los contribuyentes. Su misión consiste en contribuir al proceso de construcción del país mediante el desarrollo de un sistema de gestión tributaria eficaz.

El DRC cuenta con una plantilla de 122 empleados (distribuidos entre la Administración Tributaria Central y ocho delegaciones regionales) que tienen un trato directo con los contribuyentes. Cada una de las ocho delegaciones abarca cuatro o cinco distritos. Con 67 287 contribuyentes en 2010, dispone de aproximadamente un funcionario público por cada 551 contribuyentes.

Para mayor información, visite la página: www.mof.gov.bt.

Fuente: Departamento de Rentas y Aduanas.

Nota

1. El Ministerio de Economía y el Ministerio de Trabajo y Recursos Humanos también han organizado talleres de contabilidad, a veces en forma conjunta con el Departamento de Impuestos y Aduanas.

Capítulo 4

Brasil: Apoyo contable y fiscal para contribuyentes con rentas bajas

Secretaría Federal brasileña de Impuestos y Aduanas (Receita Federal)

Este capítulo versa sobre el Programa de Educación Cívico-Tributaria de Brasil. En primer lugar, aporta una visión general del programa al completo y se centra después en un elemento específico del mismo: las instituciones universitarias que prestan apoyo contable y fiscal. A continuación, analiza el impacto y las enseñanzas extraídas como fruto de la iniciativa, y finaliza apuntando a los futuros pasos en este ámbito.

Con más de 193 millones de habitantes, la República Federal de Brasil es el quinto país más grande del mundo tanto en términos de población como de superficie (8,5 millones de km²). Con un Producto Interior Bruto (PIB) de 2.223 billones de dólares estadounidenses en 2012, Brasil es la séptima economía más rica del mundo. Ese mismo año, la Secretaría Federal brasileña de Impuestos y Aduanas o *Receita Federal*, como se la denomina en Brasil, recaudó más de 500.000 millones de dólares estadounidenses en impuestos.

La *Receita Federal* es una agencia adscrita al Ministerio de Finanzas brasileño (Recuadro 4.2) responsable de la administración de los impuestos federales, incluida la recaudación de las cotizaciones a la seguridad social, y de las actividades aduaneras. La *Receita Federal* ayuda, asimismo, al Ejecutivo en el desarrollo de la política fiscal brasileña, y colabora en tareas de prevención y lucha contra la evasión fiscal, el contrabando, el tráfico ilegal, la piratería, el fraude comercial, el tráfico de drogas, el comercio con especies en peligro de extinción y otras actuaciones ilícitas relacionadas con el comercio internacional.

Educación Cívico-Tributaria en Brasil

En sociedades modernas con mucha población y una gran superficie como Brasil, se recomienda diseñar un buen sistema tributario en consonancia con los mecanismos tradicionales de sanciones y formativos, con el objeto de fomentar la aceptación social de la fiscalidad. En función de esta premisa, la *Receita Federal* ha desarrollado acciones de formación tributaria desde los años 70, momento en el que se lanzó el Programa de Educación Cívico-Tributaria, dirigido a ciudadanos y estudiantes, funcionarios y empleados públicos, auditores contables y agentes de aduanas.

La idea fundamental que subyace al Programa de Educación Cívico-Tributaria de la *Receita Federal* se identifica con el fortalecimiento de los lazos entre el Estado y la sociedad, un planteamiento que persigue mejorar las relaciones entre la administración tributaria y el contribuyente, así como también divulgar el conocimiento sobre la normativa tributaria, consiguiendo así, simultáneamente, impulsar el cumplimiento voluntario de las obligaciones fiscales y fomentar la aceptación social de la fiscalidad. (Recuadro 4.1)

En la agencia, se considera que la Educación Cívico-Tributaria ayuda a fomentar conductas fiscalmente responsables y fomenta el cumplimiento voluntario de las normas tributarias. De la misma manera, dicha formación demuestra al personal la importancia de su trabajo y el valor de prestar un servicio de excelencia a la sociedad en su conjunto. La educación fiscal contribuye a mejorar el entorno empresarial en el país al fomentar el debate acerca de la evasión de impuestos, el contrabando, la economía sumergida y la piratería, al tiempo que contribuye a un equilibrio macroeconómico, especialmente del gasto público. Al mostrar al público las bases de las políticas fiscales y su funcionamiento, la Educación Cívico-Tributaria también fortalece la imagen de la administración tributaria para la sociedad.

Recuadro 4.1. **Objetivos de la Educación Cívico-Tributaria en Brasil**

- Informar a los ciudadanos de sus derechos y obligaciones, del papel socioeconómico de la fiscalidad y del control social del gasto público.
- Fomentar la orientación sobre las obligaciones tributarias y aduaneras y realizar los esfuerzos necesarios por simplificarlas.
- Informar a los contribuyentes acerca de los servicios prestados por la Receita Federal, destacando los servicios en línea.
- Contribuir a la continua mejora de la calidad del servicio con el objeto de integrar a la agencia en el día a día de la sociedad.
- Impulsar la cooperación interinstitucional.

Fuente: Secretaría Federal brasileña de Impuestos y Aduanas.

Todas las unidades de la *Receita Federal* deben atenerse a determinadas directrices públicas (Receita Federal, 2012) con el objeto de desarrollar acciones de formación tributaria. En 2012, tuvieron lugar 11.941 eventos sobre Educación Cívico-Tributaria en todo el país. Para el mes de junio de 2013, ya se habían organizado aproximadamente otros 4.500 eventos más. Las diversas actividades son coordinadas por la Coordinación General de Servicios al Contribuyente y Educación Cívico-Tributaria, que depende de la Subsecretaría de Recaudación Tributaria y Servicios al Contribuyente.

Especial referencia a instituciones universitarias que prestan asistencia contable y fiscal

En aplicación de los estándares internacionales, Brasil cuenta con un sistema tributario particularmente complejo. Esta complejidad supone diferencias para los distintos grupos de ciudadanos y colectivos de profesionales. Mientras que algunos ciudadanos tienen acceso a la información y a la contratación de servicios profesionales de apoyo, aquellos económicamente menos favorecidos se enfrentan a numerosas dificultades al intentar obtener asesoramiento fiscal a través de los canales oficiales de la administración tributaria. En ocasiones, también encuentran dificultades para ser escuchados o comprendidos en los departamentos contables, hecho que genera desigualdad y marginación y les obstaculiza el cumplimiento de sus obligaciones. En definitiva, los indigentes corren el riesgo de ser marginados por el sistema tributario convencional.

También se han detectado una complejidad y acceso desigual similares en el ordenamiento jurídico. Con el fin de ayudar a las personas más desfavorecidas a conocer el ordenamiento jurídico y los servicios y herramientas a su alcance, se han implantado varios centros de asistencia y consultorios en las muchas Facultades de Derecho que ofrecen asesoría y prestan servicios jurídicos. Dichos servicios gratuitos hacen posible que cualquier persona pueda beneficiarse de los conocimientos y la paciencia de los estudiantes de Derecho, así como de la experiencia de sus supervisores. La ayuda ofrecida constituye un auténtico *laboratorio* de situaciones reales para los estudiantes y representa un elemento clave en su proceso de formación técnica y social. Estos centros reciben varios nombres, aunque en este documento nos referiremos a ellos mediante el acrónimo SAJU (Servicios de Asesoría Jurídica para Personas Desfavorecidas).

El éxito de los SAJU condujo a la *Receita Federal* a incentivar la creación de iniciativas similares en las escuelas universitarias de contabilidad y comercio exterior cuyos estudiantes ayudasen y asesorasen a personas indigentes y sin recursos en materia tributaria. Aunque la iniciativa se concibió teóricamente en 2008, los primeros centros y escuelas universitarias no aceptaron el reto hasta 2011. Conocidos como Núcleos de Apoyo Contable y Fiscal (NAF), actualmente existen 26 de estos centros en todo Brasil.

Los objetivos de los NAF son los siguientes:

1. Prestar asistencia contable y fiscal a las personas económicamente menos favorecidas (ya se trate de pequeñas empresas o personas con unos ingresos anuales brutos por debajo de los 12.000 dólares estadounidenses, o de empleados de facultades que no puedan permitirse una asistencia cualificada), y
2. actuar en calidad de centro para la creación de conocimiento fiscal mediante debates, visitas, grupos de estudio y presentaciones.

En los Estados Unidos, existen organizaciones no gubernamentales (ONG) que prestan asistencia técnica en materia tributaria a las personas económicamente desfavorecidas, idea que sirvió de inspiración, en cierta medida, a la creación de los NAF. Entre las iniciativas americanas de esta índole, se encuentran los Consultorios para Contribuyentes con Bajos Ingresos (LITC, por sus siglas en inglés; *Taxpayer Advocate Service*, 2013), que guardan cierta similitud con los NAF al no formar parte de la administración tributaria y estar dirigidos por la sociedad civil. Sin embargo, por otro lado, los NAF se han desarrollado exclusivamente en las universidades, haciendo uso exclusivo de los conocimientos y competencias de los estudiantes universitarios. Mientras que los LITC limitan su ámbito de actuación a ayudar a los menos favorecidos, los NAF también participan en el debate académico sobre temas tributarios relevantes y en la formación de estudiantes, con el objeto de que se conviertan en el futuro en auténticos auditores contables o expertos en comercio internacional.

Igualmente importante es dejar claro qué no son los NAF:

- No son una extensión de la *Receita Federal;*
- no sustituyen a los departamentos contables, y
- no representan un contrato oficial entre la *Receita Federal* y las escuelas universitarias para prestar servicios tributarios.

Por último, la ventaja del proyecto reside en dos factores: (1) la autonomía de la universidad o escuela universitaria, una fuente creativa intensiva, y (2) el apoyo técnico e institucional de la administración tributaria, que complementa la formación académica de los estudiantes. Las ventajas son claras para todos los participantes en la iniciativa. La comunidad se beneficia de la ayuda en responder a sus preguntas más básicas sobre fiscalidad. Los departamentos contables se benefician redireccionando ciertos casos complejos a los NAF, incluidos aquellos en los que es particularmente difícil entablar una comunicación básica con el cliente. Por su parte, la *Receita Federal* también se beneficia al satisfacer su función formativa en materia tributaria y proporcionar asistencia a los menos favorecidos. La universidad, a su vez, se beneficia de al menos tres formas distintas: con el desarrollo de oportunidades adicionales para sus estudiantes, con el fortalecimiento de sus lazos con la comunidad y con el impulso en sus indicadores del desempeño en el Departamento de Educación (lo que mejora el perfil de la universidad y ayuda a obtener financiación, entre otras razones).

Cómo funcionan los NAF

Inicialmente, la *Receita Federal*, en su calidad de promotora de la iniciativa, realiza la propuesta de constituir un NAF a las instituciones universitarias colaboradoras. En la actualidad, debido a los resultados positivos de los NAF ya existentes, en ocasiones dichas instituciones y escuelas universitarias toman la iniciativa a la hora de ponerse en contacto con la *Receita Federal*.

Es esencial un formalismo moderado en la relación entre la *Receita Federal* y la Universidad. No todos los NAF tienen contratos formales por escrito y, de existir, se trata de meros protocolos de cooperación con escaso contenido jurídico, lo que representa un punto muy importante, puesto que un instrumento rígido o un contrato demasiado exhaustivo desanimarían a las instituciones colaboradoras y obstaculizarían la creación de nuevas instituciones de apoyo y el desarrollo de ideas innovadoras.

Cada colaborador organiza, normalmente, una charla de presentación para detectar a los estudiantes motivados. Posteriormente, dos o tres talleres reúnen a los estudiantes, a los profesores y a los empleados de la *Receita Federal*. Es una oportunidad para que los empleados de la *Receita Federal* formen a los estudiantes en aspectos clave que les servirán de base para sus futuros estudios tributarios: el uso de los servicios fiscales a través del portal de Internet de la *Receita Federal*, el funcionamiento de las bases de datos de contribuyentes, el estudio de los reglamentos para pequeñas empresas y la dinámica del proceso tributario en los tribunales económico-administrativos. Cada NAF determina cómo quiere ayudar a los contribuyentes de bajos ingresos y organiza grupos de estudio en función de sus recursos (disponibilidad de estudiantes, público, profesores, etc.). Asimismo, aporta garantías de que dichos centros no competirán con empresas contables oficiales ya establecidas. Un NAF puede prestar sus servicios de asistencia a más de 50 personas cada día durante el período impositivo con más solicitudes y mayor volumen de operaciones.

La administración tributaria, la comunidad académica y la sociedad en general se encuentran habitualmente en reuniones rutinarias. Entre otras actividades, los estudiantes visitan otras clases del centro universitario y dan breves charlas (de aproximadamente 5 minutos), actuando como auténticos «polinizadores de conocimientos tributarios»; elaboran y ponen en común sus propios materiales (presentaciones y vídeos explicativos, entre otros), una de las prácticas más importantes nacida en los centros; al menos una vez al año se realizan visitas a las delegaciones de la administración tributaria, a los departamentos de atención al público, a los tribunales económico-administrativos o a las unidades de inspección fiscal y recaudación tributaria, lo que permite a los estudiantes comprender mejor y observar de primera mano su funcionamiento habitual y estructura.

Impacto

- Rápido y constante aumento del número de NAF de nueva creación: Se ha verificado un aumento de los 11 centros existentes en 2011 al total de 26 centros que existen, en la actualidad, en cinco Estados de la Federación brasileña (Cuadro 4.1). Quizás éste sea el resultado más llamativo en lo que concierne a los NAF. La mayoría de los centros existentes se concentra en el Estado de Rio Grande do Sul, donde surgió la iniciativa, aunque muchos otros Estados se están adhiriendo rápidamente a la misma. El NAF de Brasilia es el único que alberga una Facultad de Comercio Internacional, mientras que todos los demás operan en Escuelas Universitarias de Contabilidad.

- Claro impacto mediático y social: Desde 2011, los distintos NAF han producido 4 vídeos de televisión, han publicado más de 120 reseñas en Internet sobre aspectos fiscales para las personas económicamente más desfavorecidas, han organizado aproximadamente 80 charlas y han participado en numerosas exposiciones y otros eventos públicos. Sin embargo, todas ellas son cifras algo conservadoras, puesto que existen materiales que circulan por Internet que no se han tenido en cuenta.
- Asistencia para contribuyentes con rentas bajas: El número de personas que han recibido asistencia varía de un NAF a otro. Por ejemplo, un NAF de Rio Grande do Sul ayudó a más de 50 personas al día durante los meses de marzo y abril de 2013, el período durante el que se presenta la declaración de la renta en Brasil. Otros centros, más pequeños, ayudaron a poco más de 2 o 3 personas a la semana.
- Creciente interés y participación: Aproximadamente 150 personas, entre estudiantes voluntarios y profesores, trabajan en los 26 NAF que se encuentran en funcionamiento. El primer seminario regional para tratar la iniciativa NAF atrajo a 340 asistentes de diversas ciudades. Si bien la administración tributaria no ejerce ningún control directo sobre quién participa en el proyecto, sí que mantiene una base de datos de los colaboradores para intercambiar y difundir la información de interés.
- Construcción de un «puente de oro» entre la administración y la sociedad: El proyecto ha obtenido relevancia a nivel nacional gracias al premio obtenido en el concurso monográfico más prestigioso de la *Receita Federal*, el Premio a la Creatividad y a la Innovación (Bravo y Peres, 2011). En la monografía ganadora del premio, los NAF constituyen uno de los elementos en la construcción del denominado «puente de oro» entre la administración y la sociedad. A partir de entonces, el proyecto se ha convertido en una prioridad estratégica para la Administración Tributaria brasileña, siendo observado de cerca por otros países interesados en adoptar un enfoque y planteamiento de desarrollo de la ética fiscal similares sirviéndose, para ello, de la formación de estudiantes universitarios.

Enseñanzas extraídas

Se han extraído numerosas enseñanzas y puntos positivos de este proyecto que bien merece la pena emular, así como retos por superar.

Desde el punto de vista de las universidades, el mayor reto es aquel relacionado con la oferta de estudiantes: muchos trabajan a tiempo parcial simultaneándolo con sus estudios, por lo que se requieren mecanismos para mantenerlos involucrados en el proyecto. Asimismo, las universidades soportan costes asociados al proyecto: la asignación de una zona de estudio y espacios habilitados para reuniones y encuentros, la remuneración al profesor que supervisa a los estudiantes y la publicidad, entre otros. Las estrategias adoptadas para superar estas dificultades varían en función de cada institución. Algunas han decidido trabajar con estudiantes de primer año de contabilidad, ya que, aparte de la motivación adicional existente al inicio del curso, se disminuye el abandono escolar de los estudiantes de licenciatura o grado.

Desde el punto de vista de la administración tributaria, el hecho de que los NAF pueden ser respaldados por distintos agentes tributarios, no exclusivamente por la *Receita Federal*, supone enfrentarse a un mayor reto de cara a garantizar el seguimiento y el desarrollo organizado de esta red. Se están desarrollando herramientas tecnológicas e instrumentos de gestión del conocimiento para superar este reto. Se trata de un momento emocionante para la creación de ideas innovadoras sobre gestión del conocimiento. A través de los NAF, los auditores contables en prácticas trabajan codo con codo con la administración tributaria en lugar de litigar contra ella.

Cuadro 4.1. **Evolución de los NAF en Brasil**

Nº	NAF	Estado	Año
1	Anhanguera - Passo Fundo	Rio Grande do Sul	2011
2	Cesuca	Rio Grande do Sul	2011
3	FACCAT	Rio Grande do Sul	2011
4	FACOS	Rio Grande do Sul	2011
5	FEMA	Rio Grande do Sul	2011
6	IESA	Rio Grande do Sul	2011
7	IPA Metodista	Rio Grande do Sul	2011
8	Monteiro Lobato (FATO)	Rio Grande do Sul	2011
9	São Judas Tadeu	Rio Grande do Sul	2011
10	UFSM	Rio Grande do Sul	2011
11	UNIJUI	Rio Grande do Sul	2011
12	CESMAC	Alagoas	2012
13	Brasilia	Distrito Federal	2012
14	Anglicana de Erexim	Rio Grande do Sul	2012
15	Facensa	Rio Grande do Sul	2012
16	Feevale	Rio Grande do Sul	2012
17	UCS - Caxias do Sul	Rio Grande do Sul	2012
18	UCPel	Rio Grande do Sul	2012
19	UFRGS	Rio Grande do Sul	2012
20	UNISC	Rio Grande do Sul	2012
21	URI – Santiago	Rio Grande do Sul	2012
22	Coronel Fabriciano	Minas Gerais	2013
23	FADERGS	Rio Grande do Sul	2013
24	Tapejara	Rio Grande do Sul	2013
25	UCS - Nova Prata	Rio Grande do Sul	2013
26	Sorocaba	Sao Paulo	2013

Fuente: Secretaría Federal brasileña de Impuestos y Aduanas.

La estimación del número de empleados y los costes relacionados con el proyecto representan otro reto para la administración tributaria. Los NAF han resultado ser proyectos ligeros y flexibles. De media, hay un solo empleado de la *Receita Federal* por cada cinco o seis centros. Su tarea consiste en coadyuvar a la planificación de eventos y prestar asistencia técnica a los estudiantes e impartir cursos. Las intervenciones están bien definidas (reuniones, charlas y visitas, entre otras), y pueden dividirse entre los empleados de la administración tributaria que ya trabajan de cara al público o en cualquier proyecto de educación fiscal. La porción de tiempo total de trabajo dedicado a los NAF por parte de cualquier departamento o unidad de la administración tributaria es irrisorio.

Futuros pasos

Existen otras y nuevas iniciativas que siguen adoptando la idea subyacente al proyecto de los NAF. Recientemente, algunos NAF han comenzado a interactuar con los SAJU, prestando asistencia en asuntos judiciales sencillos para los que se precisaban informes contables o de auditoría. Por su parte, otros centros están experimentando con asistencia proactiva a colectivos necesitados: en este caso, los estudiantes organizan caravanas a lugares en los que hay pequeñas empresas, edificios ocupados o ancianos necesitados, entre otros.

En resumen, los NAF son el testimonio de una importante transformación cualitativa en la relación entre la administración tributaria y el auditor contable, quien inicia su carrera trabajando mano a mano con la administración tributaria, y no litigando con ella. Esa relación es fruto del conocimiento y confianza recíprocos, hecho que consolida y refuerza los lazos existentes entre el Estado y la sociedad.

Recuadro 4.2. *Receita Federal*

Con la misión de ejercer la administración tributaria y aduanera aplicando una tributación justa y respetando al ciudadano, en beneficio del conjunto de la sociedad, la Receita Federal cuenta con un grupo de empleados compuesto por 28.000 personas en todo Brasil. Su estructura se basa en una Unidad Central, situada en Brasilia, que incluye 5 subsecretarías y 11 oficinas de asistencia especial directa, junto a otras unidades descentralizadas, que se componen a su vez de 10 oficinas regionales, 103 tribunales económico-administrativos, 26 aduanas, 55 inspecciones, y 362 agencias.

Para mayor información, visite la página web de la Receita Federal: www.receita.fazenda.gov.br.

Fuente: Secretaría Federal brasileña de Impuestos y Aduanas.

Bibliografía

Bravo, A. M. y Peres, C. B. (2011): «Construindo a Ponte de Ouro entre a Receita Federal do Brasil e o Contribuinte: Os resultados de uma pesquisa-ação», *Administração Pública Prêmio de Criatividade e Inovação*, José Antônio Schontag, Auditor-Fiscal de la *Receita Federal* de Brasil, ESAF, Brasilia. Disponible en: http://antigo.esaf.fazenda.gov.br/esafsite/premios/schontag/Monografias_premiadas_arquivos/Monografias_2011_PREMIADAS/segundo_lugar.pdf (versión en portugués).

Receita Federal (Secretaría Federal brasileña de Impuestos y Aduanas) (2012): *Portaria* RFB nº 896, de 5 de abril de 2012, disponible en la página: www.receita.fazenda.gov.br/Legislacao/Portarias/2012/portrfb8962012.htm (versión en portugués).

Taxpayer Advocate Service (Servicio de Asistencia al Contribuyente) (2013): *Low Income Taxpayer Clinics: Progress Report*, febrero de 2013, Departamento del Tesoro, Washington, D.C., disponible en: www.irs.gov/pub/irs-pdf/p5066.pdf (versión en inglés).

Capítulo 5

Burundi: Cómo abordar el problema de la economía sumergida

Agencia Tributaria de Burundi (OBR)

Este capítulo nos acerca al Programa de Educación Cívico-Tributaria de Burundi. Para ello, comienza por dar una visión global del programa al completo y de sus objetivos, y continúa centrándose en un elemento en concreto: la campaña del NIF para abordar el problema de la economía sumergida. A continuación, hace un recorrido por el impacto y las enseñanzas extraídas como fruto de la iniciativa, y apunta brevemente a los futuros pasos al respecto.

Ampliar la base imponible es una de las mayores prioridades del Gobierno de Burundi. Muchas empresas, en particular microempresas y pequeñas empresas, operan en régimen de economía sumergida. No necesariamente son conscientes de sus obligaciones tributarias o de las razones por las que deberían serlo, ni tampoco de los beneficios potenciales que se derivarían del hecho de operar en el marco de la legalidad vigente.

La *Office Burundais des Recettes* o Agencia Tributaria de Burundi (OBR, por sus siglas en francés) (Recuadro 5.3) se esfuerza por abrirse paso entre un público en ocasiones escéptico o probablemente confuso sobre la respuesta a interrogantes del tipo *por qué* y *cómo* han de pagar impuestos; por establecer vías de comunicación con la comunidad empresarial para informar a los sujetos interesados acerca de nuevos mecanismos para pagar impuestos (y las consecuencias en caso de incumplimiento); por recordarnos a todos que la corrupción y el fraude o evasión fiscal se traducen en un robo en toda regla al conjunto de la sociedad y, junto a algunos aliados gubernamentales y de otros sectores, por concienciar a los posibles inversores de que un régimen fiscal saneado no es sino un claro indicio del objetivo tanto gubernamental como público de darles la bienvenida a Burundi.

Educación Cívico-Tributaria en Burundi

La educación fiscal es el núcleo de la actividad de la Unidad de Educación Cívico-Tributaria de la OBR, cuya labor se desarrolla en estrecha colaboración con la Unidad de Información y Publicidad del Departamento de Comunicación, ambas unidades adscritas a la Dirección de Comunicación y Servicios al Contribuyente. La Unidad de Educación Cívico-Tributaria cuenta con dos empleados públicos encargados de organizar diversos programas e iniciativas dirigidos, a su vez, a todos los obligados tributarios a los que les resulta aplicable el impuesto sobre la renta de las personas físicas (IRPF), especialmente a aquellos que se encuentran en los tramos impositivos más bajos (parte baja de la horquilla impositiva), a quienes declaran parcialmente o no declaran sus rentas y a los jóvenes mediante la (Recuadro 5.1):

- Publicación de información en la página web de la OBR;
- publicación de noticias en la prensa local e internacional;
- producción de numerosos espacios radiofónicos y televisivos;
- organización de talleres y seminarios, y
- realización de campañas de sensibilización en centros comerciales.

Recuadro 5.1. **Objetivos de la Educación Cívico-Tributaria en Burundi**

- Mejorar el cumplimiento fiscal proporcionando servicios de excelencia a los contribuyentes.
- Explicar por qué y cómo han de pagarse los impuestos.
- Informar al público en general y a los contribuyentes en particular de la existencia de proyectos innovadores para acelerar los procedimientos de declaración y pago de tasas e impuestos.
- Orientar a los contribuyentes sobre la nueva normativa tributaria y otras medidas administrativas para asegurarse de que entienden sus obligaciones tributarias.
- Concienciar a los contribuyentes sobre la necesidad de combatir el soborno y el fraude.
- Legitimar a los ciudadanos a participar en debates sobre el uso de los ingresos fiscales.
- Aumentar el grado de alfabetización fiscal de la sociedad.

Fuente: Agencia Tributaria de Burundi.

La mayor parte de este trabajo requiere de una estrecha colaboración con los medios de comunicación locales, a cuyo fin el Comisario General de la OBR se reúne personalmente una vez al trimestre con los directores de distintos medios de comunicación en los ya populares *press cafés*, que se han convertido en el lugar predilecto para celebrar encuentros entre la OBR y los medios de comunicación. En la actualidad, se está preparando el terreno para suscribir contratos con los medios que abren nuevas posibilidades de apoyo a la OBR en sus programas de acercamiento, cuya elección depende de distintos factores, entre ellos el público final, la notoriedad y el alcance del programa.

Entre los colaboradores, se incluyen también organizaciones empresariales, en particular la Cámara Federal de Comercio e Industria, e inversores a través del Acuerdo para el Desarrollo de las Exportaciones en África Oriental (TMEA – Recuadro 5.2), programa financiado por agencias de desarrollo internacionales para mejorar las relaciones comerciales y las inversiones en la región.

Especial referencia a la campaña del NIF en entornos de economía sumergida

Entre noviembre de 2011 y agosto de 2012, la OBR puso en marcha una iniciativa encaminada a incitar a los comerciantes que operan en régimen de economía sumergida a registrarse y solicitar un número de identificación fiscal o NIF con objeto de dar cumplimiento a sus obligaciones tributarias. Inicialmente, la campaña dio comienzo en centros comerciales de la capital, Bujumbura, y se trasladó después a tiendas y mercados.

Dada la dificultad de llegar a esta franja de la población, el éxito de la iniciativa relativa al registro de contribuyentes dependía de que la Dirección de Comunicación y Servicios al Contribuyente, la Dirección de Pequeños y Medianos Contribuyentes y la Dirección para la Gestión del Riesgo aunaran sus esfuerzos en una misma dirección.

En ocasiones, la sociedad burundesa se muestra escéptica y confusa acerca de por qué y cómo pagar impuestos. La campaña comenzó con sesiones de sensibilización general para explicar la razón de pagar impuestos e incrementar el grado de alfabetización fiscal entre los ciudadanos. Dichas sesiones contaron con la ayuda de administradores locales y gestores de mercados, a quienes se les pidió que divulgasen la información y el anuncio del inminente registro de los agentes correspondientes. Este hecho tuvo una gran importancia, ya que se aseguraba una mejor recepción del mensaje al encargarse de transmitirlo las autoridades administrativas en lugar de los propios funcionarios de la OBR. El proyecto de registro se anunció también públicamente mediante comunicados de prensa y a través de los canales de radio nacional, regional y local. Toda la información y comunicados fueron elaborados en francés y kirundi.

Tras las campañas de sensibilización general, tuvo lugar una segunda fase en centros comerciales con el fin de aumentar específicamente el grado de responsabilidad ciudadana y de los contribuyentes sobre la necesidad de registrarse como contribuyente para garantizar el cumplimiento de las obligaciones tributarias. A tal fin, se reclutó a estudiantes de la Universidad de Burundi para formar un equipo de 12 encargados de registro, cuya misión consistía en ayudar a los comerciantes a registrarse. Posteriormente, se pidió a quienes se habían registrado que pasaran por las dependencias de la agencia tributaria para solicitar que se les emitiese un NIF. Trimestre tras trimestre, los funcionarios de la OBR se desplazaron hasta los centros comerciales de todos los municipios de Bujumbura.

Además de estudiantes, también participaron en la iniciativa cinco funcionarios de la OBR cuya función principal consistía en elaborar el censo de contribuyentes no inscritos. Se estima que el coste total de la iniciativa asciende a 30.000 dólares estadounidenses. También se contó con financiación del TMEA (para un vehículo de apoyo) y de la OBR.

Impacto

- Mayor número de contribuyentes registrados: Pese a no haberse realizado un estudio de impacto de la iniciativa, su éxito queda patente en los cerca de 7.000 nuevos contribuyentes registrados durante el período de campaña, quienes están a la espera de obtener un NIF. Este aumento multiplicará el número de declaraciones de varios tipos de impuesto y supondrá un tijeretazo a la economía sumergida.
- Grado más alto de alfabetización fiscal: La iniciativa también mejoró el conocimiento de los contribuyentes sobre cómo pagar impuestos, al tiempo que les concienció acerca de la obligación moral de pagar impuestos «voluntariamente».
- Percepción más positiva: Los ciudadanos valoran positivamente el que la agencia tributaria haya realizado grandes esfuerzos para acercarse a ellos; de hecho, parece que la iniciativa mejoró también ligeramente la percepción de los propios contribuyentes acerca de que reciben un trato justo y transparente por parte de la OBR, al tiempo que les ha tranquilizado saber que otros contribuyentes también están pagando la cuota correspondiente.
- Mayor índice de cumplimiento fiscal: El índice de cumplimiento ha mejorado enormemente en los últimos cinco años.

Enseñanzas extraídas

Esta iniciativa pone de manifiesto que el hecho de que participen funcionarios que están más cercanos a la gente que la agencia tributaria, como es el caso de las autoridades locales y representantes de mercado, puede resultar una estrategia mucho más eficaz para la sensibilización. Por lo tanto, es fundamental conseguir el apoyo de e involucrar a todas las partes interesadas desde el principio. Los contribuyentes potenciales han de convencerse del importante papel de los impuestos para el desarrollo de un país pobre.

A modo de ejemplo, algunas autoridades locales y comités de mercado mostraron su preocupación en torno al hecho de que la iniciativa pudiera perjudicar los negocios, por lo que hubo que conseguir su apoyo antes de dar vía libre a la OBR. El TMEA ha sido un importante aliado en este ámbito gracias a su ayuda para concienciar a las autoridades locales y representantes empresariales sobre la importante función del sistema tributario de cara a mejorar el comercio y la inversión (Recuadro 5.2). La OBR está tomando medidas para poner en marcha un marco de colaboración con los entes locales a fin de realizar actividades conjuntas de sensibilización de los contribuyentes por todo el país.

El mayor obstáculo por superar radica en concienciar a los posibles contribuyentes sobre la transcendencia de los impuestos para el desarrollo de un país pobre. Ante el desconocimiento de esta prioridad urgente, fueron muchos los contribuyentes que no asistieron a la cita para realizar la solicitud de su tarjeta NIF o que simplemente se negaron a facilitar cualquier información, por lo que hubo que reiterar los esfuerzos para conseguir que se registraran.

Recuadro 5.2. **Campaña de sensibilización sobre la importancia de los impuestos**

La OBR ha lanzado recientemente una nueva campaña de 18 meses de duración: Plan Anticorrupción y de Comunicación, en colaboración con el TMEA y con el apoyo de la Agencia de los Estados Unidos para el Desarrollo Internacional (USAID). Dicha campaña se centrará en tres grandes ámbitos:

1. Orientación ciudadana sobre los nuevos procedimientos tributarios y los servicios al alcance de los contribuyentes;
2. difusión de mensajes de lucha contra la corrupción y búsqueda de apoyo a la creación de un centro de atención para que los ciudadanos denuncien presuntos casos de corrupción, y
3. divulgación de información relativa a los esfuerzos gubernamentales para mejorar el marco regulador de empresas, a la repercusión de los ingresos fiscales para el interés general y a las ventajas para Burundi de ser país miembro de la Comunidad del África Oriental (CAO).

Fuente: Agencia Tributaria de Burundi.

Futuros pasos

Una vez emitidos los NIF, el siguiente paso consistirá en explicar a los contribuyentes de nueva inscripción cómo declarar y pagar sus impuestos. La iniciativa se hará igualmente extensiva a otros centros comerciales del país. Aún se sigue trabajando para llegar a los vendedores ambulantes. Con la creación de la nueva Dirección de Pequeños Contribuyentes y Microcontribuyentes, se continuará trabajando este año en colaboración con los entes locales, haciendo especial hincapié en los contribuyentes de las zonas rurales. La OBR prevé, asimismo, asistir cada semana al Mercado principal de Bujumbura y organizar un recorrido estructurado, cada dos meses, «de punta a punta» de la región.

La iniciativa podría mejorarse aún más contando con el apoyo de la firma consultora Adam Smith International, que puede prestar asistencia técnica en materia de educación y sensibilización de los contribuyentes.

Recuadro 5.3. **Agencia Tributaria de Burundi (OBR)**

La Agencia Tributaria de Burundi (OBR, por sus siglas en francés), organismo público semiautónomo de recaudación tributaria del país, fue creado por ley el 14 de julio de 2009 con la finalidad de reducir el umbral de pobreza gracias a una mejor recaudación de los ingresos públicos y a un entorno empresarial remodelado. Además, la OBR pretende adoptar la imagen de una agencia de administración tributaria moderna contribuyendo al desarrollo de Burundi y favoreciendo su integración económica dentro de la economía regional y mundial.

La OBR cuenta con una plantilla de 632 empleados públicos repartidos entre 8 delegaciones urbanas y otras 11 rurales. Su labor gira en torno a cuatro objetivos estratégicos:

1. Maximizar ingresos;
2. fomentar una conducta fiscalmente responsable en los contribuyentes;
3. instaurar una organización competente y eficiente, y
4. desarrollar procedimientos y sistemas de control interno eficaces.

Para mayor información, visite la página web: www.obr.bi.

Fuente: Agencia Tributaria de Burundi.

Capítulo 6

Chile: Presencia electrónica emergente

Servicio de Impuestos Internos (SII)

El presente capítulo trata sobre el Programa de Educación Cívico-Tributaria de Chile. En primer lugar, hace un recorrido por el programa al completo y sus objetivos, y prosigue centrándose en un elemento en concreto: la campaña en línea de Educación Fiscal. Por último, realiza una reflexión sobre el impacto y las enseñanzas extraídas como fruto de la iniciativa, y finaliza apuntando brevemente a los futuros pasos en este ámbito.

El Servicio de Impuestos Internos (SII) chileno (Recuadro 6.4) concibe la Educación Cívico-Tributaria como una herramienta fundamental e imprescindible para conseguir un cambio de percepción sobre la fiscalidad en la sociedad chilena, al tiempo que la considera una inversión a largo plazo. El Proyecto de Educación Cívico-Tributaria nace en 2006 con miras a incrementar la sensibilización existente acerca de la dimensión social que tienen los impuestos para el país. En la actualidad, siete años después, el programa engloba toda una serie de iniciativas de Educación Cívico-Tributaria.

Educación Cívico-Tributaria en Chile

El Programa de Educación Fiscal del SII, coordinado por uno de los departamentos de la Subdirección de Fiscalización (Dirección Nacional), desarrolla y engloba las diversas actividades pedagógicas de carácter fiscal del SII. El Jefe del Programa Nacional de Educación Fiscal del SII es el encargado del programa y responsable de coordinar a 180 monitores de Educación Fiscal, aproximadamente (Recuadro 6.1). Además, a nivel regional, cada departamento cuenta con tutores y colaboradores que llevan a cabo actividades regionales.

Recuadro 6.1. **Objetivos de la Educación Cívico-Tributaria en Chile**

- Cambiar la percepción sobre los impuestos.
- Concienciar a la población acerca de la transcendencia social de los impuestos para el país.
- Infundir una conducta responsable a los niños como una inversión de cara al futuro.

Fuente: Servicio de Impuestos Internos.

El programa está enfocado principalmente a proporcionar información sobre Educación Fiscal y a facilitar contenidos didácticos, así como también a concienciar a los niños en la materia, algo que se consigue a través de iniciativas como:

- Un portal y un sitio web educativos (véanse detalles más abajo).
- La obra de teatro «Ingresando al Planeta SII», representada en varias regiones del país.
- Artículos promocionales en revistas especializadas (*Maestra Básica* y *Aula Creativa*).
- Entrega de material didáctico para su uso en el aula.
- Series TV como, por ejemplo, los episodios educativos de la serie infantil televisiva «Las aventuras de Ivo la Chinchilla», retransmitida por la Televisión Nacional de Chile, en la que Ivo y sus amigos desarrollan conceptos vinculados a la ciudadanía y a la convivencia social, así como también el lanzamiento de la serie «El Debut de la Banda» (2012), dirigida a alumnos de educación media, desarrollada conjuntamente y fruto de la colaboración con el Servicio Nacional de Aduanas (SNA) y la Tesorería General de la República (TGR).
- Visitas a colegios y charlas de los funcionarios del SII, quienes explican temas de carácter fiscal de forma entretenida a los alumnos y docentes.

- Incorporación del Programa de Educación Cívico-Tributaria a los planes de estudios de enseñanza secundaria y educación superior en el marco del Plan Estratégico 2011-2014 del SII.
- Inclusión de un módulo de Educación Cívico-Tributaria en los programas de formación y capacitación destinado a todos los nuevos funcionarios del SII y aquellos otros empleados públicos que tengan encomendadas responsabilidades al respecto, hecho que garantiza la presencia de la Educación Fiscal en todo módulo formativo interno.

El programa ha establecido diversas alianzas de cooperación con organismos colaboradores y otros aliados clave con la finalidad de potenciar y desarrollar trabajos conjuntos en la línea de la Educación Fiscal, entre ellos el Consejo Nacional de Televisión (CNTV), que ha prestado su apoyo al desarrollo y difusión de series educativas audiovisuales.

El Ministerio de Educación también ha colaborado en la revisión de materiales didácticos destinados a la educación primaria, mientras que el Servicio Nacional del Consumidor (Sernac) ha incluido un módulo de Educación Fiscal en un curso de formación para docentes.

El Programa de la Unión Europea EUROsociAL Fiscalidad ha apoyado diversas iniciativas, incluidos los intercambios entre países de América Latina, para extraer enseñanzas a partir de la experiencia regional en la implementación de iniciativas de Educación Fiscal (véanse los Capítulos 8 y 9, a título ejemplificativo).

Especial referencia al Programa de Educación Fiscal en línea

Esta iniciativa educativa, lanzada en 2006 por el Programa de Educación Cívico-Tributaria, se sustenta en dos portales web educativos: SIIEduca y Planeta SII, ambos de acceso libre y gratuito, que representan dos de los principales instrumentos para el desarrollo del programa.

El primer sitio web, SIIEduca, está dirigido a docentes, padres y tutores y a la comunidad en general, contiene información sobre Educación Fiscal e incorpora una sección especialmente dedicada a docentes y tutores, con sugerencias sobre los contenidos (Recuadro 6.2). El segundo portal, Planeta SII, está especialmente dedicado a alumnos de educación primaria (de 6 a 13 años de edad) y a sus profesores (Recuadro 6.3), y contiene materiales pedagógicos para aprender jugando, al tiempo que se preocupa por los valores cívicos y la ética ciudadana. De esta forma, los alumnos pueden aprender la importancia de valores como la solidaridad, el trabajo en equipo y el respeto de las normas ciudadanas, entre otros, que, junto al tema de los impuestos, les ofrece contenidos relevantes sobre las situaciones que pueden vivir a diario y que los docentes pueden aprovechar para reforzar contenidos curriculares sobre la materia en el aula.

Recuadro 6.2. **SIIEduca: Un recurso destinado a docentes**

- Portal web específicamente dedicado a docentes.
- Todos los docentes tienen acceso a materiales relevantes y a buenas prácticas educativas en relación con los temas de carácter fiscal.
- Contiene información sobre asignaturas (planificación de clases) relativa a cada año de enseñanza primaria (de 1er a 8° año), con horarios de clases para el primer ciclo de enseñanza primaria y propuestas de diseño curricular para el segundo ciclo.
- Proporciona materiales a alumnos de enseñanza media, priorizando la educación técnico-profesional, e incorpora módulos sobre Educación Fiscal, gestión de pequeñas empresas y normativa mercantil y tributaria. Concede especial atención al «espíritu emprendedor».
- Refuerza los contenidos para niños mediante juegos que se encuentran disponibles en el portal Planeta SII.
- Incentiva la utilización de Internet aplicando las nuevas tecnologías a la enseñanza en las aulas.
- Incluye enlaces a las redes sociales, noticias y vídeos explicativos.

Para mayor información, visite la página web: www.siieduca.cl.

Fuente: Servicio de Impuestos Internos.

El sitio web Planeta SII resulta atractivo para los más pequeños precisamente porque combina de manera efectiva los aspectos pedagógico y lúdico gracias a una gran variedad de juegos y vídeos, clases entretenidas y divertidos y simpáticos personajes: Maite, Gaspar e Ivo. También utiliza música de estilo Hip-Hop, tiene una interfaz moderna y atractiva página de inicio a simple vista, con un lenguaje claro y fácilmente inteligible, donde el mensaje tributario pasa a ser secundario para privilegiar su carácter lúdico.

Recuadro 6.3. **Planeta SII: Aprender jugando**

- Sitio web dedicado específicamente a niños de entre 6 a 13 años de edad. Incluye contenidos lúdicos para que los niños aprendan jugando (juegos, vídeos, canciones y hasta una mascota: Ivo la Chinchilla).
- Trabaja con temas transversales que giran en torno a los valores y educación cívica, e incluye contenidos fiscales (tipo de impuestos, tasas, etc.) que pasan a ser secundarios, privilegiando su carácter lúdico.
- Dividido en dos etapas, con diferentes niveles de complejidad en función de la franja de edad.
- Juegos en línea con planificación de clases presentes en el sitio de SIIEduca.
- Fomenta el respeto por el medio ambiente al representar el personaje de Ivo la Chinchilla una especie en peligro de extinción, tema transversal orientado, en última instancia, a la protección del patrimonio nacional y de los bienes públicos.

Para mayor información, visite el sitio web: www.planetasii.cl.

Fuente: Servicio de Impuestos Internos.

Ambos portales han ido evolucionando con el paso del tiempo. En 2012, fueron rediseñados para mejorar su operatividad y permitir su integración en redes sociales. A lo largo de 2013, se añadieron materiales para alumnos de enseñanza media, lo que hizo posible alcanzar un público que hasta entonces no había sido objeto de atención.

La creación de los sitios web ha contado con la colaboración de empresas externas, incluidos especialistas en el diseño y expertos en la elaboración de materiales didácticos. Estos servicios se prestaron con motivo de licitaciones externas a través de las que se pretendía contratar profesionales en el ámbito educativo, del diseño y de la comunicación. El Ministerio de Educación patrocinó la revisión y difusión de los materiales didácticos para la enseñanza primaria.

Durante la primera etapa, se entabló una alianza con Educarchile para indexar los contenidos virtuales del programa. Educarchile es un portal web independiente, financiado con fondos privados y pluralista que actúa como un servicio público en colaboración con los sectores público y privado. Educarchile está dirigido a todos los miembros de la comunidad educativa del país: escuelas, docentes, alumnos y directores; familias chilenas y asociaciones de padres y tutores; patrocinadores municipales y privados; investigadores y especialistas de la educación, y Facultades de Pedagogía y organizaciones culturales.

Personal involucrado en la campaña de Educación Cívico-Tributaria

Muchos de los 180 tutores de programas de Educación Fiscal aportan valiosas ideas y sugerencias para los sitios web. Para ello, cuentan con el apoyo de un diseñador interno, dos técnicos informáticos, un auxiliar administrativo y un administrador del sitio, cuyas funciones aparecen descritas en el Cuadro 6.1.

El personal externo se compone de cinco empleados en total, entre los que se incluyen un docente, un psicopedagogo, un asesor docente, un diseñador de páginas web y un programador informático.

Los tutores y directores regionales reciben formación antes de realizar visitas a escuelas y presentaciones para dar a conocer los sitios web y los materiales disponibles.

Cuadro 6.1. **Funciones del personal involucrado en actividades de educación fiscal en Chile**

Tutores de actividades de Educación Fiscal	Charlas y visitas regionales para publicitar las páginas web y sus contenidos
Jefe del Programa de Educación Fiscal	Coordinación de las diversas actividades, elaboración de propuestas, licitaciones, planificación, etc.
Empleados públicos del área del programa	Colaboración en reuniones, elaboración de propuestas, revisión de materiales, pruebas y ensayos de producto
Diseñador interno	Gráficos y diseño del programa
Técnicos informáticos	Apoyo técnico y desarrollo del producto; instalación de servidores de prueba y servicios de acceso a Internet
Auxiliar Administrativo	Elaboración de las bases de licitación y adjudicación de propuestas
Administrador de páginas web	Principal responsable de mantenimiento de la sección relativa a licitaciones, sugerencias y consultas y redes sociales
Personal externo, empresas de adjudicación	Elaboración de materiales y propuestas en base a requisitos técnicos, de diseño y curriculares

Fuente: Servicio de Impuestos Internos.

Cuadro 6.2. **Coste aproximado de la iniciativa de educación fiscal en Chile**

	Peso chileno	Dólares estadounidenses	Tipo de cambio
2006 (Etapa 1)	17 million	32 056	530.33 CLP/USD
2008 (Etapa 2)	33 million	63 222	521.97 CLP/USD
2009 (Mantenimiento)	2 million	3 574	559.67 CLP/USD
2011 (Diseño)	4 million	8 267	483.84 CLP/USD
2012 (Etapa 3)	2 million	4 109	486.89 CLP/USD
Total	58 million	111 228	

Fuente: Servicio de Impuestos Internos.

Impacto

El SII concibe la Educación Fiscal como una inversión a largo plazo y confía en que los resultados serán perceptibles en las generaciones futuras. No obstante, considerando que se prevé incorporar la Educación Fiscal a los niveles educativos de la enseñanza secundaria y superior, el plazo para que la iniciativa dé su fruto se reducirá probablemente, ya que los estudiantes están a punto de concluir sus respectivos cursos, viéndose así obligados a tomar decisiones sobre sus obligaciones cívicas y tributarias.

Un estudio de percepción en niños de educación primaria realizado por una empresa independiente (Adimark) concluyó lo siguiente:

- Evaluación positiva de niños y docentes del sitio web Planeta SII: Los niños de 6 a 9 años de edad evaluaron positivamente tanto los contenidos educativos como el carácter lúdico del sitio. Por su parte, los docentes coincidieron en dicha valoración y, por lo general, hicieron comentarios positivos, valorando la preocupación y el interés mostrados por el SII en la educación cívica.
- Utilidad de los sitios web como recursos educativos: Los docentes comentaron que los sitios se adecúan perfectamente a sus metodologías de trabajo en el

entorno educativo y que les proporcionan información sobre los impuestos que desconocían.

- Utilidad de los sitios web para los empleados públicos: Añaden una nueva dimensión a su trabajo, al tiempo que les infunde un sentimiento más fuerte de compromiso social con el trabajo que desempeñan para su país.
- Cambio de percepción: Los sitios web ayudaron a los docentes a predisponerse e interpretar la fiscalidad desde una perspectiva distinta, permitiéndoles trasladar esta nueva *óptica* a su trabajo diario como educadores e incorporar fácilmente nuevas ideas a los planes de estudios, sin convertirse esta tarea en una *carga adicional*.
- Asimismo, los sitios web suscitaron más opiniones positivas acerca de la labor educativa del SII y de su preocupación e interés por cuestiones ciudadanas.

Cabe recordar que el estudio se llevó a cabo durante la fase de prueba del sitio web, durante el primer semestre de 2006. Estos resultados se utilizaron para introducir modificaciones en el sitio web, incluidos algunos ajustes en los contenidos y en el sistema de navegación, que hicieron posible que el SII pusiera en marcha oficialmente dicha iniciativa a nivel nacional, hecho que tuvo lugar en el mes de noviembre de 2006.

En agosto de 2012, la Fundación Queveo chilena hizo entrega del galardón Queveo 2012 al sitio web www.planetasii.cl, premiado en la categoría Internet Infantil por su contribución a la educación cívica, reconocimiento anual que premia aquellos programas de televisión, páginas web, anuncios publicitarios e iniciativas educativas digitales que fomentan valores sociales como el respeto, la tolerancia, la responsabilidad, la perseverancia y el discernimiento, entre otros.

Enseñanzas extraídas

Los sitios educativos del Programa de Educación Fiscal se han convertido en herramientas fundamentales, puesto que a través de ellos se ha logrado potenciar la presencia de contenidos fiscales en distintos ámbitos, en especial el escolar, donde la Educación Cívico-Tributaria se juzga esencial.

El principal desafío al que se enfrenta esta iniciativa es el de mantener actualizados los contenidos de los sitios web y acordes a las nuevas necesidades de navegación. Al impulsar el programa una labor de seguimiento y ampliar sus horizontes, es necesario también incorporar regularmente nuevos materiales, a lo que hay que sumar la tecnología permanentemente cambiante. Por todas esas razones, es un factor determinante efectuar revisiones periódicas y estratégicas para preservar el dinamismo, el atractivo y la transcendencia de este proyecto para sus destinatarios y usuarios (ya sea incorporando secciones interactivas de vídeo, noticias o licitaciones, entre otras muchas).

Futuros pasos

Junto a la necesidad de una constante actualización y seguimiento de las redes sociales mencionadas más arriba, durante el año 2013 el programa incorporaría gradualmente materiales destinados a alumnos de enseñanza media, priorizando la educación técnico-profesional. El reto radica en generar suficientes materiales para el año 2014 con objeto de implantarse en todos los niveles de enseñanza superior. Entre los temas clave en la enseñanza superior se incluirán el espíritu emprendedor, la innovación y la importancia de no operar en la economía sumergida.

Recuadro 6.4. **El Servicio de Impuestos Internos chileno**

El Servicio de Impuestos Internos (SII) chileno es una de las instituciones fiscalizadoras del Estado y se encuentra adscrita a la Subdirección de Fiscalización de la Dirección Nacional. Su misión es maximizar y facilitar el cumplimiento fiscal voluntario, lo que se consigue prestando servicios de manera eficaz, equitativa y transparente, poniendo a disposición de los ciudadanos los medios necesarios a tal fin. Para llevar a cabo su labor, cuenta con un total de 4.184 funcionarios competentes y comprometidos con los resultados de la institución, subordinados a la Dirección Nacional y repartidos por 18 Direcciones Regionales, 50 departamentos (dependientes de las Direcciones Regionales) y una Dirección de Grandes Contribuyentes.

Para mayor información, visite la página web: www.sii.cl.

Dirección de correo electrónico del Programa de Educación Fiscal: portaleducativo@sii.cl.

Fuente: Servicio de Impuestos Internos.

Capítulo 7

Colombia: Firma digital y campaña de la renta en línea

Dirección de Impuestos y Aduanas Nacionales (DIAN)

El presente capítulo trata sobre el Programa de Educación Cívico-Tributaria de Colombia. En primer lugar, comienza haciendo un recorrido por el programa al completo y sus objetivos, y continúa centrándose en un elemento en concreto: la firma digital y la campaña de la renta en línea. Finalmente, realiza una reflexión sobre el impacto y las enseñanzas extraídas como fruto de la iniciativa.

El Ministerio de Hacienda y Crédito Público (MHCP) y la Dirección de Impuestos y Aduanas Nacionales (DIAN) (Recuadro 7.2) de Colombia son plenamente conscientes de los desafíos sistémicos a los que se enfrenta el país y del papel del sistema tributario para abordar algunos de ellos. En 2012, Colombia se embarcó en una profunda reforma fiscal con los siguientes objetivos: promover la creación de empleo reduciendo costes laborales; reducir desigualdades a través de un impuesto sobre la renta progresivo; simplificar la tarifa del IVA; incrementar los ingresos fiscales a medio plazo a través de medidas de estímulo del crecimiento y de la creación de empleo, y minimizar el fraude fiscal contemplando nuevas medidas antielusión.

La DIAN contribuye a garantizar la seguridad fiscal de Colombia y a proteger el orden público económico del país administrando y velando por la observancia de la normativa tributaria, aduanera y cambiaria. Tiene competencias, en régimen de responsabilidad conjunta con el Ministerio de Hacienda y Crédito Público, en materia de reforma tributaria y política fiscal. Asimismo, junto con el Ministerio de Comercio, Industria y Turismo de Colombia, tiene encomendada la tarea de controlar e instar a las entidades del sector privado a dar cumplimiento a sus obligaciones tributarias. Entre sus funciones principales en el ámbito de la comunicación e información, destacan la de interpretar la legislación fiscal e interactuar con los contribuyentes (Recuadro 7.1).

Educación Cívico-Tributaria en Colombia

La responsabilidad del Programa de Educación Cívico-Tributaria de Colombia recae en diversos departamentos y agencias de la DIAN. No obstante, la Oficina de Comunicaciones es una parte clave al tener encomendadas las siguientes tareas: desarrollo de estrategias y campañas; asegurarse de que el lenguaje utilizado en todas las publicaciones sea fácilmente inteligible y facilitar información relativa a las obligaciones del contribuyente, sanciones legales, efectos perjudiciales del fraude fiscal para la sociedad y beneficios del cumplimiento fiscal.

Recuadro 7.1. **Objetivos de la Educación Cívico-Tributaria en Colombia**

- Promover la aceptación social de los impuestos.
- Impulsar una conducta fiscalmente responsable.
- Orientar a los ciudadanos y facilitarles información actualizada sobre normas, procedimientos y herramientas a su alcance para ayudarles a cumplir sus obligaciones tributarias, aduaneras y cambiarias.
- Enseñar a los ciudadanos cómo pagar impuestos.
- Explicar las razones por las que han de pagarse impuestos.
- Incrementar el número de contribuyentes cumplidores.
- Legitimar a los ciudadanos en aras de que participen en debates sobre el destino de los ingresos fiscales.
- Aumentar el nivel de alfabetización fiscal ciudadana.

Fuente: Dirección de Impuestos y Aduanas Nacionales.

He aquí algunas de sus actividades específicas:

- Desarrollo de sitios web dedicados a cada tipo de impuesto o tasa para facilitar a los contribuyentes toda la información necesaria de cara al cumplimiento de sus obligaciones tributarias;
- realización de campañas mediáticas en prensa y redes sociales para fomentar la aceptación social de los impuestos e informar a los contribuyentes sometidos a obligaciones impuestas por la normativa tributaria o aduanera cómo darles cumplimiento fácilmente;
- organización de talleres y seminarios;
- producción de folletos divulgativos en materia tributaria para escuelas de enseñanza primaria y secundaria;
- celebración de concursos y certámenes;
- realización de videoconferencias, y
- elaboración de guías digitales, folletos, servicios y otra información.

Las actividades de Educación Cívico-Tributaria de la DIAN se dirigen a:

- Toda persona física sujeta al impuesto sobre la renta;
- toda persona jurídica sujeta al impuesto sobre sociedades;
- todo sujeto que opere en régimen de economía sumergida;
- desplazados por violencia;
- jóvenes, en particular jóvenes empresarios, y
- grupos de acción comunitaria (GAC) que participan en ferias de servicios sociales y otras formas de asociación.

La DIAN cuenta con dos empleados públicos dedicados por completo a la investigación y a realizar estudios sobre la Educación Cívico-Tributaria. Su trabajo también consiste en diseñar estrategias para los distintos grupos de todo el país y emplazar campañas a lo largo del calendario fiscal. También se encargan de evaluar el impacto de las actividades de Educación Cívico-Tributaria y los cambios de percepción en los contribuyentes.

Por otra parte, la DIAN ha colaborado estrechamente con el Ministerio de Educación para llevar la Educación Cívico-Tributaria a las escuelas. En la actualidad, la DIAN coopera directamente con escuelas de la capital de Bogotá. El *Media Centrum* supervisa la colaboración con los medios de comunicación, teniendo centralizada la gestión de los contratos. La DIAN trabaja también con organizaciones empresariales y de la sociedad civil. En lo concerniente a las asociaciones comerciales, se entablan relaciones de colaboración a instancias de la solicitud previa de talleres y jornadas de capacitación procedente de organizaciones empresariales. El proyecto EUROsociAL, que apoya diversas actividades de Educación Cívico-Tributaria, representa otro importante aliado.

Especial referencia a la firma digital y a la campaña de la renta en línea

Las firmas digitales contribuyen a que la presentación de la declaración sea fácil y segura. La firma digital constituye un mecanismo creado por la DIAN para permitir a los contribuyentes firmar su declaración de la renta en línea y aportar sus datos de forma segura, que ya es obligatorio para todas las grandes empresas. Dicha herramienta aumenta el nivel de cumplimiento fiscal simplificando al máximo el proceso de presentación de la declaración, ya que no es necesario imprimir y firmar formularios para llevarlos después al banco.

La DIAN lanzó una campaña informativa para mostrar a los obligados tributarios sometidos al impuesto sobre sociedades las ventajas de utilizar una firma digital y cómo hacerlo. Dicho escenario contemplaba el hecho de informar a todos los nuevos usuarios de la posibilidad de presentar sus declaraciones en línea utilizando la firma digital, y explicarles que debían registrarse previamente para obtener un número de identificación fiscal (NIT en Colombia) antes de proceder a solicitar una firma digital.

Los objetivos específicos de la campaña eran:

- Incrementar el nivel de cumplimiento fiscal infundiendo tranquilidad y confianza en la seguridad de las herramientas en línea;
- enseñar a los ciudadanos cómo pagar impuestos, y
- aumentar el grado de «alfabetización fiscal ciudadana».

Se pretende activar el Mecanismo de Certificación y Firma Digital para el mayor número posible de contribuyentes:

- Aquellos que la DIAN identifica como contribuyentes que se encuentran en los tramos impositivos más altos (parte alta de la horquilla impositiva);
- notarios;
- consorcios y empresas conjuntas;
- intermediarios del mercado de divisas;
- concesionarios de servicios postales que presten servicios financieros postales;
- titulares de cuentas de liquidación obligados a intercambiar y cruzar datos con la DIAN en materia cambiaria y de endeudamiento exterior;
- contribuyentes que opten por emitir facturas electrónicas;
- funcionarios de la DIAN obligados a presentar declaración;
- contribuyentes autorizados y beneficiarios de permisos para participar en juegos de azar y servicios de apuestas ofertados a nivel nacional por entidades estatales;
- contribuyentes obligados a presentar declaraciones de precios de transferencia, y
- representantes, auditores fiscales y contables de los contribuyentes obligados a presentar su declaración de la renta en línea, como se indica más arriba.

La campaña supuso una auténtica comunicación de masas a través de medios con gran índice de impacto, tales como periódicos y emisoras de radio nacionales, regionales y locales, y redes sociales como Facebook y Twitter. También se utilizaron mensajes de texto, llamadas telefónicas, cartas y correos electrónicos para contactar directamente con los contribuyentes registrados obligados a utilizar la firma digital.

Un cuestionario presente en periódicos y en la propia página web de la DIAN permitió a los usuarios determinar si estaban obligados o no a presentar sus declaraciones de la renta en línea. De igual modo, se elaboraron Guías de asistencia técnica con indicaciones para la presentación de declaraciones, envío de información por vía electrónica y uso de la firma digital.

Fueron cuatro los funcionarios de la DIAN encargados de coordinar la campaña a nivel nacional. No obstante, en las labores de aplicación del Mecanismo de Certificación y Firma Digital, desarrollo tecnológico e información al ciudadano participó un total de 550 empleados públicos (500 del Departamento de Gestión de Asistencia al Cliente en todo el país, incluidos 150 funcionarios a nivel central y otros 150 en el centro de atención telefónica). El personal tuvo que recibir formación sobre los nuevos procedimientos tributarios consistente en actividades no limitadas a funcionarios de la administración tributaria y desarrolladas en colaboración con el servicio de información al ciudadano. El coste total de la campaña rondó los 100 millones de pesos colombianos (el equivalente a unos 530.000 dólares estadounidenses).

Hubo otros muchos colaboradores en la campaña: departamentos y entes gubernamentales, varios medios de comunicación, organizaciones empresariales, cámaras de comercio y miembros de la sociedad civil.

Impacto

- Incremento del número de declaraciones en línea: Pese a no disponer todavía de un estudio de impacto de la iniciativa, el número de declaraciones presentadas en línea alcanzó las 360.000, superando así las cifras barajadas por la DIAN (250.000 declaraciones de 110.000 contribuyentes). No obstante, al estar obligados los contribuyentes a presentar las declaraciones en línea, este logro no se debe únicamente a la campaña informativa lanzada. Hasta la fecha, la iniciativa ha surtido efecto en unos 620.000 contribuyentes.
- Mayor índice de cumplimiento voluntario: Se considera igualmente que la iniciativa de la firma digital ha sido un éxito, ya que no sólo ha contribuido a ampliar la base imponible, sino también el nivel de cumplimiento voluntario. Ello demuestra que la aceptación social ciudadana de los impuestos desempeña un papel fundamental como detonante para controlar la evasión fiscal, hecho que también se refleja en el aumento del número de personas que denuncian casos de fraude fiscal ante la DIAN.
- Grado más alto de alfabetización fiscal: Se ha registrado una notable mejora en los conocimientos y competencias necesarias para pagar impuestos, en particular aquellas conexas al uso de sistemas de información electrónica. Como muestra de ello, en 2012, se activaron ocho veces más firmas digitales que en 2011, la mayor parte en línea. Por el contrario, el aumento del sentido ciudadano del pago de impuestos «voluntario» como obligación moral no ha sido el que se esperaba.

La campaña y el elevado número de activaciones de firmas digitales en línea demostraron a los contribuyentes que la administración tributaria está intentando ponerles las cosas más fáciles simplificando los procedimientos y evitándoles visitas innecesarias a la agencia tributaria.

Enseñanzas extraídas

La falta de «cultura informática» ciudadana ha significado un gran reto. Se hizo frente al problema prestando soporte y asistencia técnica al usuario con la ayuda del Ministerio de Tecnologías de la Información y las Comunicaciones. Así, por ejemplo, se habilitaron quioscos de autoservicio personalizado.

El segundo problema era que la tecnología utilizada por la DIAN se había quedado obsoleta y a menudo resultaba incompatible con el software utilizado por las empresas. Este hecho ocasiona enormes problemas para los usuarios al verse obligados a conservar un viejo ordenador desfasado para satisfacer los requisitos legalmente exigibles. En la actualidad, la DIAN está actualizando todos los perfiles web e implantando un sistema de validación mejorado sirviéndose, para ello, de las nuevas tecnologías. No obstante, el proceso no finalizará antes de 2018. Se están desarrollando nuevas formas de registro y autenticación de firmas, incluido un sistema simplificado para los contribuyentes. Asimismo, el Mecanismo de Certificación y Firma Digital se ha hecho extensivo a nuevas categorías de contribuyentes.

Recuadro 7.2. **Dirección de Impuestos y Aduanas Nacionales (DIAN)**

El nacimiento de la Dirección de Impuestos y Aduanas Nacionales (DIAN) de Colombia se remonta al año 1993. Constituye una unidad administrativa especial con plena personalidad jurídica, independiente, con autonomía administrativa y presupuestaria, titular de bienes propios. Adscrita al Ministerio de Hacienda y Crédito Público, la DIAN se compone de una Jefatura, una Dirección de Fiscalización Tributaria, una Dirección de Fiscalización Aduanera, varias Secretarías, Oficinas y Agencias Consultivas y de Coordinación, todas ellas subordinadas a la Oficina del Director General.

Cuenta con una plantilla de 1.000 empleados públicos adscritos a la sede central, ubicada en la capital, Bogotá, con seis delegaciones regionales, cada una de ellas con su propio delegado, y oficinas administrativas locales que, en ocasiones, abordan tanto cuestiones de carácter tributario como aduanero.

Para mayor información, visite los siguientes enlaces:

- Página web: www.dian.gov.co.
- Facebook: www.facebook.com/pages/DIAN-Direcci%C3%B3n-de-Impuestos-y-Aduanas-Nacionales/152427691450232?v=wall.
- Twitter: https://twitter.com/#!/DIANColombia.

Fuente: Dirección de Impuestos y Aduanas Nacionales.

Capítulo 8

Costa Rica: Sala de juegos «Un Tributo a Mi País»

Dirección General de Tributación (DGT)

Este capítulo presenta el Programa de Educación Cívico-Tributaria de Costa Rica. En primer lugar, comienza por exponer una visión general del programa al completo y de sus objetivos, y prosigue centrándose en un elemento en concreto: la sala de juegos «Un Tributo a Mi País». Por último, hace un recorrido por el impacto de la iniciativa y apunta brevemente a los futuros pasos en este ámbito.

Costa Rica ha declarado que la Educación Cívico-Tributaria representa un asunto de interés público, hecho que refleja el compromiso a nivel nacional de impulsar una cultura fiscal positiva en el país (Recuadro 8.1). La Dirección General de Tributación (DGT – Recuadro 8.3) se centra en fomentar el cumplimiento voluntario de las obligaciones fiscales y en propiciar un equilibrio adecuado entre los fines públicos, los derechos y las garantías del contribuyente.

Durante los últimos diez años, la DGT ha instaurado un planteamiento innovador en lo referente a la educación fiscal, haciendo especial hincapié en informar a los ciudadanos acerca de la dimensión social de la fiscalidad, ya que un ciudadano concienciado es también un ciudadano fiscalmente responsable, que vela por el estado de los bienes públicos.

Los intercambios realizados con Argentina y El Salvador ayudaron a Costa Rica a lanzar su Programa de Educación Cívico-Tributaria y Cultura Fiscal. Costa Rica comenzó a desarrollar su propia estrategia de educación fiscal conformando un grupo de funcionarios públicos para trabajar en el ámbito de la educación y la cultura fiscales. A tal fin, solicitó ayuda técnica y financiera en el marco de EUROsociAL, el Programa regional de la Unión Europea para la cohesión social en América Latina (2005-2010). Los componentes del equipo de Educación Cívico-Tributaria y Cultura Fiscal recibieron formación de expertos de la Administración Federal de Ingresos Públicos (AFIP) de Argentina. Asimismo, dicho grupo realizó una visita a la AFIP y a la Unidad de Educación Fiscal del Ministerio de Hacienda de El Salvador, lo que condujo, en 2010, a la creación de un Departamento de Educación Cívico-Tributaria propio en Costa Rica. La responsabilidad de las actividades en materia de Educación Cívico-Tributaria recae en la Subdirección de Educación Cívico-Tributaria y Cultura Fiscal, creado en 2010 en el seno de la Dirección de Servicios al Contribuyente de la DGT.

Educación Cívico-Tributaria en Costa Rica

Entre las actividades formativas principales, destacan las siguientes:

- Semana de la Cultura Fiscal: un emplazamiento habitual incluido en el calendario escolar, organizado en colaboración con el Ministerio de Educación Pública.
- Cursos de formación para docentes de primaria y secundaria: se realizan también a través de la Universidad Nacional y constituye una aproximación metodológica a la educación fiscal como parte del plan de estudios.
- Cursos de cultura fiscal dirigidos a toda administración y agencia tributaria.
- Cursos básicos de fiscalidad para estudiantes de contabilidad de escuelas técnicas para despertar en ellos una conducta fiscalmente responsable en el futuro.

Recuadro 8.1. **Objetivos de la Educación Cívico-Tributaria en Costa Rica**

- Impulsar la conciencia ciudadana acerca de la importancia de los impuestos para el país.
- Informar a la ciudadanía sobre la dimensión social de la fiscalidad.
- Entablar una estrecha relación con los ciudadanos.
- Enseñar a los niños la importancia del pago de impuestos en conexión con conceptos y valores fundamentales como la solidaridad, la cooperación y la responsabilidad de la ciudadanía.
- Informar a la población estudiantil acerca de cuestiones tributarias.

Fuente: Dirección General de Tributación.

Especial referencia a la Sala de juegos «Un Tributo a Mi País»

La Sala de juegos «Un Tributo a Mi País» es un atractivo espacio de entretenimiento concebido para educar a la población infantil sobre la importancia de los impuestos. Inaugurado en 2010, se encuentra ubicado en la capital, San José, en una de las principales atracciones para niños: el *Museo de los Niños*; cuenta con una superficie de 120 m^2 y da cabida a 18 dispositivos interactivos con juegos educativos de temática fiscal. Existen tres áreas temáticas diferentes:

1. Introducción a la fiscalidad: su historia, orígenes y los impuestos más destacados.
2. La Asamblea Legislativa, uno de los tres poderes de la República, que trata sobre cómo se aprueba y distribuye el presupuesto nacional.
3. Destino de los ingresos fiscales y función de la Aduana.

Algunos de los espacios de exposición de la Sala de juego se describen en el Recuadro 8.2 que aparece más arriba.

Recuadro 8.2. **Ejemplos de juegos y espacios expositivos**

Box 1. El Ministerio de Hacienda incluye un videojuego titulado «Declarando mis impuestos», que consiste en cumplimentar una declaración de la renta introduciendo los datos básicos en un formato de fácil uso, con el objetivo de que los niños se familiaricen con el pago de impuestos y el período impositivo. Este espacio representa los puestos de acceso electrónico situados en las administraciones tributarias.

Box 2. Gracias a la tienda denominada La Facturita, los niños aprenden más cosas sobre el impuesto sobre el consumo en general. Jugando a comprar y vender, aprenden su funcionamiento y a diferenciar los comprobantes de pago válidos de los que no lo son, al tiempo que se les acostumbra a solicitar la factura.

Box 3. En el espacio El camino del dinero público y la Asamblea Legislativa, se educa a los niños sobre el presupuesto y su distribución, al igual que aprenden cómo se asignan los ingresos fiscales en función de las necesidades del país. Aquí, los niños juegan a ser legisladores y distribuyen los ingresos fiscales entre las diferentes partidas, como educación, sanidad e infraestructuras.

Box 4. El juego La Aduana incluye un escáner ubicado en un aeropuerto que controla el equipaje para determinar si su contenido está o no permitido a bordo, y un buque portacontenedores. Los visitantes deben encontrar productos prohibidos tanto para importación como exportación.

Fuente: Dirección General de Tributación.

Tanto la sala como sus contenidos educativos fueron diseñados conjuntamente por los expertos de Educación Cívico-Tributaria de la AFIP (Argentina), los responsables del *Museo de los Niños* y el equipo costarricense de Educación Fiscal.

El principal objetivo de esta sala es cimentar una cultura fiscal positiva entre la población infantil de Costa Rica gracias a los dispositivos educativos de entretenimiento que versan sobre:

- el valor de los impuestos por el bien e interés general del país;
- qué son los impuestos y qué papel desempeñan en el progreso;
- el período impositivo;
- los conceptos básicos de asignación y distribución de recursos estatales a través del presupuesto nacional, y
- el gasto público social del Estado en beneficio de la comunidad costarricense.

La Sala de juego permite realizar una visita libre o un recorrido guiado con guías del Museo, quienes acompañan a los visitantes mostrándoles todas las actividades y responden a cualquier consulta. Los guías reciben formación del personal de la Subdirección de Educación Cívico-Tributaria y Cultura Fiscal, quienes a su vez transmiten los conocimientos y la información adquiridos con motivo de sus viajes de intercambio a Argentina y El Salvador. Hasta junio de 2013, se habían realizado 21 sesiones formativas y se había capacitado a 223 guías. En 2012, con motivo del nonagésimo quinto (95°) aniversario de la Dirección General de Tributación, se obsequió con varias visitas guiadas a niños y familiares de los funcionarios de la DGT, iniciativa que permitió a los empleados públicos compartir su experiencia de forma distendida mientras hablaban de la transcendencia de los impuestos.

El Museo lanza distintas campañas promocionales a lo largo del año para invitar a los costarricenses a visitar la Sala de juego, entre las que destacan el *Día de los Niños*, otras festividades y su aniversario. Adicionalmente, el *Museo de los Niños* suele organizar actividades especiales, la Subdirección de Educación Cívico-Tributaria y Cultura Fiscal lanza promociones y ofertas para suscitar el interés de más visitantes. Por su parte, la Administración Tributaria contribuye enviando comunicaciones internas a sus empleados y funcionarios, publicitando la Sala de juego en su página web y redes sociales, y en otras ocasiones el propio personal de la Subdirección de Educación Cívico-Tributaria y Cultura Fiscal realiza visitas a escuelas o imparte cursos de formación para docentes entre los que reparte invitaciones a la Sala de juego.

Para el diseño, construcción, montaje y mantenimiento inicial de la sala, fue necesario suscribir un acuerdo de cooperación entre el Ministerio de Hacienda, CEDDET-EUROsociAL y la Fundación *Ayúdenos para Ayudar* (*Museo de los Niños*), mediante el que se regulaban las funciones y responsabilidades de las partes involucradas.

En total, la iniciativa ha requerido la participación de 24 funcionarios (adscritos al Ministerio de Hacienda y a la AFIP de Argentina), del *Museo de los Niños* y del Programa EUROsociAL. El personal de la DGT gestionó y coordinó el proyecto, mientras que el personal de la AFIP, los responsables del Museo y los empleados de la Subdirección de Educación Cívico-Tributaria y Cultura Fiscal se ocuparon de definir el espacio museográfico y los contenidos didácticos de la Sala de juego, al igual que también aportaron su experiencia y conocimientos para el diseño de los contenidos pedagógicos y temáticos de todos los juegos. Un arquitecto costarricense fue el encargado de construir la sala y sus dispositivos, y una empresa del país se hizo cargo del diseño gráfico tanto de la fachada como de todos los elementos y módulos museográficos que forman parte de cada apartado de la Sala de juego «Un Tributo a Mi País».

Los costes de construcción alcanzaron los 32 millones de colones costarricenses aproximadamente (unos 65 000 dólares estadounidenses), mientras que los gastos de mantenimiento rondan, de media, los 5.5 millones de colones costarricenses (11 100 dólares estadounidenses aproximadamente).

Impacto

La Sala de juego no ha sido objeto de evaluación independiente alguna, aunque la exposición sigue recibiendo la visita y contribuyendo al entretenimiento de miles de niños (Cuadro 8.1).

Cuadro 8.1. **Número y tipo de visitantes del *Museo de los Niños*, Costa Rica, 2010-13**

Año	Menores de 3 años	Jóvenes de entre 3 y 15 años	Adultos	Personas mayores	Invitados	Otros	Total
2010	3 985	79 399	96 947	1 721	2 920	5 927	190 899
2011	8 745	87 560	118 195	1 906	8 198	7 414	232 018
2012	8 708	85 478	109 726	1 665	2 623	8 502	216 702
2013*	2 962	24 242	34 294	675	1 087	1 171	64 431
Total	24 400	276 679	359 162	5 967	14 828	23 014	704 050

Nota: * Para este período, la última referencia tomada abarca hasta mayo de 2013.

Fuente: Resumen de datos extraído de las estadísticas elaboradas por el Departamento de Operaciones, Oficina de Reservas, *Museo de los Niños*, mayo de 2013.

- Mayor sensibilización: Los niños aprenden jugando en un escenario más experimental y práctico. Además del aprendizaje en materia de impuestos y acerca de su dimensión social, la Sala de juegos permite a los niños desarrollar sus capacidades y habilidades de comunicación, colaboración, creatividad y trabajo en equipo. Jugando, los niños se familiarizan de forma gradual con los conceptos que giran en torno a la necesidad de pagar impuestos. Por otra parte, al conseguir acercarse a la población más joven a través de este espacio, también se está suscitando el interés de los adultos que los acompañan y su sensibilización sobre la temática de esta sala.
- Cambio de percepción: Esta iniciativa constituye un canal eficaz que permite enviar un importante mensaje a educadores, niños y jóvenes para ayudarles a entender y concienciarse de la importancia de pagar impuestos. Se ha observado un cambio positivo, especialmente en los educadores, con respecto a la forma en que perciben la responsabilidad ciudadana y la transcendencia que tienen los impuestos en el desarrollo de la sociedad.

Futuros pasos

Recientemente, el Ministerio de Educación Pública (MEP) ha comenzado a mostrar su interés en la educación fiscal y está haciendo proliferar la idea de la Sala de juego entre las escuelas, proporcionándoles cada vez más espacios para la educación fiscal como asignatura de los planes de estudios en educación primaria y secundaria.

A partir de 2013, todo docente que recibiese formación en el marco del «Plan 200», incluido este proyecto, actuará a su vez como promotor del mismo. Esto aumentará aún más su difusión, lo que permitirá que la educación fiscal llegue incluso a más educadores. Además, existe una propuesta para incluir la asignatura Educación Cívico-Tributaria en 6 de primaria como parte de la reforma del Programa de Estudios Sociales y Educación Cívica.

Recuadro 8.3. **Dirección General de Tributación**

La misión de la Dirección General de Tributación (DGT), adscrita al Ministerio de Hacienda, consiste textualmente en: «Brindar el servicio de recaudación de impuestos internos que el Estado demanda, mediante la gestión efectiva que controle y facilite el cumplimiento de las obligaciones tributarias en los sujetos pasivos y la población en general, dentro del marco de aplicación de las leyes y normas establecidas, favoreciendo el desarrollo económico del país».

Sus funciones y responsabilidades se concretan en recaudar y fijar todos los impuestos internos, para lo que cuenta con 992 funcionarios públicos (un 34% del total de personal empleado por el Ministerio de Hacienda). Además de la sede principal, existen otras diez delegaciones de Hacienda en todo el país.

Para mayor información, visite la página web dedicada a la Educación Cívico-Tributaria y Cultura Fiscal: http://educa.hacienda.go.cr:8080/costarica_prod.

Fuente: Dirección General de Tributación.

Capítulo 9

El Salvador: Formación docente para la enseñanza de contenidos fiscales - El Diploma en Educación Fiscal

Dirección General de Impuestos Internos (DGII)

Este capítulo habla del Programa de Educación Cívico-Tributaria de El Salvador. En primer lugar, comienza por exponer una visión general del programa al completo y de sus objetivos, centrándose después en un elemento en concreto: el Diploma en Educación Fiscal. Por último, hace un recorrido por el impacto de la iniciativa y apunta brevemente a los futuros pasos en este ámbito.

El Salvador es uno de los países de América Latina con los niveles más bajos de ingresos fiscales (14,3% en 2009), muy por debajo del promedio de la región (CEPAL, 2012). El Ministerio de Hacienda, a través de la Dirección General de Impuestos Internos (DGII) (Recuadro 9.1), ha realizado diversos esfuerzos para incrementar los ingresos fiscales. Una de las iniciativas con mayor impacto en este sentido fue la aprobación del Código Tributario en 2001, lo que se tradujo en un aumento significativo de los ingresos procedentes de impuestos internos. Las reformas tributarias que se sucedieron consolidaron el Código Tributario, al tiempo que también se multiplicaron y reforzaron los procedimientos de inspección y sancionadores.

No obstante, el Ministerio de Hacienda no pudo complementar todas estas medidas coercitivas con una estrategia encaminada a lograr una transformación cultural y un cambio de percepción en materia tributaria en El Salvador hasta 2008.

Éste era precisamente el objetivo del Programa de la Unión Europea EUROsociAL, que prestó apoyo técnico y financiero al Programa de Educación Fiscal de El Salvador a través de un proyecto piloto llevado a cabo entre 2008-2009, erigiéndose de esta forma en la columna vertebral del actual Programa de Educación Fiscal. En el marco de dicho proyecto piloto, el Departamento de Educación Cívico-Tributaria de la Administración Federal de Ingresos Públicos (AFIP) de Argentina, que contaba con 10 años de experiencia en la materia, se convirtió en el referente para iniciar un plan de acción para el diseño e implementación del Programa de Educación Fiscal en El Salvador.

En 2009, se creó la Unidad de Educación Fiscal adscrita a la DGII que actúa, asimismo, como nexo interinstitucional entre el Ministerio de Hacienda y el Ministerio de Educación. Desde entonces, la Educación Fiscal se ha convertido en un pilar fundamental del Ministerio de Hacienda, siendo actualmente uno de los ejes de sus políticas públicas para cumplir los objetivos de su Plan Quinquenal 2009-2014.

Recuadro 9.1. **Dirección General de Impuestos Internos (DGII)**

Las principales funciones de la DGII son aplicar y hacer cumplir todas las leyes en materia de impuestos, incluyendo las tasas de imposición y contribuciones fiscales, adscritos a la Dirección General por la ley. Sus principales actividades incluyen:

- asistencia al contribuyente, recepción y tramitación de las declaraciones de impuestos
- registro de contribuyentes y el control
- la cuestión de las resoluciones en diversos grados.

La DGII tiene 1 100 empleados distribuidos alrededor de 80 oficinas rurales y urbanas del Ministerio de Finanzas. Hay un Director General, un sub Director General, un Gerente Administrativo y 26 administradores o unidades de asesoramiento, incluyendo la Unidad de Educación Fiscal.

Para mayor información, visite la página web: www.mh.gob.sv y www.edufis.mh.gob.sv

Correo del programa de educación fiscal: edufis@mh.gob.sv

Fuente: Dirección General de Impuestos Internos.

Educación Cívico-Tributaria en El Salvador

El Salvador cuenta con un amplio abanico de actividades de Educación Cívico-Tributaria. Muchas de ellas adoptan un cariz estrictamente pedagógico, mientras que otras tienen un carácter menos formal:

- Desde 2009, se incluyen asignaturas de Educación Fiscal en los programas de estudio del Ministerio de Educación.
- *Diploma en Educación Fiscal* dirigido a docentes y estudiantes de Educación Media Técnica (bachillerato técnico).
- Talleres de Educación Fiscal docentes de educación preescolar, enseñanza general básica y secundaria, mediante los que se conciencia a los docentes de estos niveles educativos sobre la dimensión social de los impuestos y se les brinda herramientas pedagógicas y materiales para impartir los contenidos incluidos en los planes de estudios sobre Educación Fiscal.
- Cursos y foros universitarios para estudiantes universitarios, de educación media técnica y bachilleratos técnicos sobre la dimensión social de los impuestos.
- Formación interna para funcionarios y empleados públicos del Ministerio de Hacienda sobre la dimensión social de los impuestos y las distintas actividades de Educación Fiscal disponibles.
- Cursos de formación dirigidos a empleados de otras instituciones públicas y privadas para fomentar una conducta fiscalmente responsable entre empleados públicos o contribuyentes del sector privado.
- Cursos de formación profesional sobre la dimensión social de los impuestos para estudiantes (futuros empleados públicos) del Programa de Capital Humano del Ministerio de Hacienda.

Recuadro 9.2. **Objetivos de la Educación Cívico-Tributaria en El Salvador**

- Combinar las medidas coercitivas con una estrategia de sensibilización.
- Lograr un cambio cultural en la percepción de los impuestos.
- Cultivar los valores sociales y los conceptos de ciudadanía y cultura fiscal.

Fuente: Dirección General de Impuestos Internos.

El Departamento de Educación Fiscal ha creado los espacios lúdicos y centros de actividades *RecreHacienda*! y *Exprésate*, donde niños y adolescentes pueden aprender la dimensión social de los impuestos mediante juegos y actividades recreativas. El programa llamado *RecreHacienda! bajo el sol* acerca al personal del Departamento de Educación Fiscal a centros educativos en los que pueden realizar actividades en grupo al aire libre orientadas a mejorar la cultura fiscal. El personal del Ministerio de Hacienda también visita escuelas para llevar a cabo actividades lúdicas y educativas.

De igual modo, se representan obras de teatro para cambiar la percepción y mejorar la cultura fiscal. Otras de las técnicas empleadas consisten en mostradores y puntos de información, boletines y folletos sobre Educación Fiscal.

Especial referencia al Diploma en Educación Fiscal

El *Diploma en Educación Fiscal*, lanzado en 2009, forma a docentes de contabilidad y ciencias empresariales y a estudiantes de bachilleratos técnicos, tanto en modalidad presencial como en línea. Dicho título nace como una estrategia conjunta entre los Ministerios de Educación y Hacienda, encaminado a mejorar la cultura fiscal de los docentes que imparten clase en bachilleratos técnicos y que comparten, a su vez, sus conocimientos con sus alumnos, padres, directores, familiares y colegas de profesión. El *Diploma en Educación Fiscal* tiene igualmente un componente técnico que permite a los docentes incorporar los temas fiscales en todas las asignaturas que imparten, y aborda los tres ejes o pilares sobre los que descansa la Educación Fiscal: valores sociales, civismo y cultura fiscal.

Las asignaturas de temática técnica, referentes a las actualizaciones del Código Tributario, el IRPF y el IVA, son impartidas por docentes y abordadas en ocho cursos en línea por medio de la plataforma de educación a distancia Moodle: www.edufis.mh.gob.sv/capa. Cada semana del curso en línea abarca y se basa en diversos documentos de lectura, debiendo responder cada participante a un cuestionario, participar en los distintos foros y completar y enviar trabajos a su tutor virtual. Al final de cada semana, el participante obtendrá una calificación por el trabajo realizado.

En 2012, dio comienzo el modulo en línea del *Diploma en Educación Fiscal* dirigido a estudiantes de otros centros educativos. Los profesores de contabilidad y ciencias empresariales involucrados en dicha actividad con las mejores calificaciones fueron seleccionados para ser tutores virtuales de los nuevos participantes.

El título en cuestión está sustentado por una estrecha colaboración entre el Ministerio de Educación y diversos centros educativos. El Ministerio de Educación elabora el plan anual operativo de dicho título; revisa los materiales previamente a su publicación en cada módulo del programa; colabora en la elaboración de informes finales por cada módulo; realiza un seguimiento de los participantes y acompaña al personal del Ministerio de Hacienda a las jornadas presenciales. Por su parte, los centros educativos tienen como finalidad incitar tanto a docentes como a estudiantes a participar en el programa; prestar apoyo en la organización y celebración de la Semana de la Cultura Fiscal (Recuadro 9.3), y facilitar el uso de ordenadores a docentes y estudiantes en los módulos en línea del programa.

Varios técnicos prestan asistencia permanente a los alumnos de la titulación (uno del Ministerio de Educación, dos del Ministerio de Hacienda y cuatro formadores a tiempo parcial). En total, son tres los departamentos del Ministerio de Educación y cinco los del Ministerio de Hacienda involucrados en el programa. El personal que participa en la iniciativa recibe formación en modalidad presencial y en línea.

El coste de personal asciende a 10.000 dólares estadounidenses por diplomado que cursa los ocho módulos (coste medio estimado sobre la base de las horas de asistencia a los alumnos, operadores y auxiliares administrativos por parte del personal técnico).

Recuadro 9.3. **Semana de la Cultura Fiscal**

Esta actividad fue creada inicialmente para asegurar que los maestros comparten con sus alumnos todos sus conocimientos fiscales actualizados. Con la participación de la comunidad educativa, incluyendo a los padres, la Semana de la Cultura Fiscal utiliza los tres pilares de la educación fiscal (la formación en valores, la construcción de la ciudadanía y la cultura fiscal) para enseñar a los contribuyentes acerca de la importancia de exigir recibos de compra, el cuidado de los espacios públicos, participación ciudadana, informes oficiales para controlar la evasión fiscal, la rendición de cuentas, etc. Esta actividad también incluye la implementación de acciones educativas puestas en marcha por los estudiantes a través de las redes sociales (como Facebook y Twitter).

Algunos centros educativos organizan desfiles a lo largo de las calles locales, rifas que involucran la verificación de los requisitos formales establecidos en los recibos y facturas, desfiles de moda con ropa hecha de los documentos del IVA (facturas y recibos), debates sobre la rendición de cuentas con los alcaldes municipales, etc. Estas acciones requieren un alto nivel de logística y participación por parte de la comunidad educativa.

Una de las tareas asignadas a los participantes – comprobar documentos de compra (facturas y recibos) para desalentar la actividad económica informal - genera un promedio de 1 000 informes de incumplimiento durante los primeros dos días de actividades de la Semana de la Cultura Fiscal.

Fuente: Dirección General de Impuestos Internos.

Impacto

Cada alumno del *Diploma en Educación Fiscal* es evaluado conforme a diversas técnicas, lo que permite mejorar año tras año la configuración del programa. Se emplean diversas técnicas de evaluación cuantitativa en cada módulo para evaluar el nivel de aprendizaje y el grado de compromiso de los participantes con la cultura fiscal. El Departamento de Educación Fiscal es el encargado de realizar dichas evaluaciones, con la supervisión de representantes del Ministerio de Educación, quienes califican posteriormente las competencias académicas exigidas en el Programa de Educación Media Técnica (con especialización en asesoría comercial o contable). A su vez, el Ministerio de Educación recibe retroalimentación de los docentes y alumnos que participan en la titulación.

Hasta la fecha, entre los principales resultados del *Diploma en Educación Fiscal* destacan los siguientes:

- Un elevado número de docentes ha recibido formación en Educación Fiscal: 629 docentes que impartían asignaturas de los planes de estudios de los bachilleratos técnicos contables han obtenido el *Diploma en Educación Fiscal*, lo que representa un 70% del sector docente en esta especialidad.
- Un elevado número de alumnos ha aprendido más sobre la fiscalidad: Asciende a 150.960 el número de estudiantes de ciencias empresariales han recibido formación en Educación Fiscal de sus docentes, por lo que ahora pueden prestar

mejores servicios al incorporarse al mercado laboral gracias a sus conocimientos tributarios actualizados y al perfeccionamiento de sus habilidades empresariales. Así, en el caso de que decidan crear su propia empresa, ya poseen conocimientos básicos sobre la transcendencia del cumplimiento fiscal voluntario para el desarrollo del país.

- Estrechamiento de lazos interinstitucionales: El intercambio de recursos y equipamiento técnico entre los Ministerios de Educación y Hacienda para planificar e implementar las actividades del mencionado programa educativo ha hecho posible incluir la asignatura Educación Fiscal en los planes de estudios de cuarto, quinto y sexto. Desde 2012, también se refleja en los planes de estudios de los bachilleratos técnicos.
- Cambio de percepción: El Programa de Educación Fiscal de El Salvador ha tenido un gran impacto en los ciudadanos al fomentar un cambio de conducta mediante estrategias educativas de carácter lúdico dirigidas a niños, adolescentes, estudiantes universitarios, docentes, empleados públicos y profesionales del sector, entre otros. El hecho de que los participantes en dicho programa estén, a día de hoy, organizando sus propios eventos sobre Educación Fiscal es un claro indicio de ese cambio de percepción que contribuye, al mismo tiempo, a intensificar los efectos en las comunidades nacionales. Buen ejemplo de ello es la Semana de la Cultura Fiscal (Recuadro 9.3).
- «Efecto dominó» del enfoque en otras disciplinas: Otro de los indicios del cambio de percepción radica en que numerosos docentes de otras disciplinas se han mostrado interesados en participar en el *Diploma en Educación Fiscal*. Este hecho ha motivado que los Ministerios de Hacienda y Educación se hayan planteado implementar un Proyecto piloto para los egresados del mencionado título dirigido a docentes y estudiantes de otras disciplinas, que dio comienzo en julio de 2013.

Los esfuerzos y el trabajo desarrollado por el Ministerio de Hacienda recibieron el reconocimiento, en 2011, de la Secretaría de Asuntos Estratégicos de la Presidencia de la República de El Salvador) al serle otorgado el primer premio por su Programa de Educación Fiscal. Del mismo modo, fue galardonado con el premio «ES-CALIDAD» en honor a sus buenas prácticas, un premio a la calidad de ámbito nacional en reconocimiento a la excelencia lograda en la gestión de organizaciones públicas y privadas.

Enseñanzas extraídas

He aquí los principales retos afrontados:

- Escasez de recursos humanos a nivel interinstitucional para prestar asistencia a los estudiantes del *Diploma en Educación Fiscal* de forma presencial y en línea.
- Dificultades en el acceso a Internet por parte de los profesores y estudiantes participantes: a pesar de ello, la tasa de abandono durante la etapa virtual de la titulación se mantuvo por debajo del 10%.
- Temor inicial al uso y aplicación de herramientas tecnológicas a la formación, que quedó superado una vez que los participantes afrontaron su primera clase en línea.
- El *Diploma en Educación Fiscal* requiere un esfuerzo adicional ya sea por parte de los docentes como de los estudiantes. En un principio, se consideró una

responsabilidad muy difícil de afrontar, pero las ganas de aprender, las metodologías empleadas y la duración del programa han hecho posible llevarlo a término satisfactoriamente.

Futuros pasos

Entre las mejoras previstas de cara al futuro, destacan:

- Extender el alcance de instituciones educativas, docentes y estudiantes en distintas especialidades y a varios niveles educativos;
- reforzar aún más los procesos de comunicación interministerial;
- evaluar el impacto del programa y del *Diploma en Educación Fiscal*;
- continuar mejorando el diseño del *Diploma en Educación Fiscal* para adecuarlo debidamente a las exigencias y demandas de la realidad social, y
- consolidar los planes de estudios y programas educativos introduciendo, por ejemplo, la asignatura Educación Fiscal una vez completado el ciclo de educación preescolar.

Bibliografía

Comisión Económica para América Latina y el Caribe (CEPAL, 2012): *Estructura tributaria y evasión impositiva en América Latina,* CEPAL, Santiago de Chile.

Capítulo 10

Estonia: Servicio de presentación de declaraciones tributarias y aduaneras en línea (e-Tax/e-Customs)

Consejo Estonio de Impuestos y Aduanas (ETCB)

Este capítulo versa sobre el Programa de Educación Cívico-Tributaria de Estonia. Comienza describiendo los objetivos generales del programa para centrarse después en un elemento específico del mismo: el servicio electrónico de presentación de declaraciones tributarias y aduaneras en línea (e-Tax/e-Customs). Por último, analiza el impacto y las enseñanzas extraídas a raíz de la iniciativa.

El hecho de comercializar y publicitar las actividades del Consejo Estonio de Impuestos y Aduanas (ETCB, por sus siglas en inglés) (Recuadro 10.3) resulta esencial para mantener informados a los contribuyentes sobre los aspectos más relevantes de la recaudación tributaria en líneas generales, sobre el uso de los impuestos en la prestación de servicios públicos y sobre los beneficios que reportan los impuestos para la sociedad. Dado que la recaudación tributaria y el pago de impuestos han sido indiscriminadamente y en todas las épocas actividades impopulares, el desafío al que se enfrenta la administración tributaria consiste en cambiar dicha percepción prestando, para ello, servicios de excelencia y activando canales para una comunicación directa y legítima (Recuadro 10.1).

Estonia es uno de los países más «interconectados» del mundo en términos de uso y acceso a Internet. El ETCB refleja y responde a esto en su programa de acercamiento e información a los contribuyentes.

Educación Cívico-Tributaria en Estonia

El ETCB no cuenta con una unidad separada y específica que se encargue de la Educación Cívico-Tributaria, aunque son varios los departamentos que orientan e informan a los contribuyentes en lo concerniente a sus ámbitos concretos de actuación.

Recuadro 10.1. **Objetivos de la Educación Cívico-Tributaria en Estonia**

- Mantener informados a los contribuyentes sobre aspectos como la recaudación tributaria, la importancia de los impuestos para prestar servicios públicos y lo que se obtiene a cambio del pago de impuestos.
- Cambiar la percepción social prestando servicios de excelencia y activando canales para una comunicación directa y legítima.

Fuente: Consejo Estonio de Impuestos y Aduanas.

El ETCB desarrolla diversas actividades, sistemas y procesos para ayudar al contribuyente a entender y dar cumplimiento a sus obligaciones tributarias, habilitando vías de interacción rápida, fácil y directa con sus órganos. También facilita información tributaria de alta calidad e imparte actividades formativas, posible gracias a medios innovadores de comunicación, al desarrollo de servicios de administración electrónica y a nuevas opciones formativas. He aquí algunos ejemplos:

- *Talleres, seminarios y presentaciones:* El ETCB ofrece a los contribuyentes talleres y seminarios formativos de carácter gratuito sobre cuestiones fiscales específicas. También se ofertan talleres *in situ* que abordan aspectos fiscales más amplios y complejos, mientras que las presentaciones *en línea* a través de YouTube aportan análisis y visiones generales sobre temas concretos (p.ej.: entre enero y mayo de 2013, se organizaron 56 talleres y seminarios y se colgaron 7 presentaciones virtuales en el sitio web del ETCB).
- *Foro de debate:* El sitio web del ETCB alberga una página disponible y dedicada al foro de debate. Los usuarios pueden enviar preguntas sobre cuestiones fiscales y el ETCB proporciona respuestas y comentarios.

- *Campañas:* Se distribuye gran número de carteles y folletos entre los ciudadanos para orientar e informar a los contribuyentes sobre aspectos tributarios específicos. En función de las circunstancias, también se recurre a anuncios publicitarios remitidos por radio y televisión. Por lo general, los carteles y folletos se publican en estonio y ruso para que la información llegue al mayor número de ciudadanos posible.
- *Redes sociales:* El ETCB dispone de un perfil en Facebook y una cuenta de Twitter para transmitir información a los contribuyentes de forma casi inmediata.
- *Orientación individualizada en las Delegaciones de la Administración Tributaria:* En Estonia existen 16 Delegaciones u oficinas de gestión tributaria. Los contribuyentes que se dirigen a una Delegación pueden aprender cómo acceder, con la ayuda de funcionarios de la administración tributaria, a la información y los servicios en línea necesarios. Esta orientación personal o *individualizada* facilita el acceso a los servicios en línea a los contribuyentes y reduce la necesidad de volver a una determinada Delegación o agencia tributaria.
- La información difundida y dirigida a los contribuyentes a través de los medios, folletos informativos y canales electrónicos contribuye a incrementar las conductas fiscalmente responsables y facilita el cumplimiento de las obligaciones tributarias. El ETCB considera fundamental la reciprocidad en las relaciones de colaboración y cooperación con los contribuyentes, pertinentemente respaldadas por sistemas de información eficientes que proporcionen información relevante y oportuna.

El ETCB considera fundamental la reciprocidad en las relaciones de colaboración y cooperación con los contribuyentes. Aparte de los medios de comunicación, la divulgación de la labor del ETCB corre por cuenta de otras instituciones estatales y municipales, entre ellas la Cámara de Comercio e Industria de Estonia, la Asociación Estonia de Pequeñas y Medianas Empresas y la Asociación Estonia de Contribuyentes, junto a eventos y ferias comunitarios.

Especial referencia al servicio electrónico de presentación de declaraciones tributarias y aduaneras en línea

Todos los servicios del ETCB se encuentran actualmente disponibles en el portal tributario *e-Tax* y la oficina virtual de aduanas *e-Customs*, respectivamente (Recuadro 10.3), ambos sistemas accesibles de forma gratuita y general por parte de cualquier usuario. Este portal se lanzó en el año 2000 para permitir el intercambio seguro de información entre contribuyentes y administración tributaria. Hoy en día, el sistema ofrece alrededor de 30 servicios electrónicos a los contribuyentes que sean personas físicas y 70 a los contribuyentes que sean personas jurídicas (Recuadro 10.2). De esta forma, es posible enviar notificaciones y presentar declaraciones de aduanas por vía electrónica, y los contribuyentes pueden controlar en tiempo real su contabilidad fiscal, deudas y obligaciones tributarias, además de comunicarse con el ETCB en un entorno seguro.

Recuadro 10.2 **La tecnología al servicio de contribuyentes y funcionarios sin distinción**

- Empresas y autónomos pueden acceder al sitio web del ETCB (www.emta.ee/eparingud) desde sus teléfonos de última generación o dispositivos portátiles para consultar información de carácter fiscal como, por ejemplo, sus deudas tributarias, el número de registro IVA en Estonia y su número de referencia personal para hacer pagos. En un futuro, se ampliará el servicio para que el ETCB pueda enviar mensajes a los contribuyentes a través de sus dispositivos móviles.
- Nuevos métodos y sistemas de comunicación están favoreciendo el contacto más eficiente con los contribuyentes. Cada Delegación del ETCB está ya equipada con un videoteléfono Skype, y un sistema de Gestión de Relaciones con los Clientes (CRM, por sus siglas en inglés) registra los contactos directos, las llamadas telefónicas y las cartas electrónicas de los contribuyentes. Por lo general, la información recabada se utiliza para determinar la causa del contacto con el fin de mejorar los productos y servicios, aunque también sirve para registrar datos importantes sobre los contribuyentes que sean personas físicas para mejorar la comunicación (como, por ejemplo, las preferencias de idioma y canal de comunicación).
- Generalmente, cada contribuyente posee una única cuenta de regularización y un solo número de referencia en el sistema ETCB. Esto facilita la tarea de pagar impuestos a los contribuyentes, con independencia del tipo de impuesto devengado o de la fecha de devengo.

Fuente: Consejo Estonio de Impuestos y Aduanas.

El ETCB está permanentemente mejorando los servicios del portal tributario y oficina virtual de aduanas *e-Tax/e-Customs*, respectivamente. Desde mayo de 2013, todo usuario puede generar fácilmente en línea su propio certificado de estar al corriente en el pago de las obligaciones tributarias, que puede validarse utilizando una marca digital, y enviarlo por correo electrónico como documento oficial a terceros.

Gráfico 10.1. **Disminución del número de contribuyentes que hacen uso de Delegaciones en Estonia**

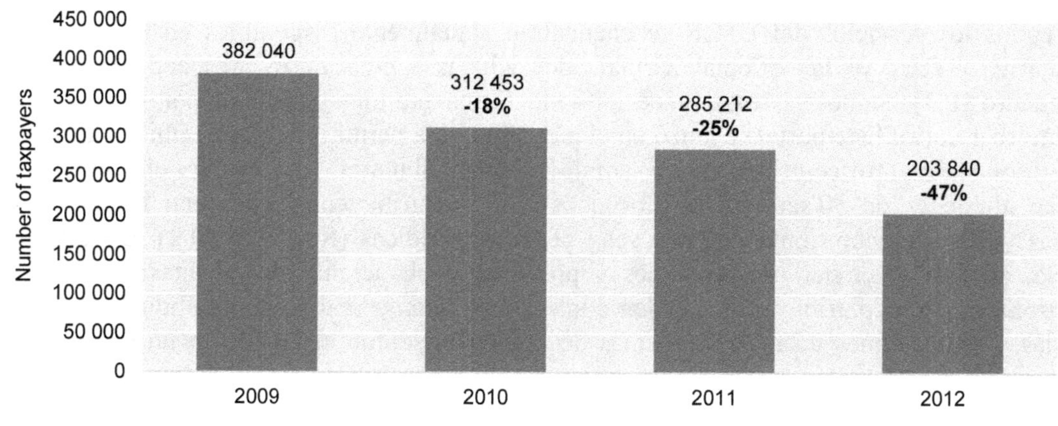

Fuente: Consejo Estonio de Impuestos y Aduanas.

A partir de junio de 2013, la plataforma de servicios virtuales *e-Tax/e-Customs* está interconectada con un nuevo sistema interno llamado «IRIS» (en la mitología griega, mensajera de los dioses). IRIS envía notificaciones a los contribuyentes recordándoles los plazos para la presentación de la declaración o el pago de sus deudas tributarias mediante mensajes de texto (SMS) y correos electrónicos que se generan automáticamente. Los contribuyentes pueden acceder a la plataforma de servicios virtuales *e-Tax/e-Customs* para visualizar sus notificaciones, declarar sus ingresos o efectuar pagos.

Anteriormente, las empresas tan sólo podían acceder a los servicios virtuales *e-Tax/e-Customs* firmando física y materialmente un contrato en las dependencias del ETCB. Ahora, un representante de la sociedad ya puede firmar los contratos por vía electrónica, pudiendo incluso los empleados de la misma obtener un acceso limitado a determinados servicios en los portales *e-Tax/e-Customs*.

Todo nuevo servicio electrónico se presenta a los contribuyentes con la mayor claridad posible para que se familiaricen con la interfaz de los portales *e-Tax/e-Customs* (que llevan funcionando unos 13 años). De hecho, IRIS se puso en marcha a través de un comunicado de prensa que informaba a los contribuyentes sobre el nuevo sistema y su objetivo de simplificar los trámites fiscales.

El personal del ETCB recibe formación continua (por ejemplo, cursos específicos de formación sobre los nuevos sistemas electrónicos, tales como IRIS). Asimismo, el personal participó activamente en la fase de prueba del sistema.

En total, son 73 los empleados que trabajan en los servicios tributarios y aduaneros conexos a las plataformas virtuales *e-Tax/e-Customs*, de ellos 12 en el Departamento de Asistencia, 53 en el Departamento Fiscal y 8 en el Departamento de Rentas.

Impacto

Los esfuerzos del ETCB por simplificar los procedimientos tributarios se han traducido en mejoras en una serie de indicadores:

- Mayor satisfacción del contribuyente;
- incremento del número de usuarios que utilizan canales de autoservicio en línea;
- disminución de las visitas de contribuyentes a Delegaciones del ETCB (Gráfico 10.1);
- mayor índice de cumplimiento voluntario, y
- reducción del importe de la deuda fiscal.

Enseñanzas extraídas

El ETCB está preparando nuevas mejoras en sus sistemas. Prevé implementar un proyecto de simplificación del lenguaje utilizado en actos administrativos, notificaciones y otros tipos de texto, actualizar el canal de autoservicio en línea (compatible con dispositivos móviles y de última generación) y extender el uso de documentos electrónicos.

Recuadro 10.3. **Consejo Estonio de Impuestos y Aduanas (ETCB)**

La misión del ETCB consiste en recaudar los ingresos fiscales estatales, proteger la economía y sociedad estonias y mejorar el entramado empresarial.

El ETCB, con una plantilla de 1.545 empleados públicos adscritos a 16 Delegaciones y 10 puestos fronterizos, tiene el objetivo de cumplir su misión:

- Haciendo cumplir las obligaciones tributarias de manera rápida y sencilla, por lo que la calidad del servicio es constantemente objeto de mejora gracias al uso ampliado de canales innovadores de comunicación con los contribuyentes;
- facilitando información oportuna a los usuarios, de ahí que se estén desarrollando nuevas formas de informar a los contribuyentes empleando un lenguaje sencillo y fácilmente inteligible, y
- dotando de una mayor rapidez y eficacia a los servicios de asistencia mediante la sustitución del trabajo manual rutinario por un rápido proceso de recopilación y análisis de datos.

Para mayor información, visite la página web: www.emta.ee

Portales de servicios virtuales *e-Tax/e-Customs*: www.emta.ee/index.php?id=29761

Fuente: Consejo Estonio de Impuestos y Aduanas.

Capítulo 11

Guatemala: En materia de impuestos, «la fuerza reside en las cifras»

Superintendencia de Administración Tributaria (SAT)

El presente capítulo analiza el Programa de Educación Cívico-Tributaria de Guatemala. Para ello, comienza haciendo un recorrido completo por el programa y sus objetivos, y continúa centrándose en un elemento en concreto: El Festival de Cultura Ciudadana «La fuerza reside en las cifras». Por último, aporta una reflexión sobre el impacto y las enseñanzas extraídas como fruto de la iniciativa.

La Educación Cívico-Tributaria en Guatemala pretende ser el impulso necesario para instaurar valores constructivos y una actitud positiva ante la aportación fiscal ciudadana, admite que el mejor motor de la educación fiscal no es sino una buena gestión, eficaz, racional y transparente del gasto público, y para ello contempla acciones integradoras y participativas: en resumidas cuentas, un enfoque culturalmente apropiado a la realidad social guatemalteca.

La Superintendencia de Administración Tributaria (SAT – Recuadro 11.3) creó en 2005 el Programa Permanente de Cultura Tributaria (PPCT) de Guatemala con el propósito de concienciar a la población acerca de la transcendencia de los impuestos para el desarrollo socio-económico del país y de fomentar el cumplimiento voluntario de las obligaciones tributarias.

Las acciones formativas en materia tributaria se inscriben dentro de un contexto más amplio, como es la construcción de una ciudadanía responsable. Partiendo de esta base, el programa ha motivado el acercamiento y la estrecha colaboración con otras instituciones con intereses convergentes en materia de educación cívica, derechos de niños y adolescentes, valores sociales y, en general, en lo que concierne al fomento de una cultura ciudadana responsable (Recuadro 11.1).

Educación Cívico-Tributaria en Guatemala

Desde 2007, la Educación Cívico-Tributaria en Guatemala ha sido formalmente responsabilidad del Departamento de Cultura Fiscal. El programa está dirigido por un coordinador que aglutina los tres ámbitos de actuación del departamento: educación, información y divulgación. Cada uno de estos ámbitos recaen bajo la responsabilidad de un asesor especializado por sector, y operan con el apoyo de personal a tiempo completo y a tiempo parcial.

Recuadro 11.1. **Objetivos de la Educación Cívico-Tributaria en Guatemala**

- Concienciar a la sociedad sobre la importancia de pagar impuestos para el desarrollo socio-económico del país.
- Fomentar valores y actitudes congruentes con una cultura fiscal de desarrollo.
- Convertir la cultura fiscal en uno de los pilares fundamentales de la modernización y el desarrollo del país.

Fuente: Superintendencia de Administración Tributaria.

Tras la inclusión de la Cultura Fiscal como asignatura del Curriculum Nacional Base (CNB), el programa está particularmente activo en escuelas, habiéndose elaborado incluso diversos materiales educativos tales como libros de texto y juegos de mesa para estudiantes de educación primaria, guías audiovisuales, guías docentes para el Ciclo de Educación Básica y seminarios de temática fiscal para jóvenes titulados. A todo lo anterior, cabe sumar el programa que lleva por título «Matrícula en Cultura Fiscal», concebido para conseguir un aprovechamiento óptimo de las actividades y los materiales de cultura fiscal en todas las escuelas de los municipios destinatarios.

Otras actividades educativas análogas nos remiten al programa de formación lingüística en dialecto maya dirigido a comunidades rurales, y un Curso Virtual de Actualización Tributaria para expertos contables.

Entre las principales actividades de proyección se incluyen:

- Loterías tributarias (para concienciar a la sociedad sobre la importancia de pagar el IVA, consistente en entregar los recibos oficiales para optar a ganar premios);
- Festivales de Cultura Ciudadana, tales como el denominado «La fuerza reside en las cifras» (véase más abajo);
- un programa ideado para fomentar una cultura de cumplimiento en lo referente a la normativa aduanera, y
- el Proyecto Municipio Cabal.

Recuadro 11.2. "***Municipio Cabal***" **Project**

En el marco de su Proyecto «Municipio Cabal», la SAT colabora con los entes locales de todo el país para fomentar una cultura de pleno cumplimiento a nivel local mediante acciones de cooperación con el fin de mejorar la transparencia y la rendición de cuentas por parte de las instituciones gubernamentales, e impulsar también la participación ciudadana y una conducta fiscalmente responsable en la sociedad.

http://eurosocialfiscal.org/uploads/media/Otra/folleto_SAT.pdf (en español).

Fuente: Superintendencia de Administración Tributaria.

Junto a la producción y divulgación de los más variopintos productos con fines informativos, educativos y de sensibilización en materia tributaria, el programa difunde muchos otros materiales a través de los medios de comunicación, entre ellos varias publicaciones en la prensa escrita, anuncios en emisoras de radio de ámbito nacional y local, y series TV. También dispone de una página web y está presente en las redes sociales.

Otra iniciativa consiste en la producción de obras de teatro de temática fiscal emitidas en antena por televisión y en YouTube, así como proyectadas en otros actos públicos. Dichas obras están basadas en la historia de un personaje llamado Simón, un ciudadano honrado y emprendedor además de un contribuyente fiscalmente responsable, comprometido con su familia y país.

El programa se desarrolla en estrecha colaboración con el Ministerio de Educación, Ministerio de Finanzas, entes locales, la Asociación Nacional de Municipalidades, el Instituto de Fomento Municipal, la Agencia Alemana de Cooperación al Desarrollo (GIZ), el Proyecto Educativo *Pantaleón*, Plan Internacional, el Centro Educativo Benito Juárez, el Colegio Naleb' y *Share Guatemala*.

Especial referencia al Festival de Cultura Ciudadana «La fuerza reside en las cifras»

La SAT organiza cada año el Festival de Cultura Ciudadana «La fuerza reside en las cifras» para promover una cultura y civismo fiscales positivos entre los distintos aliados institucionales y los colectivos destinatarios. El primero de estos festivales tuvo lugar en abril de 2008, habiéndose adoptado desde entonces el que fuera su título como lema de los festivales celebrados en años posteriores (cuatro hasta la fecha). Los primeros festivales se celebraron en la capital, Ciudad de Guatemala, mientras que los más recientes han tenido lugar en las ciudades de Quetzaltenango y Cobán.

La función social de los Festivales de Cultura Ciudadana es patente: dan cabida a innumerables eventos artísticos y culturales con motivo de los actos inaugurales y ceremonias de clausura, así como también de las muestras de talentos artísticos. Numerosas familias asistieron a la ceremonia de clausura del Primer Festival y tuvieron ocasión de visitar las exposiciones alojadas en el Sector Cuatro Grados Norte de la Ciudad de Guatemala. El broche final del Segundo Festival fue un concierto, y las ceremonias de clausura del Tercer y Cuarto Festivales consistieron en fiestas de acceso público celebradas en las plazas centrales de distintas ciudades.

Como un sector destinatario prioritario del programa, los niños han sido protagonistas y partícipes de diversas actividades realizadas en el marco de los Festivales de Cultura Ciudadana. He aquí algunas de ellas:

- Actos inaugurales;
- presentación audiovisual de la obra «El Hacedor de Lluvia», que narra la leyenda de un antiguo maya para escenificar la importancia de contribuir, a título individual, al bien e interés general;
- visitas guiadas en el marco del programa educativo «Conoce tu ciudad»;
- estreno de la serie TV «Micos y Pericos», protagonizada por muñecos que educan a los niños en temas de ciudadanía e impuestos;
- el «Rally del Buen Ciudadano», que cuenta con espacios de juego instalados por diversas entidades participantes donde los niños tuvieron experiencias lúdicas de aprendizaje sobre temas de cultura fiscal y educación cívica, protección del medio ambiente, educación vial, derechos de la infancia, derechos del consumidor y fomento del ahorro;
- un desayuno de trabajo en el Palacio Nacional con integrantes del Gabinete de Gobierno y otros altos funcionarios;
- el evento «Superintendente e Intendentes por un Día», en el que los niños compartieron una jornada de trabajo con el Superintendente y otros cinco funcionarios de la SAT, y
- la «Muestra de Talentos Artísticos Benjamines», celebrada en el Teatro Municipal de Quetzaltenango junto a varios grupos artísticos.

Algunas otras actividades se diseñaron específicamente para los jóvenes, otro sector prioritario del programa:

- Un concierto de clausura sobre el tema «La fuerza reside en las cifras», en el que participan miles de jóvenes;
- una entrega de premios y un espectáculo musical;
- un torneo de fútbol sala, que tuvo lugar en las instalaciones deportivas de Quetzaltenango;

- un «Mural de contribución» en la pared frontal del Centro de Estudios Tributarios de la SAT, en la Ciudad de Guatemala, pintado a manos de cientos de jóvenes estudiantes;
- la «Muestra de Talento Estudiantil», celebrada en Quetzaltenango, a la que concurrieron grupos de jóvenes artistas ante un numeroso público juvenil;
- la «Muestra de Talentos Artísticos Juveniles», celebrada en Cobán, y
- una charla de motivación dirigida a adolescentes con el título «Escalemos nuestro propio Everest», presentada por la escaladora Andrea Cardona.

Aparte de las escuelas, también han participado universidades y centros de investigación en los Festivales de Cultura Ciudadana. Entre las actividades principales se incluía la presentación de la versión digital del estudio «Historia de los tributos en Guatemala», elaborado por el Instituto Centroamericano de Estudios Fiscales (ICEFI), y diversos foros sobre temas de tintes tan variopintos como «El rol de la prensa en la educación cívica», «Ciudadanía e identidad nacional», «El rol de los tributos en el desarrollo local» o «Psicología fiscal».

Los festivales han requerido la intervención de un equipo de ocho a diez personas en plantilla y seis profesionales sobre el terreno, junto a otros integrantes del personal de la SAT, de prácticamente todos los niveles jerárquicos. El Coordinador de Cultura Fiscal fue el responsable de la iniciativa y se hizo cargo de la organización general y de las relaciones interinstitucionales; los responsables de las áreas de educación, información y difusión desarrollaron las funciones propias de sus ámbitos de actuación, y el Vicegerente asumió tareas de gestión administrativa y económica.

Muchos de los eventos se desarrollaron de forma conjunta con otras instituciones que también aportaron recursos económicos y humanos. Los servicios conexos a la organización de algunas otras actividades, tal es el caso de los conciertos, espectáculos y eventos de formación ciudadana, fueron externalizados, por lo que se contrató a proveedores externos cualificados.

Cada festival tuvo un coste medio de 75.000 dólares estadounidenses, cifra que en su mayor parte corresponde a las partidas de comunicación y difusión. El coste de la externalización de servicios a proveedores externos alcanzó aproximadamente los 25.000 dólares estadounidenses de media por cada festival. Las aportaciones de terceros han sido de naturaleza diversa: cesión de instalaciones, soporte logístico, transporte y comida para grupos escolares, anuncios, desplazamientos y patrocinio de los niños participantes en el evento «Superintendente e Intendentes por un Día», entre otras.

Impacto

Pese a no haber evaluado o cuantificado formalmente el impacto de esta iniciativa, podemos afirmar que ha cumplido con creces el objetivo de fomentar una conducta ciudadana fiscalmente responsable. El Cuadro 11.1 muestra la asistencia registrada a este tipo de eventos a lo largo de los años. Las cifras más bajas relativas a los dos últimos festivales se deben al traslado de la capital, Ciudad de Guatemala, a centros regionales más pequeños en las ciudades de Quetzaltenango y Cobán.

Cuadro 11.1. **Participación en los Festivales de Cultura Ciudadana en Guatemala, 2008-10**

Número de participantes					
Año	Eventos institucionales y académicos	Eventos infantiles	Eventos juveniles	Eventos para todos los públicos	Total
2008	850	4.300	2.800	3.500	11.450
2009	475	3.100	1.700	2.000	7.275
2010	550	2.600	2.400	1.500	7.050
2011	450	2.600	1.600	1.000	5.650
Total	2.325	12.600	8.500	8.000	31.425

Fuente: Cultura Fiscal, SAT.

Los festivales han permitido a la SAT proyectar una nueva y más positiva imagen no sólo de cara a las personas directamente involucradas en los eventos, sino también de cara al público en general gracias al amplio despliegue mediático. Diana Freire, Directora del Centro de Estudios Tributarios, considera que los festivales han constituido un medio extraordinariamente eficaz para acercar la administración tributaria a la sociedad: a los niños, a los jóvenes y a las familias guatemaltecas, en general. Asimismo, ha subrayado que, además de fomentar una conducta fiscalmente responsable, estas actividades «tocan la *vena sensible* de los participantes, dejando tras de sí un legado mayor que cualquier otro programa de formación presencial».

Enseñanzas extraídas

El apoyo político de alto nivel eleva el perfil de los eventos y refuerza la importancia de los mensajes lanzados. Los festivales fueron inaugurados por el Presidente de la República, el Vicepresidente y el Ministro de Finanzas, respectivamente. Dicha representación contribuye, a su vez, a atraer a otros ponentes destacados, entre los que se incluyen el ex alcalde de Bogotá, que fuera candidato a la Presidencia de Colombia, el Relator Especial de Naciones Unidas sobre la promoción y protección del derecho a la libertad de opinión y de expresión, el Secretario Ejecutivo del Centro Interamericano de Administraciones Tributarias (CIAT) y el Embajador de México en Guatemala.

Los Festivales de Cultura Ciudadana han puesto en relieve nuevas formas de cooperación con otras organizaciones, tales como empresas privadas o el sector académico, que resultan igualmente valiosas para la construcción del concepto de ética ciudadana.

Todas estas iniciativas representan una oportunidad importante para la administración tributaria y una base de la que partir de cara a entablar nuevas relaciones interinstitucionales y a evaluar a fondo la incidencia y el impacto de los festivales en los sectores destinatarios. Por otra parte, dichas iniciativas ratifican la importancia de contar con espacios lúdico-educativos de carácter permanente, dando así a la SAT la oportunidad de controlar y gestionar las necesidades informativas y formativas de estudiantes y docentes en cuestiones relativas a la Cultura Fiscal. De igual modo, las visitas y recorridos de formación ciudadana constituyen un aspecto de interés tanto para la SAT como para otros organismos colaboradores. De cara al futuro, podría plantearse el diseño de un programa educativo conjunto en el que participasen varias instituciones consistente, por ejemplo, en habilitar un centro de exposiciones permanente que abarque todos los temas de tributación, fiscalidad, aduanas, comercio exterior, seguridad social, banca central y supervisión financiera.

Recuadro 11.3. Superintendencia de Administración Tributaria (SAT)

La Superintendencia de Administración Tributaria (SAT) de Guatemala se creó el 21 de febrero de 1998, mediante Decreto del Congreso de la República, con el objeto de ejercer la administración tributaria y aduanera con métodos eficaces, eficientes y modernos, incrementando así los ingresos tributarios de forma sostenible, justa y transparente.

La SAT representa una institución pública descentralizada con personalidad jurídica y plena autonomía funcional, económica, financiera, técnica y administrativa, cuya plantilla se compone de un total de 4.000 funcionarios y empleados públicos. Su sede principal se encuentra en la Ciudad de Guatemala, y su ámbito de actuación se extiende a 4 regiones y 22 departamentos de Guatemala.

Para mayor información, visite la página web: www.sat.gob.gt.

Página web de Cultura Fiscal: http://portal.sat.gob.gt/ct/portal.

Dirección de correo electrónico del Departamento de Educación Cívico-Tributaria: culturatributaria@sat.gob.gt.

Fuente: Superintendencia de Administración Tributaria.

Capítulo 12

Jamaica y su Programa de Educación Cívico-Tributaria en Escuelas (STEP)

Administración tributaria de Jamaica

Este capítulo presenta el Programa de Educación Cívico-Tributaria de Jamaica. En primer lugar, comienza por exponer una visión general del programa al completo y de sus objetivos, y prosigue centrándose en un elemento en concreto: el Programa de Educación Cívico-Tributaria en Escuelas (STEP, por sus siglas en inglés). A continuación, hace un recorrido por el impacto y enseñanzas extraídas a raíz de la iniciativa, y apunta después brevemente a los futuros pasos en este ámbito.

La Administración Tributaria de Jamaica (TAJ, por sus siglas en inglés) (Recuadro 12.3) surgió en 2011, fruto de la aglutinación en un solo órgano de la antigua Dirección de Hacienda, Dirección de Auditoría Fiscal y Evaluación Tributaria y la Administración Central de Servicios Tributarios, que dio lugar a una muy necesaria reestructuración y reorientación del Programa de Educación Cívico-Tributaria de Jamaica: en la actualidad, existen equipos de orientación en las siete principales áreas regionales, abarcando toda la isla por completo.

Educación Cívico-Tributaria en Jamaica

La TAJ combina toda una serie de estrategias de comunicación y relaciones públicas dirigidas a un amplio y variado sector de la población: desde estudiantes a jubilados, pasando por comerciantes que operan en régimen de economía sumergida y asociaciones profesionales, personas físicas y jurídicas sometidas al pago de los correspondientes impuestos, e incluso los sectores inmobiliario, del motor y religioso.

Recuadro 12.1. **Objetivos de la Educación Cívico-Tributaria en Jamaica**

- Mejorar y fomentar el cumplimiento voluntario en materia de registro, presentación de declaraciones, notificación y pago de impuestos
- Impulsar una percepción positiva de los impuestos y aumentar el nivel de alfabetización fiscal, incrementando así el número de ciudadanos contribuyentes
- Instaurar una cultura de cumplimiento fiscal entre los sectores más jóvenes del país
- Enseñar a los ciudadanos cómo pagar impuestos
- Explicar por qué hay que pagar impuestos
- Legitimar a los ciudadanos para participar en debates sobre el destino de los ingresos fiscalese.

Fuente: Administración tributaria de Jamaica.

El programa se cimienta fundamentalmente sobre una presencia en los medios para lograr su objetivo, para lo que se sirve de las plataformas más o menos tradicionales de los medios (Recuadro 12.1). Se difunden anuncios publicitarios y comunicados de prensa principalmente a través de emisoras de radio, canales de televisión y periódicos nacionales y locales, predominando la presencia de anuncios publicitarios en concomitancia con las fechas más destacadas del calendario fiscal, y la introducción de nuevas medidas y opciones de asistencia. De forma más habitual, se emiten programas de radio semanales en diversas emisoras que ofrecen consejos y recomendaciones en materia de impuestos, así como un suplemento semanal y mensual publicado en el principal periódico de tirada nacional. Entre los medios impresos, se incluyen folletos, catálogos, carteles y opúsculos.

El uso de los denominados medios de comunicación *no tradicionales* como las redes sociales (Facebook y Twitter), la página web de la TAJ, anuncios en línea y las pizarras/pantallas digitales en las oficinas de la administración tributaria está más generalizado para llegar a los jóvenes, un público más conocedor y familiarizado con la tecnología, ya sea a nivel nacional o internacional. La naturaleza dinámica e interactiva de todos estos medios permite disponer de información actualizada sobre un amplio abanico de temas fiscales, al igual que también se pueden presentar declaraciones de la renta y efectuar pagos accediendo al portal de la TAJ. El sitio web de la TAJ dispone también de una interfaz de Twitter. Se puede acceder a la URL a través de enlaces directos a otras páginas de asociaciones gubernamentales y empresariales relacionadas, tales como la del Instituto de Contadores Públicos de Jamaica.

Seminarios y talleres; eventos comunitarios y culturales; concursos, certámenes y exposiciones contribuyen igualmente a concienciar y sensibilizar al público en general, mientras que el *Programa de Educación Cívico-Tributaria en Escuelas* (STEP), de naturaleza más especializada, está dirigido a centros de enseñanza superior y a escuelas de primaria y secundaria. Todas estas actividades son organizadas e impartidas por equipos de orientación e información al contribuyente en los servicios de rentas (principales oficinas de gestión tributaria). También existe un centro de asistencia, es decir, un servicio de atención telefónica sin coste de llamada a través del que los ciudadanos pueden obtener información e indicaciones sobre una inmensa variedad de cuestiones fiscales y opciones de asistencia. Dicho centro de asistencia ofrece igualmente a los usuarios un servicio de llamada de cortesía para recordarles las fechas de vencimiento y publicitar las opciones de asistencia disponibles.

En líneas generales, la TAJ ha tenido un enorme éxito por la amplia participación y colaboración con otras instituciones y organizaciones, lo que ha hecho posible desarrollar, implementar y expandir sus programas para responder a las exigencias concretas de varios grupos de interés. Desde una perspectiva pública, se han visto involucrados departamentos y organismos gubernamentales, escuelas y universidades. Asimismo, la TAJ ha entablado una sólida relación con los medios a través de un portavoz que participa en entrevistas públicas y programas de debate de forma habitual. La colaboración se extiende también a la sociedad civil, organizaciones empresariales, el Instituto de Contadores Públicos de Jamaica, la Organización Caribeña de Administradores de Impuestos (COTA, por sus siglas en inglés) y la *Jamaica Business Development Company*.

Especial referencia al Programa de Educación Cívico-Tributaria en Escuelas

Inicialmente, la idea del *Programa de Educación Cívico-Tributaria en Escuelas* (STEP) se remonta a finales de los años 90 y nace en el seno de la antigua Dirección de Hacienda de Jamaica, con el objetivo de impulsar una cultura de cumplimiento voluntario y de destacar el papel y la finalidad de pagar impuestos. El programa se puso en marcha a pequeña escala, con un único funcionario encargado de prestar asistencia a los alumnos de secundaria de 10°, 11° y 12° año, y se centraba en el impuesto sobre la renta.

Con el paso de los años, el programa ha ido extendiéndose hasta llegar a alumnos de enseñanza superior, abarcando todo tipo de impuestos. Desde comienzos del año 2000, el programa está a cargo de dos direcciones tributarias. Sin embargo, la ulterior expansión del programa se vio obstaculizada, lamentablemente, por los limitados recursos humanos y financieros.

Tras la aparición de la TAJ en 2011, el programa se reconfiguró, amplió y relanzó en 2012, haciendo también mayor hincapié en el cumplimiento voluntario. Se acordó que era importante dirigirse no sólo a la enseñanza secundaria y superior, sino que también había que trasladar el Programa STEP a las escuelas de enseñanza primaria. El nuevo programa implica la toma de contacto de los estudiantes con los derechos y obligaciones de los contribuyentes conforme a la normativa tributaria jamaicana, y les ilustra sobre los beneficios de pagar impuestos (en particular, para los sectores laboral y empresarial). Con esto, el programa pretende que los estudiantes influyan positivamente en la actitud de sus padres/tutores y otros adultos con los que interactúan. A través del Programa STEP, el sector más joven se convierte en promotores de un cambio, aumentando el grado de alfabetización fiscal del país y construyendo un futuro en el que el hecho de pagar impuestos se concibe como un deber cívico vital. Partiendo de la enseñanza primaria, el objetivo es suscitar el interés general sobre la fiscalidad. Por otra parte, el programa también pretende que los alumnos de 3er a 6° año consigan entender cómo financia el gobierno los bienes y servicios, y explicarles por qué es importante que todos y cada uno de nosotros contribuya a ello pagando sus impuestos.

En cuanto a la enseñanza segundaria y superior, el principal objetivo reside en equipar y preparar a los alumnos para el mundo laboral, además de orientarles sobre las distintas oportunidades de desarrollo profesional en la TAJ.

El Programa STEP recurre a diversas técnicas y canales de comunicación para llegar a una amplia y variada representación de centros educativos y alumnos, sirviéndose para ello de los medios tradicionales, redes sociales y medios virtuales para interactuar con estudiantes de todos los niveles educativos y abrirse paso entre las generaciones más jóvenes, conocedoras y familiarizadas con las nuevas tecnologías. A tal fin, se trabaja con el Ministerio de Educación para notificar oficialmente a los centros participantes en el Programa STEP todo concurso organizado por la TAJ (Recuadro 12.2).

Recuadro 12.2. **Concursos para niños en edad escolar**

Se celebra un concurso de redacción dos veces al año en el marco del Programa STEP en concomitancia con el concurso regional organizado por la Organización Caribeña de Administradores de Impuestos (COTA), actividades en las que participan alumnos de enseñanza secundaria para investigar y escribir sobre temas fiscales predeterminados, con la posibilidad de optar a un premio.

Fuente: Administración tributaria de Jamaica.

El Programa STEP es polifacético y se puede personalizar para adaptarse a cada grupo destinatario, previéndose diferentes modalidades de reparto en función de la franja de edad y el nivel educativo de los alumnos. Para las escuelas de enseñanza primaria, se adopta un enfoque más interactivo consistente en utilizar un folleto rompecabezas específicamente diseñado y un vídeo de corta duración con el título «El porqué de los impuestos». Las diferentes metodologías permiten también ser creativos a los alumnos, dado que se les anima a componer sintonías y escribir poemas de temática fiscal, entre otros.

En los centros de enseñanza secundaria y superior, las presentaciones de PowerPoint contribuyen a mantener activa la participación de los alumnos. Dichas presentaciones abordan el papel de la administración tributaria, los tipos y la importancia de los impuestos, al tiempo que incluyen estudios de caso y tareas colectivas. Se distribuyen publicaciones, tales como el folleto titulado *School Leavers* («Desertores Escolares»), como material de referencia disponible para llevar a casa; se organizan exposiciones informativas sobre las oportunidades de desarrollo profesional y seminarios a gran escala sobre los principios de la fiscalidad y las oportunidades de hacer carrera en el ámbito tributario, principalmente en centros de secundaria, dirigidos a un gran número de estudiantes.

El programa se publicita mediante anuncios en la radio nacional, a través de las redes sociales y en periódicos; también se anuncia en periódicos estudiantiles nacionales y a través de la correspondencia enviada directamente a los centros educativos por el Ministerio de Educación. Por otra parte, en la página web del Programa STEP está disponible un formulario de inscripción mediante el que las escuelas pueden inscribirse para invitar a profesionales y especialistas a visitar las escuelas y reproducir el programa.

Por lo general, el programa lo imparten Equipos de Educación Cívico-Tributaria dentro del sistema escolar oficial. La TAJ ha entablado también algunas fructíferas colaboraciones que han ampliado considerablemente el alcance de STEP.

Así, por ejemplo, la reciente colaboración con la organización *Junior Achievement Jamaica* (JAJ) y el Ministerio de Educación ha permitido a la TAJ ampliar significativamente el alcance de STEP, llegando así a más estudiantes de una forma estructurada. JAJ ya cuenta con un programa definido para los centros de enseñanza primaria, de ahí que el tándem TAJ/JAJ haya contribuido a que, desde septiembre de 2012, STEP haya estado disponible en centros educativos de enseñanza primaria de toda la isla.

En la enseñanza secundaria, la alianza TAJ/JAJ también ha permitido que el programa se expanda, permitiendo a todos aquellos estudiantes interesados en el mundo de los negocios tratar directamente con la TAJ. En 2013, la TAJ participó en la conferencia y seminario en línea de la organización JAJ que contaron con la asistencia de alumnos procedentes de más de 30 centros educativos. La TAJ pudo interactuar y compartir información con estos alumnos; algunos de ellos aprovecharon la ocasión para solicitar su Número de Registro del Contribuyente (TRN, por sus siglas en inglés) y recibieron orientación sobre la fiscalidad de las empresas.

En ediciones anteriores, se contó con la participación de una conocida emisora de radio: Radio Jamaica. Su serie *School's Out* («Escuela de puertas para fuera») da cabida a retransmisiones especiales desde diferentes escuelas. El hecho de participar en estos eventos permitió a la TAJ enseñar fiscalidad a un público mucho más amplio, no ya sólo a los alumnos de centros en los que se hubiera celebrado el evento, sino también a miles de otros estudiantes que sintonizaron el programa en esas ocasiones.

Por su parte, la colaboración con la entidad pública *Jamaica Business Development Corporation* ayuda a impulsar el Programa STEP en la enseñanza superior, ya que permite interactuar con jóvenes estudiantes que estén realizando estudios empresariales. A través de esta alianza, empresarios potenciales y futuros líderes de la industria toman contacto con los principios que giran en torno al hecho de ser un buen empresario y un contribuyente fiscalmente responsable. De esta forma, consiguen una visión práctica de la aplicación de los principios de la fiscalidad, tales como el registro fiscal, la declaración de la renta y el pago de impuestos, además de los derechos y obligaciones del contribuyente.

Dotación de personal y coste del programa

Participa en la iniciativa un total de 24 empleados públicos, divididos en equipos de tres a cuatro miembros en cada una de las siete oficinas regionales. Los componentes del equipo TAJ reciben formación previamente al inicio de cada módulo del programa.

Existe un presupuesto específico asignado a las iniciativas educativas/servicios al contribuyente, de cuyos fondos se destina una parte al Programa STEP. Estos fondos son limitados y se dedican, en su mayor parte, a imprimir folletos, cuadernos de actividades y lápices serigrafiados con el logotipo de la TAJ. Se ha conseguido ahorrar fondos digitalizando materiales y utilizando planchas de espuma borrable y reutilizable. Los costes de publicidad se han limitado al máximo y se estudiaron formas de promover el Programa STEP manteniendo los costes al mínimo.

Impacto

Pese a que la iniciativa no ha sido evaluada externamente hasta la fecha, sí podemos medir su nivel de éxito en base al número de centros y alumnos a los que está llegando:

- Mayor alcance entre los jóvenes: Entre el 1 de abril de 2012 y el 31 de marzo de 2013, se realizaron visitas a un total de 123 centros, llegando así a 11.166 estudiantes. Del 1 de abril de 2013 al 31 de mayo de 2013, el programa ya había pasado por 26 centros, lo que equivalía a un público final de 2.024 estudiantes.
- Mayor sensibilización: Se ha registrado un aumento en el grado de sensibilización y el nivel de conocimiento entre los futuros contribuyentes. Ha aumentado el número de estudiantes que solicita trabajar en la TAJ para convertirse en parte de un movimiento influyente en el mundo de los negocios. Al haber aumentado la información acerca del programa, también se ha producido un incremento en el número de centros que invitan a equipos de orientación e información al contribuyente para que visiten sus instalaciones y hablen con sus alumnos.
- Percepción más positiva: Se ha difundido una percepción más positiva y una actitud más saludable entre este sector de población. Del mismo modo, ha aumentado la sensación generalizada de que el gobierno gasta de forma inteligente el dinero procedente de la recaudación tributaria, y de que la administración tributaria es un órgano que traba de forma justa y transparente a los contribuyentes. Ahora los alumnos comprenden mejor la labor de la TAJ en el interés del país y son capaces de asumir la importancia de pagar impuestos.
- Mejor y mayor cumplimiento fiscal: Hemos asistido a una suerte de mejora del cumplimiento fiscal general en este sector en los últimos cinco años y, de forma aún más drástica, la obligación moral de pagar impuestos «voluntariamente» se ha visto ulteriormente reforzada.

La TAJ recibió, por un lado, una recomendación verbal de los directores de los centros educativos, de los Presidentes de la ONG *Junior Achievement Jamaica* y del Director General de *Jamaica Business Development Corporation*; por otro, se la instó a compartir su modelo de Educación Cívico-Tributaria y Comunicaciones con los aliados caribeños en la materia con motivo de la Conferencia de la Organización Caribeña de Administradores de Impuestos que tuviera lugar en 2012.

Enseñanzas extraídas

El hecho de contar con un equipo responsable de implementar la Educación Cívico-Tributaria se ha revelado decisivo para el éxito del Programa STEP. Igualmente cruciales han sido las colaboraciones y asociaciones instauradas, que han hecho posible ampliar considerablemente el alcance de STEP.

El principal reto ha sido la falta de fondos para la impresión de publicaciones. De haber contado con una mayor financiación, el programa habría podido imprimir más materiales y adquirir contenidos audiovisuales publicitarios y educativos desarrollados a nivel profesional, con la idea de utilizarlos a modo de obsequio a los alumnos que demuestren mayor interés y creatividad durante las sesiones.

Futuros pasos

Las ideas para mejorar el programa pasan por celebrar un concurso de sintonías de temática fiscal. La sintonía que resultase ganadora sería producida por profesionales. Se lograría un impacto aún mayor colaborando con el Ministerio de Educación para incorporar asignaturas de temática fiscal a los planes de estudios oficiales de enseñanza primaria y secundaria, formando parte de un posible programa de estudios sociales o curso de educación cívica.

Recuadro 12.3. **Administración Tributaria de Jamaica**

La Administración Tributaria de Jamaica (TAJ) se creó el 1 de abril de 2011, en el marco de la Ley de 2011 por la que se modifica la Entidad de Gestión Tributaria. Su objetivo principal es impulsar el cumplimiento fiscal voluntario, recaudar impuestos de forma equitativa y eficiente, contribuir al desarrollo de un entorno empresarial competitivo y facilitar el crecimiento y el desarrollo económicos. Intervienen en la ejecución del programa aproximadamente 2.500 empleados públicos, distribuidos en 30 Centros de Gestión Tributaria y delegaciones tributarias.

En calidad de órgano principal de administración tributaria, la TAJ es responsable no sólo de aplicar las normas y reglamentos tributarios, sino también de prestar servicios de administración de la propiedad para delegaciones tributarias y centros de servicios de renta. De igual modo, se encarga de tramitar permisos de conducción y de gestionar la matriculación de vehículos de motor.

Para mayor información, visite la página web: www.jamaicatax.gov.jm.

Dirección de correo electrónico: taxhelp@taj.gov.jm.

Fuente: Administración tributaria de Jamaica.

Capítulo 13

El Programa Educativo Escolar de Kenia

Organismo Keniata de Gestión Tributaria (KRA)

El presente capítulo trata sobre el Programa de Educación Cívico-Tributaria de Kenia. Comienza haciendo un recorrido por el programa al completo y sus objetivos, seguido del análisis de un elemento en concreto: el Programa Educativo Escolar. Por último, realiza una reflexión sobre el impacto y las enseñanzas extraídas como fruto de la iniciativa.

El Organismo Keniata de Gestión Tributaria (KRA, por sus siglas en inglés) (Recuadro 13.2) es un ente público concebido para ejecutar sus operaciones como si se tratase de una empresa privada eficiente y eficaz al mismo tiempo. Con el fin de ofrecer mejores servicios de ventanilla única a los contribuyentes, su ámbito de actuación se divide en cinco regiones (Valle del Rift y norte, sur, centro y oeste de Kenia).

Educación Cívico-Tributaria en Kenia

Asumiendo la necesidad de educar tanto a los contribuyentes actuales como a los futuros, el Organismo Keniata de Gestión Tributaria (KRA) creó una unidad especial de Educación Cívico-Tributaria en 2005: la Unidad de Educación Cívico-Tributaria (TEU, por sus siglas en inglés). La TEU es una de las cuatro unidades centrales dentro de la cadena de servicios prestados por la Oficina de Gestión de Grandes Contribuyentes. En la actualidad, está integrada por tres funcionarios a tiempo completo, aunque cuenta con el apoyo de funcionarios de otras secciones en función de las necesidades (Recuadro 13.1).

Recuadro 13.1. **Objetivos de la Educación Cívico-Tributaria en Kenia**

- Fomentar una cultura de conocimiento, responsabilidad y cumplimiento fiscal en la sociedad keniata
- Explicar cómo y por qué se han de pagar los impuestos
- Aumentar el nivel de alfabetización fiscal
- Legitimar a los ciudadanos a participar en debates sobre el destino de los ingresos fiscales

Fuente: Organismo Keniata de Gestión Tributaria.

Las principales comunicaciones de carácter tributario se realizan a través de:

- La televisión nacional, aunque sólo para actividades y temas especiales debido a su coste elevado;
- emisoras populares locales, de amplia difusión y muy rentables desde el punto de vista de los costes;
- periódicos de tirada nacional y regional;
- servicios tributarios móviles y visitas de funcionarios del KRA a instituciones y servicios públicos fuera de los centros urbanos para atender a los contribuyentes que viven en áreas sin oficinas de gestión tributaria;
- talleres y seminarios, concursos y certámenes y eventos culturales y comunitarios dirigidos contribuyentes actuales y futuros, tales como los alumnos de centros educativos de enseñanza superior o escuelas de secundaria;
- amplia distribución de panfletos, folletos y opúsculos en inglés y en kiswahili, el idioma local, y
- colaboración del KRA con los medios (para la publicidad y noticias), otras instituciones públicas (en particular, el Ministerio de Educación) y organizaciones profesionales como la Asociación de Fabricantes de Kenia, la Federación keniata

de Empresas Unidas, la Asociación de Transitarios Expedidores Internacionales de Kenia y la Cámara de Comercio e Industria de Kenia.

Especial referencia al Programa Educativo Escolar

El *Programa Educativo Escolar* keniata representa un programa a largo plazo, puesto en marcha en 2012 por la Unidad de Educación Cívico-Tributaria (TEU). Su propósito es promover una conducta fiscalmente responsable entre los contribuyentes. A los estudiantes se les enseñan los orígenes y la historia de la fiscalidad, así como su transcendencia y sus efectos en la economía y en la vida cotidiana. El objetivo final es que los propios alumnos actúen como *embajadores* de esa cultura fiscal.

Uno de los elementos centrales del programa es la creación de clubes fiscales en las escuelas en los que los alumnos puedan tratar temas relacionados con los impuestos. La TEU instaura los clubes fiscales y les presta apoyo proporcionándoles guías sobre cómo dirigir esos clubes y cómo organizar actividades a nivel nacional y regional en las que se invite a participar a dichos clubes.

En 2013, la TEU organizó un concurso nacional dirigido a los clubes fiscales que se celebró a finales de ese mismo año. Dicha actividad contó con financiación directa del KRA al no existir medio de apoyo externo alguno. El concurso consistió en un debate entre diferentes escuelas sobre temas fiscales. Un tribunal formado por profesores y expertos fiscales decidió qué equipos resultaron ganadores.

Aparte de esta actividad, la TEU realiza asimismo visitas a escuelas y da charlas sobre fiscalidad a los alumnos. También se organizan seminarios para maestros de escuela con el fin de mejorar sus conocimientos docentes sobre los temas fiscales. Se elaboran y distribuyen igualmente materiales de lectura y promocionales.

Asciende a 20 el número de empleados públicos involucrados en el programa, aunque no a tiempo completo: cuatro de ellos trabajan a nivel nacional, diez a nivel regional y seis a nivel local. Dicha dotación de personal resultó insuficiente dado el alcance y la magnitud de un proyecto de estas características, por lo que han intervenido en el programa otros funcionarios adscritos a unidades y secciones análogas.

La formación del personal se extiende a lo largo de un período de dos años, ofreciéndoles una visión general del sistema tributario keniata, sus beneficios y la importancia del cumplimiento fiscal. Las actividades de capacitación en oficinas regionales permite que otros funcionarios puedan desarrollar programas en nombre del KRA.

El coste total de la iniciativa relativo al período 2013/14 ascendió a 20 millones de chelines keniatas (231.000 dólares estadounidenses). Obviamente, se agradecería contar con más financiación. El proyecto no ha recibido financiación externa.

Impacto

Las evaluaciones realizadas tras la finalización de las actividades sobre el nivel de satisfacción de alumnos, docentes y directores de los centros arrojan resultados positivos. Sin embargo, al haber comenzado el programa a dirigirse a los futuros contribuyentes y apuntar, por tanto, a largo plazo, no resulta inmediatamente visible el impacto medible ocasionado sobre el índice de cumplimiento fiscal:

- Alcance entre los contribuyentes: Hasta la fecha, más de 25.000 estudiantes y 400 profesores han sido los destinatarios del *Programa Educativo Escolar* de Kenia, lo que se traduce en una mayor sensibilización entre los sectores destinatarios y en un sentido más fuerte de obligación moral de pagar impuestos de forma voluntaria.
- Cambio de percepción: Se ha intentado desmitificar todas aquellas cuestiones que guardan relación con los impuestos, observando a cambio una actitud positiva entre los participantes. Se ha sustituido el desconocimiento generalizado sobre las cuestiones fiscales por una aceptación y reconocimiento de los beneficios de los impuestos y del cumplimiento fiscal, hecho que ha mejorado la percepción de que los contribuyentes reciben un trato justo y transparente por parte de la administración tributaria. No obstante, apenas se aprecia un ligero aumento de los contribuyentes que opinan que el gobierno gasta los ingresos fiscales de forma responsable y que la carga impositiva global se distribuye equitativamente entre aquéllos.
- Demanda generada: Las evaluaciones realizadas tras la finalización de las actividades revelan que alumnos, docentes y directores de los centros se declaran satisfechos con la iniciativa, al tiempo que demandan más información y actividades de seguimiento.

Enseñanzas extraídas

Los retos principales de la iniciativa radican en la falta de recursos humanos y financieros. Son sólo dos los funcionarios encargados de divulgar el programa, que también se ocupan de otras actividades en el seno de la TEU. Esta falta de personal constituye un reto significativo en la medida en que se registra una grave escasez de promotores y educadores adscritos al programa. El presupuesto asignado a las tareas de difusión procede del ya escaso presupuesto de la TEU y, aun habiendo intentado aumentar la financiación destinada al programa, la baja asignación presupuestaria significa, por lo general, que es improbable que se cumplan las previsiones iniciales del programa. En consecuencia, se requiere de nuevos colaboradores internos y externos. Los procedimientos internos de personal han ayudado, en parte, a resolver algunos de estos retos.

En Kenia, este programa registra una elevada demanda y son varias las ideas sobre cómo podría desarrollarse: así, por ejemplo, la formación docente podría ampliarse para establecer una red de «agentes del cambio». Un portal web de código abierto podría convertirse en un punto de referencia para profesores y alumnos que reforzaría enormemente el proyecto.

Otras ideas para mejorar los programas existentes giran en torno a la inclusión de la Educación Cívico-Tributaria en los currículos escolares, previsión de unidades móviles de gestión tributaria adicionales y programas específicos para universidades y escuelas universitarias.

Recuadro 13.2. Organismo Keniata de Gestión Tributaria (KRA)

Fundado en 1995, el KRA es responsable de recaudar ingresos en nombre del Gobierno de Kenia. El Ministerio de Finanzas establece la política por la que han de regirse las operaciones del KRA. Por su parte, la misión del KRA consiste en «fomentar la observancia de la normativa tributaria y mercantil, así como la legislación fronteriza de Kenia impulsando, a tal fin, los estándares contemplados en la Carta del Contribuyente y un cumplimiento responsable por parte de un personal altamente motivado y profesional, maximizando así la recaudación de ingresos al menor coste posible para el bienestar socio-económico de la sociedad keniata», todo ello partiendo de la perspectiva de «ser la Autoridad de Ingresos Públicos líder en todo el mundo, respetada por su profesionalidad, integridad e imparcialidad». Su estrategia radica en «la consecución de las mejores prácticas internacionales en materia de gestión tributaria invirtiendo en un equipo profesional, intensificando las reformas y la prestación de servicios de excelencia para mejorar el nivel de cumplimiento».

El KRA cuenta con una plantilla de 4.500 empleados públicos, dispone de 65 oficinas en toda Kenia y depende directamente del Ministerio de Finanzas.

Para mayor información, visite la página web: www.kra.go.ke.

Dirección de correo electrónico para cuestiones relativas a la Educación Cívico-Tributaria: callcentre@kra.go.ke.

Fuente: Organismo Keniata de Gestión Tributaria.

Capítulo 14

Corea: Clases de fiscalidad para pequeñas empresas

Servicio Nacional de Impuestos (NTS)

El presente capítulo trata sobre el Programa de Educación Cívico-Tributaria de Corea. Comienza haciendo un recorrido por el programa al completo y sus objetivos, seguido del análisis de un elemento en concreto: las clases de fiscalidad para pequeñas empresas. Por último, realiza una reflexión sobre el impacto que ha tenido la iniciativa.

El Servicio Nacional de Impuestos (NTS, por sus siglas en inglés) (Recuadro 14.3) constituye el principal órgano coreano de administración tributaria. Lleva realizando grandes esfuerzos desde 2001 para estructurar y organizar de forma coherente sus distintos canales de atención. Anteriormente, dichos canales se encontraban dispersos por toda la organización: de las oficinas fiscales de distrito a las oficinas de gestión tributaria regionales, pasando por la oficina central, lo que dificultaba a los contribuyentes la tarea de mantenerse en contacto constante con el NTS. Esto, unido a la falta de experiencia, condujo a una calidad de servicio insatisfactoria. Por otra parte, algunos funcionarios de la administración tributaria, en particular los de las oficinas fiscales de distrito, recibían frecuentes y molestas llamadas telefónicas para pedir información, de ahí que se crease un centro de atención telefónica en el NTS en 2001 para gestionar todas las consultas de carácter fiscal.

En julio de 2008, el NTS inauguró un sistema de gestión integrada que permitía al NTS dar una mejor respuesta a las quejas y solicitudes, mejorando así su servicio. El NTS amplió igualmente las funciones de la Consultoría Nacional Tributaria para crear el Centro de Satisfacción del Usuario, que precisamente ahora se encarga de gestionar todas las preguntas y peticiones en materia tributaria.

Educación Cívico-Tributaria en Corea

El NTS (Recuadro 14.1) no dispone de una unidad central de Educación Cívico-Tributaria, por lo que la realización de actividades en este ámbito recae, a nivel interno, en manos de funcionarios de la administración tributaria. El Instituto Nacional de Formación para Funcionarios de la Administración Tributaria (NTOTI, por sus siglas en inglés), perteneciente al NTS, es responsable de mejorar las competencias y cualificación de los funcionarios de la administración tributaria, además de llevar a cabo algunas actividades, entre ellas el Programa de Educación Cívico-Tributaria que se describe más adelante.

Recuadro 14.1. **Objetivos de la Educación Cívico-Tributaria en Corea**

- Garantizar prácticas tributarias imparciales y equitativas sacando a la luz la economía sumergida en Corea.
- Prestar asistencia a los contribuyentes y, en consecuencia, fomentar una conducta fiscalmente responsable.
- Asegurar la base de ingresos.
- Ampliar el apoyo a los contribuyentes para revitalizar la economía.
- Crear una administración transparente, que infunda confianza.

Fuente: Servicio Nacional de Impuestos.

El NTS ofrece igualmente programas informativos para ayudar a los contribuyentes a familiarizarse con los asuntos fiscales, estimular el cumplimiento fiscal y promover políticas fiscales. Estos programas difieren entre sí en virtud de las exigencias y del tipo de público al que se dirigen:

- un programa TV y un espectáculo cómico destacan las dificultades a las que se enfrenta diariamente el personal del NTS a la hora de fomentar el cumplimiento fiscal;
- un servicio de mensajería permite a los usuarios de teléfonos de última generación acceder y añadir al NTS a su lista de contactos para poder recibir actualizaciones regularmente;
- SNS Reporters o «Reporteros de las redes sociales», donde 30 personas de todo rango y ocupación (amas de casa, estudiantes o empleados de oficina, entre otros) abordan temas fiscales desde sus respectivos puntos de vista, y
- el Museo Fiscal del NTS, renovado y remodelado para ampliar y profundizar en los conocimientos de los estudiantes en materia de impuestos (www.nts.go.kr//museum//main.asp).

Además de orientar y educar a sus ciudadanos, el NTS también exhorta a los contribuyentes a través de otras tantas iniciativas:

Contribuyentes ejemplares: El NTS ha adoptado este sistema para otorgar un reconocimiento y conceder beneficios a los contribuyentes ejemplares. Este sistema se aplica tanto a empresas coreanas como a empresas extranjeras que invierten en Corea. Un contribuyente que sea una persona jurídica y cumpla determinados requisitos (Recuadro 14.2) puede resultar seleccionado como contribuyente ejemplar por el Comité de Selección del Contribuyente Ejemplar. Este último será beneficiario de cuanto sigue:

- Exención de la obligación de prestar una garantía en caso de no pagar inmediatamente impuestos de hasta 500 millones de wones coreanos;
- suspensión de las auditorías fiscales hasta un máximo de tres años;
- tipos reducidos de interés en préstamos;
- descuentos en billetes de tren y gastos médicos para el contribuyente y los empleados a su cargo;
- uso de la ventanilla de inmigración VIP en el aeropuerto, y
- aparcamiento gratuito en estacionamientos públicos estatales.

Recuadro 14.2. Cómo reconocer a un contribuyente ejemplar

Para que el Comité de Selección del Contribuyente Ejemplar otorgue dicha calificación a una determinada empresa que pague sus impuestos, esta última deberá reunir las siguientes condiciones:

- Actividad empresarial continuada durante más de cinco años;
- no ocultación de rentas sujetas a gravamen durante tres años consecutivos;
- no ocultación o falseamiento de datos durante tres años consecutivos;
- gran cantidad de ingresos sujetos a gravamen durante tres años consecutivos;
- inexistencia de impago o impuestos pendientes de liquidación (incluidos los del representante) en los últimos tres años;
- sometimiento a una auditoría fiscal que confirme la inexistencia de evasión fiscal intencionada, y
- declaración fidedigna de las rentas sujetas a gravamen en comparación con otros contribuyentes.

Fuente: NTS, Informe Anual 2013, disponible en www.nts.go.kr/eng/nts (consultado el 3 de octubre de 2013).

Fuente: Servicio Nacional de Impuestos.

E-books: El NTS publica libros electrónicos que abarcan un amplio abanico de interrogantes y cuestiones sobre los impuestos. Estos libros se encuentran disponibles en la página web del NTS y son de acceso gratuito para funcionarios de la administración tributaria y los contribuyentes por igual.

Lotería de Comprobantes de Pago (suspendida): La *Lotería de Comprobantes de Pago* solía celebrarse con periodicidad mensual para incitar tanto a no asalariados como a asalariados que no se benefician de reducciones en la base de su renta (estudiantes, por ejemplo) a solicitar los comprobantes de pago. Una vez al mes, se efectuaba un sorteo en la TV nacional con premios en metálico que iban de los 50.000 wones coreanos (50 dólares estadounidenses) para el 5° premio a los 100 millones de wones coreanos (100.000 dólares estadounidenses) para el 1er premio.

Literatura juvenil: En 2008, el NTS publicó *Truths and Myths on Taxes for Teens* («Mitos y Realidades sobre los Impuestos para Adolescentes») dirigido a centros educativos de enseñanza intermedia y superior de todo el país. Este libro analiza interesantes sucesos y aborda las típicas preguntas recurrentes en materia de impuestos, tales como la de «¿Tenemos que pagar impuestos por el dinero que nos dan nuestros padres el día de Año Nuevo?».

Especial referencia a las clases de fiscalidad para pequeñas empresas

El Programa de Educación Cívico-Tributaria del NTS se puso en marcha para ayudar tanto a los contribuyentes que son personas físicas como a las pequeñas empresas a dar cumplimiento a sus obligaciones tributarias. El Instituto Nacional de Formación para Funcionarios de la Administración Tributaria (NTOTI) dirige el programa, consistente en 20 clases categorizadas por tipo de impuestos. El programa está abierto a todo el que quiera participar y es de fácil acceso. Las clases se basan en libros de texto específicos del programa y son un recurso adicional al explicar, de forma clara y sencilla, todo lo que hay que saber sobre impuestos. Se invita a las empresas locales a asistir a las clases en cualquiera de las seis oficinas regionales de gestión tributaria.

El NTS trabaja sin descanso para informar a las empresas y particulares coreanos en el extranjero de sus opciones fiscales. Con el fin de que las pequeñas y medianas empresas (PYME) que operan en el extranjero se beneficien del servicio de asistencia del NTS, se celebran conferencias sobre la regulación de las transacciones internacionales (o información tributaria internacional) en algunas grandes ciudades (Busan o Daejeon, entre otras) en las que muchas empresas con actividad en el exterior tienen su sede. La División de Relaciones Públicas del NTS envía regularmente por correo electrónico notificaciones por escrito a los asistentes, informándoles acerca de dónde y cuándo tendrán lugar las conferencias. Además, las oficinas regionales de gestión tributaria comunican la localización y otros detalles interesantes relativos a los eventos de interés para las PYME por teléfono o correo electrónico.

Las empresas y particulares coreanos que viven y/o trabajan u operan en el extranjero pueden beneficiarse, a su vez, de seminarios realizados en las respectivas Embajadas de Corea en los que se habla del impuesto sobre las plusvalías, del impuesto sobre donaciones y de las cuentas bancarias en el extranjero. En concreto, se han celebrado seminarios en Estados Unidos, Japón y China para residentes coreanos o empresas que viven o trabajan allí.

Para comodidad de los contribuyentes que viven en zonas rurales o remotas, se organizan conferencias sobre IVA, el impuesto sobre sociedades y el impuesto sobre las plusvalías en universidades locales, impartidas por profesores del Instituto Nacional de Formación para Funcionarios de la Administración Tributaria (NTOTI).

En lo que concierne a los costes y a la dotación de personal, el promedio se sitúa en dos o tres profesores y un funcionario adicional asignados a cada programa educativo, mientras que la asignación financiera anual del programa ronda los 50 millones de wones coreanos (50.000 dólares estadounidenses).

Impacto

A pesar de no haberse evaluado externamente estas clases para empresas, los esfuerzos invertidos para responder a las exigencias de los contribuyentes, mejorar la calidad del programa e impulsar las relaciones públicas han significado un aumento constante en el número de participantes en el programa y en los niveles de satisfacción (Cuadro 14.1).

Cuadro 14.1. **Expansión del Programa coreano de Educación Cívico-Tributaria, 2010-12**

	2010	2011	2012	Total
Número de clases	42	56	58	156
Número de participantes	6.151	7.248	8.262	21.651

Fuente: Servicio Nacional de Impuestos.

Gracias a las conversaciones entabladas con los participantes del programa, el NTS ha comprendido mejor qué cuestiones fiscales es necesario abordar y, en consecuencia, las ha acercado más al contribuyente. Por otra parte, se han hecho llegar los valiosos comentarios y sugerencias de los contribuyentes a la sede central del NTS, donde podrán incorporarse a los sistemas tributarios existentes.

Recuadro 14.3. **Servicio Nacional de Impuestos (NTS)**

El NTS constituye el principal órgano de administración tributaria de Corea, con más de 20.000 funcionarios a nivel nacional distribuidos entre 12 dependencias, seis oficinas regionales de gestión tributaria y 111 oficinas fiscales de distrito.

Para más información, utilice una de las siguientes vías de contacto:

- Página web: www.nts.go.kr/eng.
- Dirección postal para consultas sobre Educación Cívico-Tributaria: NTOTI, 1110-17, Gyeongsu-daero, Jangan-gu, Suwon-si, Gyeonggi-do, República de Corea, 440-290 (Código Postal).

Fuente: Servicio Nacional de Impuestos.

Capítulo 15

El «Calendario del contribuyente» en el Líbano

Ministerio de Hacienda

El presente capítulo trata sobre el Programa de Educación Cívico-Tributaria del Líbano. Comienza haciendo un recorrido por el programa al completo y sus objetivos, seguido del análisis de un elemento en concreto: el «Calendario del Contribuyente». Por último, realiza una reflexión sobre el impacto y las enseñanzas extraídas como fruto de la iniciativa.

El Ministerio de Hacienda (MoF, por sus siglas en inglés) del Líbano (Recuadro 15.3) concede gran importancia a la ampliación de la base imponible y a mejorar el cumplimiento fiscal. Ha orientado sus esfuerzos reformistas hacia la creación de una administración tributaria moderna e innovadora mediante la promoción de servicios al contribuyente y una cultura fiscal prácticamente inexistentes en el Líbano con anterioridad. La cultura fiscal se refiere aquí a los medios tradicionalmente empleados para informar a los contribuyentes, a los métodos por los que se difunden las noticias y publicaciones sobre fiscalidad y a los procedimientos que posibilitan el acceso en línea a los servicios e información tributarios (Recuadro 15.2). El MoF ha lanzado una serie de iniciativas para informar y orientar a la sociedad libanesa a fin de impulsar el cumplimiento voluntario y de dar lugar a una nueva y mejorada imagen de la administración pública.

Educación Cívico-Tributaria en el Líbano

El MoF no cuenta con una unidad dedicada específicamente a la Educación Cívico-Tributaria; en cambio, se halla integrada en los distintos departamentos y direcciones responsables del impuesto sobre la renta, IVA, impuesto sobre bienes inmuebles y aduanas, entre otros.

Recuadro 15.1. **Objetivos de la Educación Cívico-Tributaria en el Líbano**

- Enseñar a los ciudadanos cómo pagar impuestos.
- Multiplicar el número de contribuyentes.
- Aumentar el grado de alfabetización fiscal ciudadana.

Fuente: Servicio Nacional de Impuestos.

Las actividades educativas son múltiples y variadas. He aquí algunos ejemplos:

- Como complemento a la entrada en vigor de nuevas normas tributarias y reformas institucionales (tales como la introducción del IVA, la creación de la Oficina de Grandes Contribuyentes, el Departamento de Retenciones sobre Rentas del Trabajo y la ratificación del Código de Procedimiento Tributario), la administración tributaria organiza conferencias, seminarios y talleres para el público en general, grupos profesionales, empresarios y asociaciones de comercio en los que poder expresar sus opiniones y preocupaciones, explicar la nueva legislación, responder a preguntas y aclarar la aplicación de las nuevas normas tributarias.
- Diversas guías, folletos y boletines proporcionan información tributaria y fiscal a los ciudadanos. Algunos están dirigidos a sectores específicos.
- «Jóvenes, venid a conocer el Ministerio de Hacienda» es un programa de orientación de un día para explicar a los estudiantes universitarios el papel y las funciones del MoF. El programa incluye formación sobre el sistema tributario libanés.
- El MoF dispone de un centro de información para responder a las preguntas que los contribuyentes remiten por correo electrónico, además de un centro de atención telefónica operativo las 24 horas del día, los 7 días de la semana.

También existe una aplicación gratuita descargable para los usuarios de teléfonos móviles que les informa de los plazos para presentar la declaración y efectuar pagos, así como de la cuantía de los impuestos devengados y otras actualizaciones.

- El sitio web del MoF ha sido renovado y transformado en un portal web que ofrece a los ciudadanos un acceso rápido y fácil a información de carácter económico, financiero y fiscal, noticias, publicaciones, notificaciones y servicios electrónicos. Además, se publicó también una bitácora (*blog*) sobre las actividades de los proyectos de hermanamiento de la UE en el sitio web.
- Se han lanzado campañas de comunicación de masas para informar a los contribuyentes de los servicios de reciente puesta en marcha, entre los que se incluyen: (1) Campañas de anuncios TV retransmitidos en canales libaneses para presentar los nuevos servicios *LibanPost* (para el pago del Impuesto sobre Construcciones, Instalaciones y Obras); (2) vallas publicitarias y campañas radiofónicas para dar a conocer en nuevo centro de atención telefónica; (3) distribución de folletos trilingües a través de los periódicos y revistas principales para publicitar nuevos servicios e iniciativas, y (4) una campaña informativa por TV, cable, vallas publicitarias y por SMS puesta en marcha recientemente para concienciar a los compradores sobre la importancia de solicitar la factura de cada compra para desincentivar la economía sumergida.
- El Audio Branding, o creación de una identidad asociada a la música, ha aportado al MoF una nota de distinción y lo ha situado a la vanguardia del sector publicitario. Un equipo de músicos creó una sintonía exclusiva para hacer que los anuncios audiovisuales del MoF fueran reconocibles instantáneamente en todas partes. El centro de atención telefónica utiliza la nueva sintonía, también presente en toda campaña del MoF emitida por radio y TV.
- «El Presupuesto Ciudadano» tiene como objetivo aumentar la transparencia del gasto público (Recuadro 15.2).

Recuadro 15.2. **«El Presupuesto Ciudadano»: en pro de la transparencia y la rendición de cuentas**

El MoF está colaborando con la Asociación Libanesa de Transparencia (LTA, por sus siglas en inglés) para promover la transparencia y la rendición de cuentas. Una iniciativa destacada al respecto es «El Presupuesto Ciudadano», un documento no técnico que permite a los ciudadanos informarse sobre temas de finanzas públicas. Realiza un seguimiento de las principales partidas de gasto gubernamentales, los ingresos y la deuda pública en un intento por construir una cultura ciudadana en la materia. También constituye una herramienta que permite tanto a cada individuo como a grupos de la sociedad civil constatar la eficacia de los servicios públicos en comparación con los fondos asignados. El documento se ha inspirado en las mejores prácticas internacionales sobre transparencia en los presupuestos públicos.

Para mayor información, visite la página web de la LTA: www.transparency-lebanon.org/index.php?option=com_content&view=article&id=29&Itemid=59&lang=en (consultada el 4 de octubre de 2013).

Fuente: Ministerio de Hacienda.

En 2007, un equipo de expertos cualificados en la materia realizó una encuesta a los contribuyentes para evaluar, por un lado, el impacto de las campañas de sensibilización del MoF y, por otro, el nivel de satisfacción de los contribuyentes con los servicios prestados. El cuestionario, diseñado por una empresa orientada a la investigación, se envió a todas las partes interesadas. Los resultados de la encuesta ayudaron a mejorar los servicios.

El MoF colabora estrechamente con otros departamentos y agencias gubernamentales, con la *LibanPost* (agencia de servicios postales del Líbano) para el pago del Impuesto sobre Construcciones, Instalaciones y Obras, y también con organizaciones empresariales. El Proyecto de Asistencia Técnica para la Gestión y Reforma Fiscal (Equipo de Reforma Fiscal), enmarcado en el Programa de las Naciones Unidas para el Desarrollo (PNUD), es un socio clave que está colaborando con el Ministerio de Hacienda para diseñar e implementar sus reformas, entre las que se incluyen la fusión de las Direcciones de Renta e IVA, la introducción de la gestión de riesgos y la integración de actividades de Educación Cívico-Tributaria.

Especial referencia al «Calendario del contribuyente»

Cada año, desde 2006, el MoF ha venido enviando un «Calendario del contribuyente» anual junto con los impresos para la declaración del IVA. El objetivo es ampliar el conocimiento de los contribuyentes de los propios derechos y obligaciones, además de recordarles fechas clave de presentación. El contenido y diseño del calendario se actualizan anualmente. Presenta forma de triángulo para poder colocarlo en el escritorio y tenerlo al alcance. Hay una página por cada mes: en una cara de la página, aparecen los detalles sobre las declaraciones individuales y se describe la obligación tributaria, el plazo de presentación y el código de referencia del impreso que debe utilizar el contribuyente; en la otra cara, se indican las fechas límite de presentación de declaraciones. Cada página contiene una breve sección «Sabías que…» que ofrece a los contribuyentes información de diversa índole sobre deberes, derechos, sanciones y consejos sobre cómo utilizar la página web del Ministerio para acceder a la información, entre otros. También se incluyen recomendaciones para saber cómo actuar en circunstancias adversas o excepcionales.

Este calendario fiscal representa una herramienta clave para instaurar y expandir la alfabetización fiscal ciudadana. Está particularmente dirigido a empresas cuya facturación anual supere los 150 millones de libras libanesas (100.000 dólares estadounidenses). En 2013, se produjeron y distribuyeron 30.000 copias en árabe del «Calendario del contribuyente 2013».

Este proyecto, en el que participa un equipo de diez funcionarios a nivel nacional, ha contado con el apoyo del PNUD. El coste total ronda los 70.000 dólares estadounidenses, financiados en su totalidad por el presupuesto asignado a la puesta en marcha.

Impacto

El impacto de la iniciativa se evalúa en base a la disminución del número de presentaciones tardías.

- Mayor alcance: El calendario llega a manos de aproximadamente 30.000 contribuyentes cada año.

- Mejoras en la declaración de impuestos: El calendario ha ayudado a los contribuyentes a respetar plazos importantes, especialmente en lo referente al IVA. Ha multiplicado el número de contribuyentes y aumentado la recaudación fiscal, por lo que se considera un éxito.
- Percepción más positiva y grado más alto de alfabetización fiscal: La iniciativa ha aumentado significativamente el sentido ciudadano de la obligación moral de pagar impuestos «voluntariamente». También ha mejorado en gran medida el conocimiento de los contribuyentes sobre la forma de pagar los impuestos. Esto se debe a que los impresos se entregan junto con el calendario, donde se explica qué impreso utilizar en cada plazo en concreto.

La iniciativa ha mejorado igualmente la percepción de que los restantes contribuyentes están pagando la cuota idónea correspondiente, incidiendo consecuentemente en las opiniones sobre la propia administración tributaria.

Enseñanzas extraídas

No se registraron graves problemas durante la fase de implementación de la iniciativa. No se prevé ampliar su alcance, si bien podría complementarse con otras actividades de Educación Cívico-Tributaria relacionadas.

Recuadro 15.3. **Ministerio de Hacienda (MoF) del Líbano**

El MoF apunta a dirigir la reforma económica del Gobierno mediante una profunda reformulación y exhaustiva gestión de la política fiscal y de la deuda pública. El objetivo reside en impulsar un crecimiento económico sostenible en consonancia con las prioridades nacionales, y erigirse en modelo de buena gobernanza y referente en materia de transparencia y rendición de cuentas.

Responsabilidades:

- Garantizar la ejecución imparcial de las responsabilidades jurídicas del Ministerio;
- desarrollar y preservar un entorno económico estable;
- estructurar y gestionar de forma óptima los activos y pasivos nacionales;
- impulsar instituciones financieras y mercados estables;
- facilitar el desarrollo de la economía interna y del comercio internacional;
- comunicar claramente en qué medida se alinea el gasto público con los objetivos y prioridades nacionales;
- poner las competencias y recursos necesarios al alcance de sus funcionarios para el normal desarrollo de sus funciones y ofrecerles oportunidades de desarrollo y promoción profesional;
- facilitar la cooperación entre organismos públicos a través de las finanzas;
- desarrollar y preservar prácticas organizativas y de gestión a la vanguardia;
- combatir desde dentro el fraude y la corrupción presentes en las finanzas públicas y el sistema financiero, y
- prestar servicios de calidad, eficaces y respetuosos a los sectores público y privado.

Si desea obtener más información:

- Enlaces de interés: www.finance.gov.lb; www.finance.gov.lb/ar-LB/taxation/Pages/default.aspx; www.customs.gov.lb/customs/about/about.asp?id=2.
- Dirección de correo electrónico del Programa de Educación Cívico-Tributaria: infocenter@finance.gov.lb.

Fuente: Ministerio de Hacienda.

Capítulo 16

Educación Fiscal para niños en Malasia: Aprender jugando

Consejo de Hacienda Malayo

El presente capítulo trata sobre el Programa de Educación Cívico-Tributaria de Malasia. En primer lugar, hace un recorrido por el programa al completo y sus objetivos, y prosigue centrándose en un elemento en concreto: las actividades infantiles lúdico-pedagógicas en materia tributaria. Finalmente, realiza una reflexión sobre el impacto de la iniciativa.

Con su lema «Unidos por el desarrollo del país», el Consejo de Hacienda Malayo (LHDNM, por sus siglas en malayo) (Recuadro 16.4) está continuamente identificando e implementando nuevas formas de facilitar a los contribuyentes el cumplimiento de sus obligaciones tributarias y de ayudarles a comprender el sistema tributario malayo. Como prolongación del gobierno en el ámbito tributario, el LHDNM está recaudando fructuosamente ingresos para reinvertirlos en infraestructura y educación en beneficio de las generaciones futuras.

Se llevan a cabo actividades de Educación Cívico-Tributaria en la sede central y en todas las delegaciones, contando específicamente para ello con una División de Educación Cívico-Tributaria que depende del Departamento de Servicios Institucionales, supervisado por el Director General del Consejo. Por su parte, la División de Educación Cívico-Tributaria planifica y controla los programas que le competen, prepara y actualiza módulos de Educación Fiscal, prepara a los formadores y desarrolla otras actividades relevantes.

Educación Cívico-Tributaria en Malasia

El objetivo global del programa malayo de Educación Cívico-Tributaria es fomentar el cumplimiento voluntario entre los ciudadanos e inculcar, de forma permanente, una conducta socio-cultural positiva sobre la importancia de los impuestos para el desarrollo del país (Recuadro 16.1).

Recuadro 16.1. **Objetivos de la Educación Cívico-Tributaria en Malasia**

- Informar a los ciudadanos sobre la normativa tributaria.
- Orientar a los contribuyentes sobre sus derechos y obligaciones.
- Ayudar y alentar a los contribuyentes a cumplir voluntariamente cuanto estipula la normativa tributaria.
- Prestar asistencia a los contribuyentes para notificar y calcular la cuantía de los impuestos devengados.

Fuente: Consejo de Hacienda Malayo.

Los programas de Educación Cívico-Tributaria están dirigidos a contribuyentes individuales, empresas, agentes fiscales, empleadores y contribuyentes potenciales. El LHDNM mejora y refuerza igualmente la prestación de servicios al contribuyente, para lo que se sirve de distintos enfoques y recurre a diversas iniciativas para llegar al público:

- Introducción de servicios electrónicos y en línea para ayudar a los contribuyentes en el cumplimiento de sus obligaciones tributarias (Recuadro 16.2). El LHDNM utiliza también medios y redes sociales tales como Facebook, Twitter y YouTube en la realización de actividades educativas.
- Charlas, seminarios, talleres y sesiones informativas para todos los públicos, incluidos empleadores y empleados, empresas, estudiantes universitarios y alumnos de secundaria. La finalidad es minimizar errores en el cálculo del impuesto sobre la renta y fomentar el uso de los servicios electrónicos del LHDNM (Recuadro 16.2). Por ejemplo, en 2011, el LHDNM celebró seminarios fiscales en 22 ubicaciones seleccionadas a lo largo y ancho del país.

- Ayuda a pequeñas y medianas empresas a través de una Unidad de Asistencia a Empresas y un Servicio de Apoyo a Comerciantes que ofrece talleres a pequeños y medianos comerciantes sobre contabilidad para empresas, preparación de balances simples, cálculo del impuesto y métodos de pago.
- Difusión de información tributaria a los empleados por parte de funcionarios de enlace voluntarios de departamentos gubernamentales distintos del LHDNM. En 2011, se designó a un total de 1.616 funcionarios de enlace de la administración tributaria, formados por el LHDNM.
- Seminarios de actualización para funcionarios del LHDNM para proporcionarles información de primera mano sobre las modificaciones en la normativa tributaria y la política fiscal.
- Expositores en diversas ferias y seminarios para ayudar a los contribuyentes a resolver cualquier problema o dificultad al que se enfrenten a la hora de cumplimentar los impresos de declaración de la renta, e instarles a utilizar el cómodo y rápido servicio para presentar la declaración en línea.
- Puntos de información permanentes en Centros de Transformación Urbana, que dan cabida a varios organismos públicos en un mismo lugar para agilizar y facilitar la interacción entre el gobierno y los ciudadanos.
- El «Mes de Asistencia al Contribuyente», celebrado todos los años en los meses de abril y junio. Durante estos meses, el LHDNM intensifica sus actividades promocionales y publicitarias públicas en la radio, televisión, medios impresos, sitio web y folletos, entre otros. Durante los meses en que se celebra el «Mes de Asistencia al Contribuyente», los mostradores del LHDNM amplían sus horarios de apertura.
- Colaboración con profesionales del sector fiscal para ofrecer Educación Cívico-Tributaria sobre temas especializados, tales como los precios de transferencia.

Los anuncios y la publicidad en los medios contribuyen a reforzar la imagen del LHDNM, aumentar el grado de sensibilización ciudadana y difundir información fiscal al público en general. Los anuncios se utilizan de forma continua, especialmente a medida que se acerca el plazo límite para la presentación de la declaración. Las emisiones radiofónicas y televisivas, al igual que los espacios publicitarios en periódicos locales, consiguen inculcar una conducta fiscalmente responsable. Asimismo, el LHDNM patrocina la *sitcom* o comedia de situación *Small Mission Enterprise* (cuyo título puede traducirse por «Los entresijos de la Pequeña Empresa») dirigida a pequeños y medianos empresarios, en la que se abordan cuestiones fiscales (http://malaysiasme.com.my/products/small-mission-enterprise-sitcom).

Además de la preparación de módulos y materiales para actividades de formación, la División de Educación Cívico-Tributaria también se encarga de preparar y capacitar a los formadores de Coordinadores de Sección, quienes reciben, a su vez, cursos de actualización para mantenerse al tanto de los procedimientos y disposiciones normativas cambiantes.

Recuadro 16.2. **Sistemas de autoevaluación y declaración en línea**

El LHDNM introdujo el sistema de autoevaluación (SAS) para empresas en 2001, y para particulares en 2004. El objetivo es facilitar y no frustrar el pago de impuestos. En 2004, se introdujeron mejoras en el sistema gracias a la activación del servicio de presentación en línea para una sola categoría de contribuyentes. Actualmente, el sistema ofrece un servicio de presentación electrónica aplicable a 11 categorías diferentes de contribuyentes.

He aquí los servicios en línea disponibles en el portal web ez-Hasil: *e-Filing* (para presentar la declaración en línea), *e-Payment* (para efectuar pagos en línea), *TAeF* (declaración en línea del asesor fiscal), *e-Daftar* (aplicación de registro electrónico), *e-PCB* (para aplicar retenciones mensuales en el salario del trabajador), *e-DATAPCB* (para que los empleadores comuniquen las retenciones mensuales practicadas en el salario de sus empleados), *KALKULATORPCB* (para el cálculo de las retenciones mensuales), *STAMPS* (para pago con efectos timbrados), *e-Kemaskini* (actualización de datos en línea), *e-Lejar* (balances en línea), *e-DATAPRAISI* (para que el empleador aporte impresos precumplimentados con datos salariales de cada trabajador) y *e-SPC* (para la obtención de certificados tributarios).

El LHDNM ha desarrollado aún más sus aplicación virtual introduciendo, en 2012, la posibilidad de presentar la declaración mediante dispositivos móviles. Esta aplicación permite a los contribuyentes que se desplazan constantemente presentar sus declaraciones utilizando equipos terminales de telecomunicación.

Fuente: Consejo de Hacienda Malayo.

Especial referencia a las actividades infantiles lúdico-pedagógicas en materia tributaria: campamentos y juegos de rol

Uno de los objetivos clave del LHDNM consiste en aumentar el grado de sensibilización entre los jóvenes para que puedan convertirse en ciudadanos con un adecuado nivel de alfabetización fiscal. Esto se consigue a través de una serie de actividades cuyo núcleo es el entretenimiento:

- Campamentos fiscales: El órgano de formación del LHDNM (Recuadro 16.3), en colaboración con el Ministerio de Educación, organiza campamentos de tres días para alumnos de centros educativos. El campamento «Kem Cerdik Cukai», concebido para alumnos de enseñanza secundaria de escuelas de todo el país, tiene como finalidad inculcar un sentido de la responsabilidad en torno al pago de impuestos entre las generaciones más jóvenes. Por otra parte, informa a los estudiantes sobre las oportunidades de desarrollo profesional en el ámbito de la fiscalidad y los involucra en actividades de grupo. El campamento se organizó por primera vez en 2011, convirtiéndose desde entonces en un evento anual.

Recuadro 16.3. **Escuela Malaya de Hacienda Pública (APM)**

La Escuela Malaya de Hacienda Pública (APM, por sus siglas en malayo) nació en 1994 como órgano de formación del LHDNM. Su objetivo central consiste en formar al personal de toda categoría del LHDNM en los ámbitos de la fiscalidad, auditorías, áreas técnicas especializadas, gestión y competencias interpersonales. La APM también lleva a cabo programas de Educación Cívico-Tributaria mediante charlas, seminarios y campamentos educativos dirigidos a los ciudadanos. A continuación se enumeran los programas desarrollados por la APM:

- Conferencias tributarias a nivel nacional: Se trata de conferencias anuales dirigidas a expertos en materia tributaria, docentes universitarios, gestores fiscales y auditores de los sectores público y privado. Estas conferencias suscitan el interés de un gran número de participantes cada año, alrededor de 2.000, y se consideran uno de los principales eventos de educación fiscal del año.
- Campamentos de educación fiscal para estudiantes: Organizados a nivel nacional, se dirigen a estudiantes de centros de enseñanza secundaria de todo el país.
- Visitas de estudio: La APM recibe solicitudes de universidades, escuelas universitarias, escuelas y otras tantas organizaciones para asistir a charlas sobre fiscalidad. Por lo general, dichas charlas tienen lugar en la APM y el grupo destinatario varía en función de las solicitudes.

Fuente: Consejo de Hacienda Malayo.

- Concurso de Discursos «Hasil»: Organizado por el LHDNM y el Ministerio de Educación malayo, este concurso anual está abierto a todos los alumnos de centros educativos públicos y concertados.
- Visitas a la sede central y delegaciones del LHDNM: Estas visitas, que tienen lugar a lo largo de todo el año, acogen a los alumnos de centros de enseñanza superior y otras instituciones externas. Las visitas comprenden una charla introductoria sobre el LHDNM y la responsabilidad fiscal, una sesión informativa sobre las oportunidades profesionales en el LHDNM y una visita a los mostradores del LHDNM.
- Concursos de preguntas «Hasil», realizados para evaluar el impacto de la información comunicada durante la sesión informativa en materia de conducta fiscalmente responsable.
- Agente Tributario Novel: La ciudad para niños *Kidzania®* es un centro lúdico-pedagógico que ofrece a los niños la oportunidad de ocupar distintos puestos y desempeñar diversos trabajos en más de 60 sectores y servicios. El LHDNM es el primer organismo público que se ha convertido en colaborador oficial del sector en Kidzania® Kuala Lumpur. Conocido con el nombre de «Oficina de Gestión Tributaria, Delegación de Kidzania®», este espacio se inauguró oficialmente el 14 de septiembre de 2013. El centro permite a los alumnos de entre 6 y 14 años de edad representar el papel de un agente de la administración tributaria. Los Agentes Tributarios Noveles ven vídeos en los que se les habla del papel y la función del LHDNM, y de cómo gasta el gobierno los ingresos fiscales. Reciben orientación de supervisores que les ayudan a calcular los impuestos a través de la correspondiente aplicación en línea y se les dirige en la tarea de recaudar impuestos de una determinada empresa. Al final de la sesión, el supervisor les

paga un salario en la moneda «kidzos», sobre el que se practica la correspondiente retención en concepto de impuesto sobre la renta.

Impacto

- **Mayor alcance:** Las charlas y seminarios de Educación Cívico-Tributaria involucran aproximadamente a unos 150.000 contribuyentes al año.
- **Mayor número de declaraciones presentadas:** Se registró un aumento del 8,6% en la presentación de declaraciones en línea entre 2012 y 2013 (a 31 de octubre).
- **Mayor eficacia:** Los servicios al contribuyente y la Educación Cívico-Tributaria, en particular los servicios electrónicos tales como la presentación de la declaración en línea y a través de dispositivos móviles, han aumentado su eficacia y productividad.
- **Mejores relaciones con el usuario:** El LHDNM interactúa con usuarios y el público en general, concentrándose principalmente en facilitar el proceso y ofrecer a los contribuyentes una mayor elección en cuanto a la forma de presentar sus declaraciones. Los contribuyentes pueden expresar sus opiniones y puntos de vista, lo que permite al LHDNM mejorar los servicios que se les presta.
- **Sensibilización de la próxima generación:** Entre 2011 y 2013, fueron más de 600 los alumnos que participaron en campamentos fiscales infantiles que contribuyeron a concienciarles de la responsabilidad de pagar impuestos y de la transcendencia que éstos tienen para el desarrollo del país.

Recuadro 16.4. **Consejo de Hacienda Malayo (LHDNM)**

Las funciones del LHDNM son:

- Actuar en nombre del gobierno en tareas de administración, evaluación, recaudación y ejecución del pago del impuesto sobre la renta, el impuesto sobre hidrocarburos, el impuesto sobre las plusvalías inmobiliarias, el impuesto sobre el patrimonio, el impuesto de efectos timbrados y cualesquiera otros impuestos por acuerdo del Gobierno y del Consejo de Hacienda Malayo;
- asesorar al gobierno en materia fiscal y servir de enlace con los Ministerios competentes y organismos oficiales sobre estas cuestiones, y
- tomar parte, ya sea dentro o fuera de Malasia, en asuntos de carácter fiscal.

Su personal engloba 11.061 funcionarios adscritos a sus 19 departamentos, 36 delegaciones, 17 unidades de investigación, 24 centros de asistencia tributaria y 2 centros de formación.

Para mayor información, visite la página web: www.hasil.gov.my.

Dirección postal para consultas sobre Educación Cívico-Tributaria: Departamento de Servicios Institucionales, Consejo de Hacienda Malayo, Menara Hasil Cyberjaya, Persiaran Rimba Permai, Cyber 8, 63000 Cyberjaya, Selangor, Malasia.The IRBM's roles include:

Fuente: Consejo de Hacienda Malayo.

Capítulo 17

Mauricio: Cómo instaurar una conducta fiscalmente responsable

Departamento de Educación Cívico-Tributaria y Comunicación (TECD)

Este capítulo presenta el Programa de Educación Cívico-Tributaria de Mauricio. Comienza haciendo un recorrido por las actividades en la materia y sus objetivos, seguido del análisis de un elemento en concreto: la campaña de sensibilización en centros educativos de enseñanza secundaria. Por último, realiza una reflexión sobre el impacto y las enseñanzas extraídas como fruto de la iniciativa.

El sistema tributario de Mauricio se basa en un sistema de autoevaluación universal, cuya finalidad es instaurar una cultura de cumplimiento fiscal voluntario. Una forma de lograrlo consiste en inculcar una conducta fiscalmente responsable a través de iniciativas divulgativas y educativas. El Departamento de Educación Cívico-Tributaria y Comunicación (TECD, por sus siglas en inglés) ha jugado un papel fundamental en este sentido, sensibilizando a los contribuyentes mediante diversas estrategias y políticas diseñadas a medida. El TECD es un departamento integral de la Administración Tributaria de Mauricio (MRA, por sus siglas en inglés) (Recuadro 17.2), responsable de la Educación Cívico-Tributaria, de prestar asistencia y aportar información tributaria a los contribuyentes y de actuar de enlace con los medios a la hora de implementar su estrategia de comunicación. Al igual que otras unidades de la MRA, el TECD está sujeto a indicadores del desempeño y objetivos que cumplir.

Educación Cívico-Tributaria en Mauricio

La estrategia de planificación de la MRA se centra en «instaurar una conducta fiscalmente responsable» (Recuadro 17.1). Éste es uno de sus objetivos esenciales: provocar el cambio, mediante un programa educativo diseñado a medida, de las actitudes y formas de pensar de los contribuyentes en torno a la «obligación de pagar» y a la «voluntad de pagar».

Recuadro 17.1. **Objetivos de la Educación Cívico-Tributaria en Mauricio**

- Mantener informados a los ciudadanos sobre todo aspecto de la fiscalidad (p.ej.: presupuesto, operaciones y sistemas, modificaciones normativas, procedimientos y procesos, nuevos beneficios y deducciones).
- Poner todos los medios necesarios al alcance de los ciudadanos para dar cumplimiento a sus obligaciones tributarias de la forma más adecuada y al menor coste posible.
- Asesorar a las empresas sobre la ayuda presupuestaria y las diversas desgravaciones fiscales aprobadas por el gobierno.
- Enseñar a los contribuyentes a gestionar sus asuntos financieros y fiscales sin necesidad de consultar a un profesional (p.ej.: un gestor).
- Luchar contra la corrupción y otras actividades fraudulentas tales como la evasión fiscal, el contrabando y el tráfico de drogas.

Fuente: Departamento de Educación Cívico-Tributaria y Comunicación.

La misión del TECD es elevar el nivel de cumplimiento de los contribuyentes de forma sostenible y garantizar que todo contribuyente se convierte en una persona debidamente informada, adecuadamente orientado sobre sus derechos y obligaciones, con fácil acceso a la información tributaria. Asimismo, pretende adecuar a los estándares internacionales el nivel de los servicios prestados a ciudadanos y comunidades empresariales.

El TECD recurre a distintas actividades clave a tal fin. Se contempla que los «consejos de asesoramiento fiscal» creen un foro donde funcionarios de la MRA, operadores industriales y comerciales, asociaciones de contribuyentes y profesionales del sector debatan sobre cuestiones fiscales. La finalidad de esos debates no es sino hacerles la vida más fácil a los contribuyentes, al tiempo que se reducen los costes inherentes al cumplimiento y los costes de hacer negocios.

El TECD también está presente en línea bajo la forma de Oficina Virtual de Información al Contribuyente, que facilita a los contribuyentes el acceso completo a sus cuentas de liquidación con la MRA, gracias a un PIN (número de identificación personal) individual. Los usuarios registrados no sólo pueden ver el estado de su cuenta, sino también mensajes e información tributaria de última hora. También se alerta de la recepción de mensajes y de la información difundida utilizando pantallas electrónicas. Actualmente, se encuentran situadas en el acceso a las dependencias del TECD, aunque se prevé instalar tres más en otros lugares estratégicos. De igual modo, el TECD está instalando postes indicadores en ubicaciones financiadas con fondos públicos, tales como hospitales públicos, puentes y carreteras en obras, con eslóganes del tipo «Tus impuestos trabajan para ti» y «Gracias por ayudarnos a construir el país».

También se recurre a otras herramientas multimedia para publicitar los programas educativos dirigidos a grupos destinatarios específicos. Dichas herramientas adoptan la forma de seminarios, talleres, encuentros, presentaciones de PowerPoint, vídeos, carteles publicitarios, folletos, catálogos, guías, publicaciones en la prensa, programas de radio y TV.

Junto a estas actividades principales, el Plan estratégico 2012-2015 del TECD abarca las siguientes iniciativas en el ámbito de la Educación Cívico-Tributaria:

- «Pide tu factura o el justificante de compra», un programa de sensibilización sobre el IVA mediante carteles publicitarios, anuncios en la prensa, la radio, la televisión y el sitio web de la MRA para hacer comunicaciones relevantes.
- Un programa de información fiscal para pequeñas y medianas empresas, mujeres, trabajadores autónomos y empresas que operan en régimen de economía sumergida.
- El *Día Nacional del Contribuyente*, una ocasión para homenajear al contribuyente y ofrecer a los ciudadanos la oportunidad de familiarizarse con los servicios del TECD que comprende otras muchas actividades, tales como un concurso de ensayos a nivel nacional para centros educativos del país.
- Un Programa de Educación Cívico-Tributaria para centros de enseñanza primaria y secundaria (véase a continuación el apartado *Especial referencia a...*) que se sirve de herramientas electrónicas tales como el correo electrónico, una página web interactiva, las redes sociales (de hecho, la MRA ya está en Twitter) y el Servicio Virtual de Información al Contribuyente.
- Un Máster MBA sobre Fiscalidad dirigido a estudiantes de enseñanza superior, con financiación para realizar investigaciones y estudios de carácter fiscal. En el marco de la colaboración entre la Universidad de Mauricio y algunas universidades extranjeras se están financiando la investigación y la publicación de artículos fiscales y tributarios en destacadas revistas especializadas del sector y en la prensa internacional. La MRA tiene igualmente la intención de conceder ayuda financiera a un estudiante investigador de la Universidad de Mauricio para que realice su tesis doctoral especializándose en un campo de estudio relacionado con la fiscalidad.

- Campaña informativa dirigida a grupos vulnerables de empresarios de los sectores rural y de la economía sumergida sobre cuestiones tributarias (incentivos fiscales, en concreto), la devolución del IVA en el equipamiento adquirido y otras ventajas y beneficios contemplados por el Estado. Los sectores destinatarios engloban a pescadores, agricultores, apicultores, horticultores y criadores de cerdos.

El TECD goza de una fuerte presencia mediática al llevar a cabo frecuentes ruedas de prensa y encuentros para emitir comunicados y realizar anuncios públicos a los que asisten la prensa escrita, la radio nacional, la televisión y emisoras de radio locales privadas. Los funcionarios de recursos del TECD destacan en programas de radio y televisión emitidos en los idiomas locales las diversas medidas fiscales anunciadas en los últimos presupuestos generales del Estado.

Especial referencia a la adquisición de una conducta fiscalmente responsable en las escuelas

Los jóvenes del presente son los contribuyentes del mañana, de ahí la importancia de que sean conscientes del papel y la finalidad de los impuestos con el fin de cultivar una conducta que transmita la «disponibilidad a pagar» y no ya la «obligación de pagar». Además, es necesario garantizar un incremento ininterrumpido en el tiempo del número de contribuyentes. Por esta razón, desde enero de 2012, el TECD ha venido desarrollando una campaña de sensibilización en los centros educativos de enseñanza secundaria.

Esta campaña de sensibilización describe las responsabilidades fiscales de todos aquellos ciudadanos respetuosos de la ley. Además, abarca todos los impuestos que los ciudadanos deben pagar, como el IVA (impuesto sobre el consumo aplicable a todas las compras diarias), el impuesto sobre servicios de restauración, impuestos sobre el alcohol y el tabaco, el impuesto sobre hidrocarburos, el impuesto sobre la renta, el impuesto sobre sociedades y/o los impuestos sobre el patrimonio. Por otra parte, la iniciativa en cuestión da una idea de cómo se gastan los ingresos procedentes de la recaudación tributaria y analiza la dimensión ilegal y punible de la evasión fiscal. Sin embargo, se hace un especial hincapié en la necesidad de propagar un sentido nacional del deber y del patriotismo para dejar atrás la percepción negativa de los impuestos. El objetivo es fomentar una conducta fiscalmente responsable en la sociedad, cuyos ciudadanos asuman el pago de impuestos como un aspecto implícito e inherente a su relación con el gobierno de su país. Por otra parte, se confía en que los estudiantes actúen en calidad de «embajadores de la MRA» compartiendo una conducta tal con sus padres, llegando incluso a disuadirles de la idea de evadir impuestos.

Junto con las autoridades educativas, el TECD programa, a comienzos de cada año, encuentros en las escuelas de secundaria de toda la isla. Dichas sesiones escolares corren a cargo de los funcionarios de recursos del TECD y constan de tres partes principales:

- Una breve presentación en PowerPoint;
- películas de video y cortos sobre los distintos proyectos gubernamentales financiados con cargo a los ingresos fiscales, y
- animadas charlas y debates con estudiantes y profesores, seguidos de la entrega de folletos, carteles y pegatinas.

El TECD se desplaza a cada centro llevando consigo lo siguiente:

- Un ordenador portátil, un proyector y una pantalla para presentaciones en PowerPoint;
- un «paquete obsequio» para cada estudiante que pueden llevar a sus hogares, que incluye un CD interactivo con un videoclip sobre el cumplimiento voluntario, y un vídeo corporativo sobre la MRA;
- un breve video que muestra los diversos proyectos financiados con cargo a los ingresos fiscales (como es el caso de carreteras, puentes, hospitales, centros penitenciarios y centros sociales);
- un CD con presentaciones, folletos, carteles y la copia en formato electrónico del informe anual de la MRA, su revista anual y su boletín de noticias (también se facilita la copia impresa de estos documentos para aulas y bibliotecas);
- un enlace a la cuenta de Twitter de la MRA;
- un enlace al sitio web de la MRA, y
- una cámara para tomar fotografías y filmar la sesión para el boletín de noticias, la prensa local y programas TV especiales a nivel nacional.

También se organizan concursos de redacción de ensayos para alumnos de enseñanza secundaria y estudiantes universitarios.

Si bien es cierto que la MRA diseña y desarrolla estas iniciativas a título individual, sin ninguna ayuda externa, es igualmente cierto que dichas iniciativas cuentan con la cooperación de las autoridades educativas. La campaña involucra a cuatro funcionarios a nivel nacional, y ninguno de ellos recibe formación específica. El coste total de la iniciativa se aproxima a las 100 000 rupias mauricianas (el equivalente a 3 200 dólares estadounidenses).

Impacto

Se ha evaluado la iniciativa a través de cuestionarios con comentarios y sugerencias, haciendo igualmente referencia a las conversaciones mantenidas con alumnos y profesores. Los resultados demuestran el alto nivel de eficacia logrado de cara a instaurar una conducta fiscalmente responsable y a propiciar una percepción positiva de los impuestos entre los más jóvenes:

- Abriéndose paso entre las generaciones futuras: Desde que se pusiera en marcha en 2012, la iniciativa ha desembarcado en 17 centros educativos, es decir, aproximadamente 1 500 estudiantes han tomado contacto con el programa.
- Mayor sensibilización: Al haberse abierto paso entre un número tan elevado de estudiantes, bien puede hablarse de una mayor sensibilización y preparación de cara al futuro que ha hecho mella en la próxima generación de contribuyentes.
- Percepción más positiva: Se ha propiciado una percepción de los impuestos más positiva, al tiempo que se ha extendido la concepción entre los estudiantes de que el gobierno gasta su dinero de forma responsable. Los estudiantes albergan también un sentimiento más fuerte de equidad en lo referente a su contribución tributaria al país, pareciendo tener incluso una visión más sana de los impuestos que sus padres.
- Nacimiento de una cultura de cumplimiento fiscal: Partiendo de que el sector destinatario más amplio de esta iniciativa lo constituyen los estudiantes, quienes

tardarán al menos cinco años (o más) en convertirse en contribuyentes, es imposible determinar con exactitud en qué medida ha incidido esta iniciativa en la propagación de una conducta fiscalmente responsable. No obstante, la obligación moral de pagar impuestos de forma voluntaria se ha visto fortalecida, lo que sugiere claramente que debería apreciarse una mejora en los próximos cinco años.

Enseñanzas extraídas

Ser proactivos en la promoción de la Educación Cívico-Tributaria es de vital importancia para cambiar la percepción de la gente, a menudo muy negativa, acerca de los impuestos. También es fundamental para romper el círculo que perpetúa el paso de dicha percepción de una generación a otra.

Si bien no ha habido colaboración externa, el TECD admite la importancia de la cooperación con las autoridades educativas y la ha convertido en un auténtico éxito. Sin embargo, inicialmente no era así; de hecho, era patente el grado de reticencia existente por parte de la mayoría de los centros: así, por ejemplo, los centros educativos se mostraron reacios a hacerle un hueco a la MRA porque consideraban que ya había demasiadas asignaturas en el plan de estudios y que los estudiantes estaban sometidos a una sobrecarga.

Futuros pasos

El hecho de que las autoridades educativas de Mauricio hayan dado cabida a la MRA en las actividades extracurriculares es una clara muestra de su satisfacción con esta iniciativa. La MRA se propone, por tanto, continuar con esta iniciativa y ampliar su influencia tanto como sea posible con objeto de llegar a todos los centros de enseñanza secundaria del país. Asimismo, tiene intención de realizar un estudio para evaluar la forma en que han recibido el programa los centros, los alumnos y sus padres. Actualmente, se está desarrollando una versión «más asequible» del programa para adaptarse a los alumnos de enseñanza primaria, de 10 y 11 años de edad. A tal fin, se hará uso de más elementos visuales como vídeos, dibujos animados y carteles llamativos para suscitar su interés.

Recuadro 17.2. **Administración Tributaria de Mauricio (MRA)**

La Administración Tributaria de Mauricio (MRA) representa el órgano público recaudador principal. Se trata de un órgano bastante incipiente, que comenzó a operar en julio de 2006. La MRA aglutina bajo un mismo techo varios antiguos departamentos gubernamentales: impuesto sobre la renta, IVA y aduanas y un Departamento de Educación Cívico-Tributaria y Comunicación. La MRA apunta a ser «una autoridad mundial en el ámbito de los ingresos por su profesionalidad, eficacia, imparcialidad, integridad y su contribución al desarrollo socio-económico del país».

Aparte de la implementación de normas y reglamentos tributarios, la MRA está luchando enérgicamente contra la evasión fiscal, el contrabando y el tráfico de drogas como paso fundamental para la defensa y protección de la integridad comercial del país.

Si desea obtener más información, visite la página web: www.mra.mu.

Cuenta de Twitter: http://twitter.com/MRA_services.

Fuente: Departamento de Educación Cívico-Tributaria y Comunicación.

Capítulo 18

México: Educación Fiscal en la Enseñanza Superior

Servicio de Administración Tributaria (SAT)

El presente capítulo analiza el Programa de Educación Cívico-Tributaria de México. Para ello, comienza haciendo un recorrido completo por el programa y sus objetivos, y continúa centrándose en un elemento en concreto: la Educación Fiscal en la Enseñanza Superior (Programa Nacional de Educación Fiscal). Por último, realiza una reflexión sobre el impacto y las enseñanzas extraídas como fruto de la iniciativa.

La Educación Cívico-Tributaria ha venido siendo una prioridad para el Servicio de Administración Tributaria (SAT) de México (Recuadro 18.3). En 1997, la Administración Central del SAT lanzó el Programa Nacional de Educación Fiscal, en el que participan alrededor de 130 funcionarios y empleados públicos. El SAT concibe la participación ciudadana como un elemento crucial de la Educación Fiscal, de ahí que persiga hacer partícipe a la ciudadanía en toda una serie de actividades.

Educación Cívico-Tributaria en México

La Educación Fiscal en México toma como punto de partida el proceso educativo encaminado a modificar la conducta de los individuos con el fin de incidir positivamente en la sociedad mexicana (Recuadro 18.1). Mediante la educación, se genera una nueva cultura orientada hacia la construcción del concepto de ciudadanía, plasmado en parte en el cumplimiento consciente y voluntario de las obligaciones tributarias.

Recuadro 18.1. **Objetivos de la Educación Cívico-Tributaria en Mexico**

- Promover el cumplimiento voluntario, tempestivo, concienciado y responsable de las obligaciones tributarias.
- Mejorar la imagen de las instituciones públicas y garantizar una conducta responsable y la aceptación social del sistema tributario.
- Combatir la realidad actual de escasa participación ciudadana en los asuntos públicos y reducido índice de aportaciones tributarias.
- Sensibilizar a la población desde edades tempranas y en paralelo a lo largo de todo el proceso educativo.
- Informar a los ciudadanos acerca del origen de los ingresos tributarios y destino de los recursos para provocar un cambio de percepción.
- Propiciar la participación activa de la población en las acciones de gobierno.

Fuente: Servicio de Administración Tributaria.

Desde que se pusiera en marcha el Programa Nacional de Educación Fiscal en 1997, se han desarrollado diversas y múltiples actividades, entre las que destacan:

- Diseño de asignaturas específicas sobre fiscalidad en los planes de estudios universitarios (tema tratado más adelante);
- inserción de contenidos fiscales en los libros de texto gratuitos distribuidos por el Sistema Educativo Nacional;
- utilización del simpático personaje «Fiscalito» para suscitar el interés del público sobre cuestiones de índole tributaria;
- promover y difundir los servicios al contribuyente;
- formar a los alumnos de 5° y 6° de primaria (de entre 9 y 11 años de edad);
- impartir conferencias en universidades y realizar visitas guiadas a las instalaciones de las oficinas regionales;
- realizar diversas exposiciones y ferias culturales enfocadas a niños y a sus padres, que ofrezcan actividades para estimular el conocimiento y los buenos hábitos, y

- reproducir los ámbitos de actuación del SAT en el centro recreativo Kidzania® Cuicuilco (Recuadro 18.2).

El programa cuenta con la colaboración de diversos organismos públicos, tales como la Secretaría de Educación Pública; la Secretaría de Economía; el Instituto Mexicano del Seguro Social (IMSS); el Instituto del Fondo Nacional de la Vivienda para los Trabajadores; el Instituto Mexicano de Contadores Públicos; el Colegio de Contadores Públicos y universidades públicas. Entre los entes de carácter privado, se encuentran el Centro Universitario para el Desarrollo Empresarial de México y universidades privadas.

Recuadro 18.2. **Kidzania®, la ciudad de los impuestos**

Este centro recreativo para niños ocupa una superficie de 14.000 m^2 y representa una ciudad a escala, donde los niños pueden conducir coches eléctricos y participar en cientos de actividades diferentes. Cuenta con dos espacios del SAT (agencia tributaria y agencia aduanera), donde los niños aprenden el valor y el origen de los salarios o «fruto del trabajo», así como la relación entre los impuestos y el bienestar social. Cada año, el centro recreativo Kidzania® registra alrededor de un millón de visitas, de las que un 70% corresponden a menores de 16 años.

Fuente: Servicio de Administración Tributaria.

Especial referencia a la Educación Fiscal en la Enseñanza Superior

La iniciativa de colaborar con y formar a los futuros profesionales y expertos de las finanzas y la contabilidad les dotará de las herramientas necesarias para interactuar con la administración tributaria en el ejercicio real de su profesión. Ésta es la base de la estrategia educativa del SAT, puesta en marcha en 2004: se trata de una estrategia ventajosa para todas las partes implicadas, desarrollada para coadyuvar el proceso de información y sensibilización de los profesionales del sector tributario, quienes podrían a su vez desempeñar un importante papel para fomentar conductas fiscalmente responsables y mejorar el nivel de cumplimiento.

Para llevar a cabo esta iniciativa, el SAT estrechó lazos con el Instituto Federal de Educación mexicano, lo que se tradujo en la firma de un convenio de colaboración entre la Secretaría de Hacienda y Crédito Público (SHCP) y la Secretaría de Educación Pública (SEP) con el objetivo de coordinar todo lo relativo a la educación cívica mediante programas de Educación Fiscal para la sociedad, así como también a través del impulso de proyectos que permitan fortalecer una cultura de participación ciudadana en el marco del Sistema Educativo Nacional.

Como fruto de esa colaboración, se diseñó una asignatura para su inserción en el plan de estudios de las licenciaturas pertinentes, a todos los niveles universitarios. Dicho diseño se desarrolló bajo el enfoque de proporcionar capacitación profesional, al tiempo que constituye una herramienta útil para formar a profesionales éticamente responsables y socialmente comprometidos en el ejercicio de su profesión.

El SAT colaboró, asimismo, con el Instituto Mexicano de Contadores Públicos (IMCP) para elaborar la Guía de estudio de la asignatura denominada «Formación e Información Tributaria». Los contenidos académicos se agrupan en dos unidades, cada una de ellas con objetivos de aprendizaje específicos, y se incluyen actividades de aprendizaje, sugerencias didácticas y un glosario de términos fiscales de uso frecuente.

La asignatura se implantó inicialmente en la Universidad Nacional Autónoma de México (UNAM), prestigiosa institución pública a nivel nacional, considerada la mejor del país (Fuente: QS, 2012). Tras verificar el Comité Técnico de la UNAM la Guía de estudio de la asignatura «Formación e Información Tributaria» a fin de verificar que los contenidos se adecuaban al plan de estudios, se incorporó dicha asignatura al mencionado plan de estudios, para ser cursada en el último semestre de las carreras afines.

Una vez incorporada dicha asignatura al diseño curricular de la UNAM, el personal del SAT, a través de sus 68 oficinas regionales, se sumó a dicha estrategia de incorporación de la Educación Fiscal a los planes de estudios de las universidades de todo el país, suscribiéndose a tal fin convenios de apoyo y colaboración entre el SAT y las instituciones educativas de varias regiones. Entre las instituciones educativas públicas y privadas que ofertan actualmente esta asignatura, se encuentran el Instituto Tecnológico de Estudios Superiores de Monterrey; el Instituto Mexicano de Contadores Públicos A.C. de Acapulco; la Universidad Popular Autónoma del Estado de Puebla y la Benemérita Universidad Autónoma de Puebla, y la Universidad del Valle de México, Distrito Federal. Igualmente, cabe destacar la colaboración internacional con la Unión Europea en el marco de su Programa EUROsociAL, que ha prestado su apoyo a este tipo de proyectos en México.

Pese a que la asignatura se diseñó inicialmente para ser impartida en modalidad presencial, ahora también se imparte a través del Sistema de educación a distancia. Si bien se concibió originariamente para los estudiantes universitarios de contabilidad y administración, ahora también pueden cursarla estudiantes de cualquier otra disciplina, sin necesidad de tener conocimientos previos en materia tributaria.

El Programa Nacional de Educación Fiscal implica la participación de dos equipos de funcionarios y empleados públicos trabajando conjuntamente: 68 funcionarios del SAT y otros 68 empleados públicos en calidad de formadores. Por un lado, los funcionarios del SAT se encargan de supervisar el diseño del proyecto y gestionan su puesta en funcionamiento en las instituciones educativas de todo el país, así como también son responsables de suscribir acuerdos con las distintas universidades para incorporar la asignatura «Formación e Información Tributaria» a sus planes de estudios; por otro, el papel de los empleados públicos que actúan como formadores consiste en impartir los contenidos de dicha asignatura en las universidades e instituciones educativas correspondientes. Todo el personal está sometido a un proceso permanente de actualización, consistente en cursos de formación con el propósito de mantener al día los conocimientos de los docentes en virtud de las eventuales modificaciones o enmiendas a la normativa tributaria.

Existen costes asociados a todas las labores de diseño de estrategia e instrumentalización del Programa de Educación Fiscal llevado a cabo por los funcionarios y empleados públicos del SAT. Las instituciones privadas han sufragado los costes de impresión y distribución del material educativo. Los materiales impresos llevan asociado un coste de recuperación de aproximadamente 12 dólares estadounidenses. Sin embargo, en aras de que todo el material resulte accesible para todos los alumnos, se ha publicado una versión electrónica de estos materiales que se encuentra disponible en la página web de cada universidad.

Impacto

El Programa Nacional de Educación Fiscal ha sido sometido a una evaluación por parte de los coordinadores del programa procedentes del SAT y del sector educativo público, utilizando para ello estadísticas básicas que dan cuenta del número de acciones realizadas, sedes visitadas, nivel de asistencia por nivel educativo y eventos celebrados, entre otros. Los grupos de discusión realizan evaluaciones cualitativas, al tiempo que se efectúa un seguimiento en forma de estudios de caso, a un año vista, de los estudiantes que recibieron formación y de quiénes se registraron posteriormente en el censo de contribuyentes. Dichas evaluaciones revelan:

- Un buen índice de participación de instituciones educativas: Hasta la fecha, se ha impartido la asignatura a 18 promociones de alumnos de 71 universidades distintas.
- Un creciente interés social por las cuestiones tributarias: El grado de participación ciudadana apunta a la existencia de un creciente interés por los asuntos fiscales.

Para ofrecer una perspectiva más amplia, se elaboró un estudio internacional comparado a través del Centro Interamericano de Administraciones Tributarias (CIAT), que realizó un cuestionario enviado a las administraciones tributarias de América Latina a efectos de llevar a cabo un estudio sobre buenas prácticas en lo concerniente a la implementación y divulgación de la Educación Fiscal, cuyos resultados no se han publicado hasta la fecha.

Enseñanzas extraídas

El principal desafío afrontado en el desarrollo de dicho programa educativo en todo México radica en el hecho de que la Educación Fiscal no representa una política estatal, lo que ha dificultado la instrumentación de las iniciativas y la obtención del apoyo institucional a la hora de destinar recursos. Deben fortalecerse igualmente la colaboración y los vínculos interinstitucionales tanto en el sector público como en el sector privado.

De cara al futuro, se prevén ulteriores avances en el ámbito de la Educación Fiscal en las universidades, entre los que destacan:

- Posible obtención de un título en el ámbito de la Educación Fiscal;
- desarrollo de programas de especialización o acreditación en la materia;
- concesión de un Certificado de Educación Fiscal a los funcionarios del SAT;
- impartición de Cursos de Asesoría Fiscal;
- organización de concursos y actividades artísticas por parte de las oficinas regionales del SAT;
- incorporación de la Educación Fiscal en los planes de estudios de la carrera de Magisterio;
- creación de una nueva asignatura sobre la fiscalidad de las microempresas, pequeñas y medianas empresas dirigida a futuros empresarios, y
- posible inscripción de los estudiantes en el censo de contribuyentes anticipándose a su incorporación al mercado laboral.

Además de todas estas iniciativas para la Enseñanza Superior, el Programa Nacional de Educación Fiscal ha programado muchas otras, incluidas las siguientes:

- Voluntariado: Se impulsará la creación de grupos de ciudadanos para fomentar la educación cívica y conductas fiscalmente responsables. Estos grupos podrían contribuir a mejorar la cohesión social y los espacios públicos.
- Observatorio ciudadano: Pretende ser un espacio en el que los ciudadanos tengan voz y voto tanto en lo concerniente al uso y destino de los recursos públicos, como en lo que respecta a la rendición de cuentas de los funcionarios públicos por las decisiones que adoptan.
- Caravana ciudadana: Se trata de espectáculos permanentes o itinerantes con fines educativos en materia tributaria que pretenden atraer a grupos de todas las edades, y que consisten en espectáculos con marionetas, obras de teatro, conciertos, recitales y exposiciones, entre otras iniciativas. Los temas abordados van desde la construcción del concepto de ciudadanía al bien e interés general. Al mismo tiempo, dicha iniciativa contribuirá a promocionar a los artistas mexicanos.
- Jornada de puertas abiertas: Se ofrecerán visitas guiadas a todo el público en general para conocer el funcionamiento de una autoridad aduanera, actividad que contribuirá a transformar a las autoridades nacionales aduaneras en organismos más transparentes, le permitirá al ciudadano conocer información aduanera y hará hincapié en la importancia de declarar la naturaleza de las mercancías que entran y salen del país.

Recuadro 18.3. **Servicio de Administración Tributaria (SAT)**

El Servicio de Administración Tributaria (SAT) de México es un organismo público federal, con sede principal en la Ciudad de México. Cuenta con 36.000 empleados públicos y 68 delegaciones regionales que actúan, individualmente, como servicios de atención al contribuyente en las ciudades más grandes de cada Estado o región. Como autoridad fiscal, constituye un órgano independiente y separado de la Secretaría de Hacienda y Crédito Público y goza de autonomía de gestión y presupuestaria, así como también de independencia técnica, para emitir sus propias resoluciones.

Su misión consiste en administrar el proceso de recaudación tributaria a nivel federal, controlar las mercancías que entran y salen del país, gestionar riesgos y promover el cumplimiento idóneo y voluntario de las obligaciones tributarias.

Para mayor información, visite la página web: www.sat.gob.mx.

Dirección de correo electrónico del Programa de Edùcación Cívico-Tributaria: civismo.fiscal@sat.gob.mx.

Fuente: Servicio de Administración Tributaria.

Bibliografía

Quacquarelli Symonds (QS, 2012): *QS University Rankings: Latin America*, QS, Londres, disponible en: www.topuniversities.com/latin-american-rankings.

Capítulo 19

Marruecos y su método educativo infantil en materia tributaria

Dirección General de Tributos (DGI)

Este capítulo presenta el Programa de Educación Cívico-Tributaria de Marruecos. En primer lugar, hace un recorrido por el programa al completo y sus objetivos, y prosigue centrándose en un elemento en concreto: la campaña educativa infantil sobre cumplimiento fiscal. Para concluir, realiza una reflexión sobre el impacto y las enseñanzas extraídas como fruto de la iniciativa, y apunta brevemente a los futuros pasos en este ámbito.

El Reino de Marruecos recomienda encarecidamente a todos los ciudadanos dar cumplimiento a sus obligaciones tributarias para que cada contribuyente, atendiendo a sus medios, ayude a financiar los servicios para la comunidad. El Ministerio de Economía y Hacienda marroquí ha adoptado diversas medidas para que los ciudadanos puedan cumplir con sus obligaciones, incluyendo orientación específica sobre la economía sumergida. La Educación Cívica es uno de los objetivos estratégicos de la Dirección General de Tributos (DGI, por sus siglas en francés) marroquí (Recuadro 19.4), que recurre ampliamente a la Educación Cívico-Tributaria para concienciar a los contribuyentes actuales, a contribuyentes potenciales y a las generaciones futuras (Recuadro 19.1).

En Marruecos, la Educación Cívico-Tributaria cabe bajo la responsabilidad general de la Dirección General de Tributos (DGI). No existe una unidad especializada de Educación Cívico-Tributaria.

Educación Cívico-Tributaria en Marruecos

Entre las principales actividades, destacan:

- Participación de la DGI en foros o *foyer* informativos públicos, tales como la Administración electrónica (*e-Gov*) y el *foyer* de Marroquíes Residentes en el Extranjero (Recuadro 19.2);
- publicación de comunicados de prensa sobre la presentación de la declaración de la renta, el pago de impuestos, las modificaciones en la normativa tributaria, plazos, estadísticas, procedimientos tributarios y medidas fiscales introducidas por la Ley de Presupuestos;
- elaboración y actualización de guías, página web y folletos (por ejemplo, la Guía para marroquíes residentes en el extranjero);
- participación en programas de radio y TV nacionales y producción de anuncios de radio y TV en el marco de campañas de sensibilización y difusión;
- mantenimiento de un sitio web y mensajes de correo electrónico, dirigidos principalmente a los agentes económicos (expertos contables, Confederación General de Empresas Marroquí (CGEM) y Cámaras de Comercio);
- envío de cartas informativas sobre cambios específicos en el sistema tributario;
- giras informativas para socios colaboradores de la DGI a cargo de los directores de unidades centrales y regionales;
- encuentros con empresas;
- estrecha colaboración con el Ministerio de Educación Nacional y centros escolares, y
- organización de eventos culturales y comunitarios.

Los esfuerzos de Marruecos por involucrar a la economía sumergida son notorios. Los presupuestos de 2011 introdujeron disposiciones legales y administrativas para incitar a las empresas que operaban en un régimen de economía sumergida a registrarse. Acto seguido, la DGI lanzó una enorme campaña publicitaria para impulsar el cumplimiento fiscal que incluyó comunicados de prensa, anuncios TV y mensajes radiofónicos, jornadas de sensibilización e información. La campaña se dirigía especialmente a contables y asociaciones profesionales para concienciarlos y animarlos a prestar asistencia a las empresas que no declaraban sus ingresos para que regularizasen su situación.

Recuadro 19.1. **Objetivos de la Educación Cívico-Tributaria en Marruecos**

- Fomentar el cumplimiento fiscal.
- Informar a los contribuyentes de sus derechos y obligaciones.
- Mejorar la imagen de la Dirección General de Tributos (DGI).
- Explicar *por qué* han de pagarse los impuestos.
- Incrementar el número de contribuyentes cumplidores.
- Legitimar a los ciudadanos a tomar parte en debates sobre el destino de los ingresos fiscales.
- Aumentar el nivel de alfabetización fiscal ciudadana.

Fuente: Dirección General de Tributos.

La DGI ha suscrito acuerdos con la Confederación General de Empresas Marroquí y la Federación de Cámaras de Comercio e Industria a fin de entablar una colaboración basada en la confianza y cuyo objetivo concreto radica en fomentar una conducta fiscalmente responsable. También colaboran agentes económicos (expertos contables y la CGEM, por ejemplo), y centros regionales de inversión, entre otros.

Recuadro 19.2. **Educación Cívico-Tributaria para marroquíes residentes en el extranjero**

Cada año, la Dirección General de Tributos marroquí (DGI) pone en marcha un sistema de información y orientación para marroquíes residentes en el extranjero. Pese a que muchos de ellos visitan regularmente a sus familias en Marruecos, tienden a quedarse tan sólo por un corto período de tiempo, especialmente durante los meses de verano y, por lo general, en zonas remotas, de ahí que sea necesario desarrollar una estrategia específica para esos sujetos:

- La DGI ha publicado un folleto especial específicamente dirigido a los marroquíes residentes en el extranjero, del que hace entrega en las oficinas de acogida y que se encuentra también disponible en su página web.
- Todos los años, en los meses de julio y agosto, se habilita una unidad de acogida e información para marroquíes residentes en el extranjero en la Fundación Hassan II para marroquíes no residentes para prestarles asistencia durante su estancia en Marruecos y promueve la cooperación socio-económica y cultural dirigida a estos ciudadanos.
- También se habilita cada verano un mostrador de bienvenida para la acogida y asistencia a estos en cada delegación regional de la administración tributaria.
- La DGI participa en la Jornada anual nacional para marroquíes residentes en el extranjero que tiene lugar en el mes de agosto, y en el *foyer*, también en verano, organizados por el Ministerio de Marroquíes No Residentes.
- La DGI participa igualmente en encuentros de marroquíes residentes en el extranjero que tienen lugar en varios países europeos (Francia, Países Bajos, Bélgica y España, entre otros), organizados por el Ministerio de Marroquíes No Residentes y otros tantos organismos (Fundación Hassan II o *Agence de l'Oriental*, por ejemplo).

Los funcionarios de la administración tributaria responden a las consultas remitidas por ciudadanos residentes en el extranjero, poniéndoles en contacto con el director regional competente.

Fuente: Dirección General de Tributos.

Especial referencia al método educativo infantil en materia de cumplimiento fiscal

Como ya hemos señalado, la Educación Cívica es uno de los objetivos estratégicos de la nueva perspectiva de la DGI. En abril de 2013, se suscribió un Acuerdo Marco de colaboración entre el Ministerio de Economía y Hacienda y el Ministerio de Educación Nacional encaminado a la educación y sensibilización de las generaciones más jóvenes sobre el papel de los impuestos. Esta forma de colaboración sentó un importante precedente con miras a extender y expandir un proyecto piloto que previamente se había llevado a cabo tan sólo en la región de Rabat. La cooperación tiene por objeto sensibilizar a niños y jóvenes para inculcarles una conducta fiscalmente responsable y ayudarles a adquirir las nociones básicas de la ciudadanía. Más allá de estos objetivos iniciales, el proyecto les anima a formular preguntas pertinentes a sus padres con el fin de concienciarles también a ellos.

El acuerdo de 2013 es fruto de varias actuaciones a pequeña escala centradas en los niños que dieron comienzo en el año 2000, año en que la DGI hizo una presentación sobre las obligaciones de los ciudadanos del mañana con motivo del segundo *foyer* para jóvenes y niños. Entre 2001 y 2005, fueron 20 las escuelas de Rabat, capital de Marruecos, que participaron en seminarios para familiarizar a los niños con los conceptos de solidaridad y convivencia ciudadana. En 2005, en el marco de la colaboración con la Universidad de Rabat, los directivos de la DGI recibieron formación sobre métodos de enseñanza a cambio de que éstos impartiesen cursos sobre fiscalidad a estudiantes universitarios. Además, el Ministerio de Educación Nacional hizo entrega de un folleto en francés con el título «El significado de la palabra *impuestos*» a la Academia de Rabat. Cada año de 2005 a 2011, la DGI participó en el *foyer* para niños y jóvenes, y también en foros organizados por las escuelas marroquíes de ingeniería (Universidad de Akhawayne, *École Mohammedia des Ingénieurs* y ENSIAS, entre otras). En 2011, se registraron y retransmitieron anuncios publicitarios de radio y televisión con el fin de aumentar el grado de cumplimiento fiscal y responsabilidad ciudadana. El actor principal elegido para el anuncio fue un niño en edad escolar. Se emitieron cinco series a intervalos de diez días, tres veces al día, durante la franja de mayor audiencia, y se repartieron 200 carteles y otros 200 folletos.

Recuadro 19.3. **Extracto de la obra de teatro en la que los niños aprenden más cosas sobre los impuestos**

Sami: ¡Mira, Yasmine! Es la Dirección General de Tributos. Nuestro profesor nos habló ayer de ella en la clase de Educación Cívica. ¡Pasamos por delante todos los días y no sabíamos qué era!

Yasmine: Sí, tienes razón Sami, yo no sabía nada de impuestos antes de la clase.

Sami: Me pregunto si recuerdas lo que nos dijo el profesor.

Yasmine: ¡Claro que sí! Dijo que en nuestro país vivimos todos juntos y que, dependiendo de cuánto dinero tenemos, todos hemos de contribuir a costear el desarrollo de nuestro país.

Sami: Entonces, un impuesto es la cantidad de dinero que cada ciudadano paga al Estado en función de sus ingresos, y que éste invierte en cosas que nos benefician a todos.

Yasmine: Y, ¿en qué gasta el Estado su dinero?

Sami: En todos los servicios públicos e infraestructura, como las escuelas, hospitales, polideportivos, teatros, carreteras y aeropuertos, por ejemplo, y no olvides lo que nos dijo el profesor acerca de que existen varios tipos de impuestos.

Nota: Traducción del inglés.

Fuente: Dirección General de Tributos.

En 2010, se adoptaron medidas para plasmar en la práctica estas acciones mediante la firma de un acuerdo previo con el Ministerio de Educación Nacional. A fin de que la idea se convierta en un proyecto real, el Ministerio de Economía y Hacienda organizó un foro que reunió a todos los actores de la *escena fiscal*: diputados, representantes gubernamentales y de la administración, agentes económicos y sociales, representantes de diversos organismos nacionales e internacionales, expertos y docentes universitarios de Marruecos y del extranjero. Juntos realizaron una reflexión global acerca del sistema tributario marroquí, y aludieron a la mejor forma de enseñarlo en las escuelas.

La iniciativa cuenta con la participación del Departamento de Comunicación de la DGI, junto con el Departamento de Formación y las Oficinas de Acogida y Coordinación. El Departamento de Comunicación desarrolla actividades y prepara comunicaciones para los medios y el público final, mientras que el Departamento de Formación se encarga de diseñar programas formativos y los pone a disposición de los docentes. El número de empleados públicos involucrados en la iniciativa asciende a un total de 20 (12 a nivel nacional y 8 a nivel regional).

El coste total anual del programa se sitúa alrededor de los 700 000 dírhams marroquíes (equivalentes a unos 83.000 dólares estadounidenses), financiado en su totalidad con cargo al presupuesto destinado a la puesta en marcha. Sin embargo, la DGI no dispone de su propio presupuesto a efectos de comunicación, ya que el presupuesto del Departamento de Comunicación es administrado por la Dirección de Recursos del Ministerio, junto con el gasto de otros departamentos o direcciones generales.

Impacto

En líneas generales, la iniciativa ha recibido una respuesta satisfactoria por parte de sus colaboradores y de la prensa escrita. No obstante, no se ha realizado encuesta o evaluación externa alguna.

- Más contribuyentes cumplidores: El número de contribuyentes de nueva o reciente inscripción ha aumentado hasta superar los 12.400 y sigue aumentando, por lo que el cumplimiento fiscal está mejorando.
- Mayor alfabetización fiscal: La iniciativa se ha traducido en un ligero aumento del grado de alfabetización fiscal (p.ej.: las competencias para pagar impuestos).
- Cambio de percepción: Los ciudadanos son cada vez más conscientes de que la administración tributaria se dirige a los contribuyentes para consolidar una relación basada en la transparencia y la confianza. Por otra parte, la iniciativa ha dado lugar a un ligero aumento en la percepción de que los contribuyentes reciben un trato justo y transparente por parte de la administración tributaria.

Enseñanzas extraídas

La iniciativa educativa ha permitido a la DGI cuantificar el grado de ignorancia de los contribuyentes sobre cuestiones tributarias, lo que llevó a intensificar la comunicación con los contribuyentes en términos de orientación e información. El Programa de Educación Cívico-Tributaria al que nos hemos referido previamente ha impulsado la confianza de los contribuyentes y ha mejorado la imagen de una administración tributaria que colabora estrechamente con los contribuyentes.

Sin embargo, en líneas generales, si bien no cabe duda de la necesidad de adoptar medidas para inculcar una conducta fiscalmente responsable en los contribuyentes, urge principalmente mejorar la calidad de los servicios prestados e impulsar una relación con los contribuyentes basada en la confianza con la ayuda de textos legislativos comprensibles y procedimientos transparentes.

El principal reto al que se enfrentó la iniciativa era el elevado coste de las emisiones audiovisuales que, no obstante, pueden realizarse de forma gratuita si la DGI consigue demostrar que son de interés nacional; en caso contrario, habrán de sufragarse (aunque a un coste inferior).

Futuros pasos

La iniciativa tendría un mayor impacto si se hiciese extensiva a todo el país; en la actualidad, tan sólo se dirige a la región de Rabat. Se ha dado un primer paso en esa dirección con la firma, en abril de 2013, de un acuerdo de colaboración entre el Ministerio de Economía y Hacienda y el Ministerio de Educación Nacional, previéndose actuaciones concretas por ambas partes que actualmente son objeto de debate.

Además, la DGI contempla colaborar estrechamente con los sectores público y privado y con la sociedad civil para prestar asistencia a los ciudadanos del mañana.

Se contemplan otras actividades tales como la producción de breves transmisiones audiovisuales que expliquen los impuestos con un lenguaje sencillo, o también la organización de jornadas fiscales informativas una vez al año para presentar las distintas misiones llevadas a cabo por la DGI y hablar de los impuestos que administra.

Recuadro 19.4. **Dirección General de Tributos (DGI)**

La misión de la DGI reside en establecer los impuestos recaudados por el gobierno (impuesto sobre sociedades, impuesto sobre la renta, IVA e impuestos de efectos timbrados); recaudar dichos impuestos; garantizar la debida aplicación de la ley y administrar, en nombre de los entes locales, las bases de los tres impuestos locales (impuesto de actividades económicas, impuesto sobre el alquiler de inmuebles y la tasa por prestación de servicios por las autoridades locales). Su función es tanto disuadir como dar órdenes, sin dejar de salvaguardar los derechos de los contribuyentes.

La DGI cuenta con una plantilla de 4.870 funcionarios distribuidos entre los departamentos centrales, externos y regionales, hecho del que se desprende una organización territorial descentralizada formada por 15 direcciones tributarias regionales.

Para mayor información, visite la página web: www.tax.gov.ma.

Fuente: Dirección General de Tributos.

Capítulo 20

Mozambique: Juntos en pro de una ciudadanía responsable

Autoridad Tributaria (AT)

El presente capítulo analiza el Programa de Educación Cívico-Tributaria de Mozambique. Comienza haciendo un recorrido por el programa al completo y sus objetivos, seguido del análisis de un elemento en concreto: la campaña «Construyamos juntos Mozambique». Por último, realiza una reflexión sobre el impacto y las enseñanzas extraídas como fruto de la iniciativa, y apunta brevemente a los futuros pasos en este ámbito.

Desde 1996, el Gobierno de Mozambique ha venido llevando a cabo las reformas necesarias, de la cabeza a los pies, de su normativa tributaria y de aduanas como parte de la Estrategia Gubernamental de Reforma de la Hacienda Pública para impulsar la recaudación de ingresos. El objetivo del programa de reforma es simplificar y modernizar el sistema tributario, alineándolo con las mejores prácticas a nivel regional e internacional con el fin de ampliar la base imponible, multiplicando sustancialmente los ingresos, y contribuir así a reducir el déficit presupuestario.

El proceso de asignación de NUIT (por sus siglas en francés, o lo que es lo mismo, números personales de identificación fiscal) se inició en 1999, sin embargo, apenas constaba el registro de 388.924 contribuyentes en 2006, año en que se creó la Autoridad Tributaria (AT) mozambiqueña (Recuadro 20.3), que ha encabezado la aplicación de políticas fiscales y conducido a una mejora de la recaudación tributaria y aduanera.

Educación Cívico-Tributaria en Mozambique

La AT considera la Educación Fiscal una gran prioridad para que todos los ciudadanos se familiaricen con los asuntos fiscales (Recuadro 20.1). El Plan Estratégico 2009-2010 de la Autoridad Tributaria de Mozambique contemplaba una estrategia de Educación Cívico-Tributaria que sigue aplicándose en la actualidad, centrada en el cumplimiento de las obligaciones tributarias, los derechos del contribuyente y la reactivación, a nivel generalizado, de una conducta fiscalmente responsable.

Recuadro 20.1. **Objetivos de la Educación Cívico-Tributaria en Mozambique**

- Expandir su alcance formando a un grupo de «Diseminadores de Educación Cívico-Tributaria»
- Dar a conocer los temas fiscales a través de los medios de comunicación de masas
- Aumentar el grado de sensibilización sobre la importancia del cumplimiento fiscal para el desarrollo sostenible del país

Fuente: Autoridad Tributaria.

Destinatarios:

- Todos los ciudadanos
- empresas regularizadas y no regularizadas (economía sumergida)
- instituciones educativas públicas y privadas
- diversas organizaciones de la sociedad civil
- medios de comunicación
- organizaciones juveniles
- instituciones religiosas
- municipios
- entidades bancarias

- colaboradores de la AT con organismos de las entidades para llevar a cabo su Programa de Educación Cívico-Tributaria, así como también recurriendo a la televisión, la radio y los periódicos de Mozambique.

Especial referencia a la campaña «Construyamos juntos Mozambique»

Una de las acciones contempladas en el Plan Estratégico 2009-2010 de la AT para ampliar la base imponible consistía en lanzar una Campaña Nacional de Educación y Familiaridad Fiscales sobre impuestos y aduanas. La campaña en cuestión evolucionó y se incorporó al Plan Estratégico 2011-2014, junto con otras estrategias para acrecentar significativamente los ingresos fiscales.

La campaña anual, de una semana de duración, dio comienzo formalmente el 12 de abril de 2010 bajo el eslogan «Construyamos juntos Mozambique». La finalidad era garantizar que todos los ciudadanos se familiarizaban con los asuntos fiscales, y se centró en el cumplimiento fiscal, los derechos del contribuyente y la reactivación de una cultura fiscalmente responsable. Estaba particularmente dirigida al sector de la economía sumergida, de hecho animaba a las empresas a registrarse para obtener un número personal de identificación fiscal (NUIT) y a beneficiarse del Impuesto Simplificado para Pequeños Contribuyentes (ISPC), introducido en 2009 (Recuadro 20.2).

Recuadro 20.2. **Simplificación fiscal para hacer emerger la economía sumergida**

En línea con las mejores prácticas para facilitarles a los ciudadanos el pago de sus impuestos, la Autoridad Tributaria introdujo en 2009 el Impuesto Simplificado para Pequeños Contribuyentes (ISPC). Originariamente, este impuesto formó parte del Plan Quinquenal 2005-2009 del gobierno, que contempla estrategias para simplificar y mejorar el sistema tributario y adoptar medidas para ampliar la base imponible. Dicha estrategia prevé la revisión de los regímenes tributarios para que resulten más transparentes y atractivos a los potenciales contribuyentes, en particular aquellos que dirigen microempresas y pequeñas empresas, para garantizar su contribución a los ingresos fiscales y al gasto público. El ISPC se ha utilizado para movilizar el registro, sobre todo del sector no regularizado (economía sumergida), que aún representa un porcentaje importante de la economía mozambiqueña. Desde 2007 hasta finales de 2012, se registraron cerca de 119.000 contribuyentes potenciales más bajo el ISPC.

Fuente: Autoridad Tributaria.

La campaña tiene como finalidad:

- Involucrar a todos los sectores de la sociedad;
- emplear todos los medios necesarios para explicar la importancia de los impuestos, y
- utilizar la cultura y los deportes como herramientas al servicio de la iniciativa.

Se trata de elaborar y publicar informes sobre los impuestos y su transcendencia; debates y entrevistas en televisión y radio y artículos en la prensa escrita; producción y distribución de folletos informativos, opúsculos y boletines, objetos publicitarios (camisetas y gorras), CD con mensajes de carácter fiscal y espectáculos ambulantes y caravanas de Educación Cívico-Tributaria.

Las alianzas son una forma clave para la AT de mejorar la cobertura de los medios de comunicación. La AT ha suscrito memorandos de entendimiento con varios sectores, principalmente empresas regularizadas y no regularizadas; instituciones educativas públicas y privadas; diversas organizaciones de la sociedad civil; agencias de comunicación; organizaciones juveniles; instituciones religiosas; municipios, y entidades bancarias. En el marco de estos memorandos, las partes se comprometen a colaborar para concienciar a la sociedad acerca de la importancia de los impuestos y del cumplimiento de las obligaciones tributarias para el desarrollo sostenible del país. Posteriormente, los funcionarios y empleados de socios individuales, como el Ministerio de Sanidad o Radio Mozambique, pasan por procesos de selección y reciben formación como Diseminadores de Educación Cívico-Tributaria para compartir y diseminar información sobre aspectos fiscales y tributarios entre sus pares.

El Presidente de la AT coordina la campaña a través de la Gerencia de Comunicaciones e Imagen (GCI). La GCI trabaja directamente con la Unidad de Registro y las delegaciones provinciales de la AT, que a su vez supervisan las zonas administrativas, los departamentos de distrito y líderes comunitarios (Cuadro 20.1).

En la estrategia de Educación Cívico-Tributaria de la AT se ven involucradas también las oficinas locales de gestión tributaria de la AT de todo el país, encargadas de la formación de *diseminadores*. Hasta la fecha, son más de 36 000 los *diseminadores* que han recibido formación.

Cuadro 20.1. **Número de funcionarios de la Autoridad Tributaria involucrados en la campaña en Mozambique***

Sectores implicados	Número de funcionarios involucrados
Gerencia de Comunicaciones e Imagen (GCI)	40
Registro	100 (2 por cada oficina de gestión tributaria y 1 por cada zona de competencia)
Delegaciones Provinciales	22
Total	162

Fuente: Autoridad Tributaria.

Nota: * La campaña no requiere una dedicación a tiempo completo, ya que los funcionarios tienen otros cometidos y responsabilidades.

El papel del personal de la AT consiste en llevar a cabo tareas de registro fiscal, en asignar números personales de identificación fiscal (NUIT) y en prestar apoyo y asistencia a los contribuyentes de comunidades locales. Su papel más cívico reside en la formación de *diseminadores* de educación fiscal y aduanera, la presentación de charlas para inculcar una conducta fiscalmente responsable en el público en general y la participación en programas de radio y televisión.

El personal de la AT distribuido en tres regiones (Norte, Centro y Sur) ha recibido formación como *diseminadores* de educación fiscal. Este año, se prevé que al menos dos empleados públicos reciban formación en cada una de las 11 delegaciones provinciales. En consecuencia, serán aproximadamente 22 los instructores que recibirán cursos de actualización sobre todos los proyectos de modernización tributaria, tales como *Janela Única Electrónica* (JUE, o proyecto de «Ventanilla Única Electrónica»), *e-tributação* (oficina virtual de impuestos), terminales para el pago de impuestos y otras herramientas implementadas por la Organización Mundial de Aduanas (OMA) y el Foro Africano de Administración Tributaria (FAAT), que gozarán de cierta autonomía en la formación de *diseminadores* y la realización de campañas de Educación Cívico-Tributaria.

Los costes de la campaña de Educación Cívico-Tributaria (Cuadro 20.2) incluyen aquellos en concepto de comunicación de masas, es decir, televisión, radio y agencias de prensa (producción e inserción de anuncios publicitarios, informes y comunicados de prensa, entre otros); carteles; publicaciones (boletines informativos, revistas y suplementos); manuales de Educación Cívico-Tributaria; folletos y opúsculos de información tributaria y aduanera, e iniciativas de sensibilización fiscal mediante actividades culturales, recreativas y deportivas. Algunos de los costes incurridos eran inherentes a la formación de *diseminadores* de educación fiscal y aduanera, en colaboración con asociaciones juveniles, ONG, administraciones de distrito, zonas administrativas, establecimientos, mercados y otros portavoces acreditados.

Cuadro 20.2. **Costes aproximados de la campaña en Mozambique, 2010-12**

Año	Costes expresados en MZN*	Costes expresados en USD	Tipo de cambio
2010	50 927 550	1 818 841	28.00 MZN/USD
2011	82 494 469	2 946 231	28.00 MZN/USD
2012	19 725 383	657 512	30.00 MZN/USD

Fuente: Autoridad Tributaria.

Nota: *Cifras expresadas en meticales mozambiqueños.

Impacto

La campaña «Construyamos juntos Mozambique» y actividades de Educación Cívico-Tributaria conexas parecen haber tenido éxito, especialmente en el incremento del número de registros de contribuyentes. Entre 1999 y 2006, alrededor de 390.000 personas se registraron como contribuyentes. A comienzos de 2012, esta cifra se había quintuplicado (Cuadro 20.3), lo que representa, mediamente, un registro anual de 285.988 NUIT desde que se creara la AT y se lanzara la campaña de Educación Cívico-Tributaria.

Cuadro 20.3. **Registro anual de contribuyentes en Mozambique, 1999-12**

Descripción	1999-2004	2005	2006	2007	2008	2009	2010	2011	2012	Total
Particulares	126 373	116 047	96 409	186 324	187 185	183 219	257 434	321 292	498 440	1 972 723
Empresas	10 597	2 522	36 976	3 554	4 384	4 933	5 068	6 286	7 814	82 134
Total	136 970	118 569	133 385	189 878	191 569	188 152	262 502	327 578	506 254	2 054 857
Total acumulado	N/A	255 539	388 924	578 802	770 371	958 523	1 221 025	1 548 603	2 054 857	N/A

Fuente: Autoridad Tributaria.

Enseñanzas extraídas

El personal de la AT se enfrentó a una serie de desafíos en la realización de la campaña de Educación Cívico-Tributaria. Resultó difícil involucrar a todas las esferas de la sociedad al ser Mozambique un inmenso país con una gran diversidad lingüística, que cuenta además con un bajo nivel de alfabetización. Algunas zonas eran demasiado remotas y de difícil acceso. Son muchas las personas que se resisten a modificar su conducta en materia tributaria debido a la cultura del impago y el desconocimiento generalizado de la importancia de obtener ingresos fiscales para el desarrollo del país. La gente tiene dificultades para visualizar las consecuencias que tendría para ellos y su país el simple hecho de que más personas pagaran sus impuestos.

Futuros pasos

Se prevé introducir diversas mejoras en la actual campaña de Educación Cívico-Tributaria, entre las que se incluyen:

- Expansión a todas las esferas de la sociedad mediante el uso de las lenguas locales;
- formación de personas con discapacidad visual (y traducción de manuales al Braille), discapacidad auditiva y aquellas que no tienen o han perdido la capacidad para hablar, para que puedan contribuir a la campaña;
- producción de manuales en formato de tira de cómic;
- introducción de materiales tributarios en todos los medios de comunicación, incluida la radio comunitaria; instalación de un estudio de radio y televisión para retransmitir materiales publicitarios de la AT, informes y noticias, e
- inclusión de contenidos tributarios y aduaneros en los libros de texto de primaria y secundaria, e introducción de cursos sobre estos temas.

Recuadro 20.3. **Autoridad Tributaria (AT)**

La Autoridad Tributaria (AT) mozambiqueña nació en 2006. Su misión es recaudar ingresos e implementar sus políticas fiscales con eficacia, eficiencia y equidad, incluidos los derechos de aduana. Su objetivo es aumentar la conveniencia para los contribuyentes de cumplir con las respectivas obligaciones tributarias, así como también proteger la economía y a la sociedad. Es responsable de ejecutar la política fiscal y aduanera, de dirigir los departamentos que la componen, de planificar los sistemas de información, de formar al personal y de formular y diseñar las políticas tributaria y aduanera. La plantilla de la AT la integran 4.270 funcionarios y empleados públicos adscritos a 374 oficinas en todo el país, tanto en zonas urbanas como rurales.

Para mayor información, visite la página web: www.at.gov.mz.

Direcciones de correo electrónico del Programa de Educación Cívico-Tributaria: gcimagem@at.gov.mz y gcimagem@gmail.com.

Fuente: Autoridad Tributaria.

Capítulo 21

Nigeria: Serie TV sobre fiscalidad e impuestos

Servicio Federal de Rentas Internas (FIRS)

Este capítulo presenta el Programa de Educación Cívico-Tributaria de Nigeria. En primer lugar, hace un recorrido por el programa al completo y sus objetivos, y prosigue centrándose en un elemento en concreto: la serie TV con el título «Deber vinculante». Para concluir, analiza el impacto y las enseñanzas extraídas a raíz de la iniciativa.

Por lo general, los contribuyentes se enfrentan a mensajes de carácter fiscal excesivamente técnicos y no fácilmente inteligibles. Si dichos mensajes se presentaran de forma más atractiva y llamativa, los contribuyentes podrían comprender las cuestiones en juego, al tiempo que estarían más motivados a pagar sus impuestos. Precisamente teniendo esto en mente, el Servicio Federal de Rentas Internas (FIRS, por sus siglas en inglés) nigeriano ha desarrollado una serie de iniciativas estratégicas encaminadas a dotar a esos mensajes de mayor atractivo para los contribuyentes.

Educación Cívico-Tributaria en Nigeria

El FIRS cuenta con una unidad específicamente dedicada a la Educación Cívico-Tributaria que hace mayor hincapié en actividades individualizadas o personalizadas (Recuadro 21.1). El Departamento de Comunicaciones tiene encomendada la Educación Cívico-Tributaria a través de los medios de comunicación, a cuyo fin realiza diversas iniciativas en este área.

Recuadro 21.1. **Objetivos de la Educación Cívico-Tributaria en Nigeria**

- Explicar los distintos tipos de impuestos que los ciudadanos están obligados a pagar y cómo, cuándo y dónde hacerlo.
- Mostrar los beneficios de pagar impuestos.
- Incrementar el índice de cumplimiento voluntario.
- Legitimar a los ciudadanos a participar en debates sobre el destino de los ingresos fiscales.

Fuente: Servicio Federal de Rentas Internas.

El FIRS coopera con los medios de comunicación nigerianos y con diversas instituciones públicas y privadas para ofrecer distintas actividades clave, entre ellas:

- Programas radiofónicos en los cinco idiomas principales de Nigeria (igbo, hausa, yoruba, pidgin e inglés) en las principales emisoras de radio;
- un programa de televisión de temática fiscal retransmitido por los canales televisivos más importantes (véase más adelante);
- teleseries sobre fiscalidad del tipo «novela» que se centra en los distintos ámbitos y tipos de impuestos, y pone en relieve la necesidad de que los contribuyentes cumplan sus obligaciones tributarias;
- páginas semanales en 13 de los principales periódicos nigerianos con artículos, noticias e información tributaria;
- campañas publicitarias sobre diferentes áreas y aspectos de la fiscalidad, tales como el IVA y retención en la fuente, utilizando a tal fin múltiples y diferentes medios, así como sesiones de intervención de las partes interesadas y espectáculos ambulantes, entre otros;
- seminarios y talleres para contribuyentes;
- el uso de redes sociales (como Facebook y Twitter);

- cooperación con instituciones de enseñanza superior, escuelas de primaria y secundaria, y
- concursos y certámenes.

Los grupos destinatarios son:

- Microempresas, pequeñas, medianas y grandes empresas
- residentes en el Territorio de la Capital Federal, policía y fuerzas armadas (impuesto sobre la renta).

Especial referencia a la serie TV titulada «Deber vinculante»

«Deber vinculante» (*Binding Duty*) es una telenovela de 30 minutos de duración, de la que se han producido 26 episodios hasta la fecha. El programa tiene como objetivo llegar a los contribuyentes de forma distendida, placentera y sin confrontación a la hora de recordarles su obligación de pagar impuestos, contribuyendo también al aumento de los índices de alfabetización y cumplimiento fiscales.

La serie gira en torno a un guión convincente que transmite mensajes precisos en materia tributaria de una forma atractiva que causa efecto en los espectadores. Los episodios escenifican, con un toque dramático, cómo ha cambiado el viejo modelo ineficaz y corrupto de recaudación tributaria, que merece la pena ser cumplidor y que todos tenemos la responsabilidad de contribuir al desarrollo de nuestros respectivos países y sociedades. Se reunió a un grupo de talentosos actores, entre ellos rostros conocidos de la industria cinematográfica nigeriana («Nollywood»), para amenizar e interpretar con espíritu creativo el guión. Por último, se hizo una selección de diversos canales de televisión regionales, nacionales y estatales para televisar la serie en todas las regiones del país.

Recuadro 21.2. «Deber vinculante» – Ejemplo: *Quien la hace…* (Temporada 1, Episodio 4)

Tema: Educación Cívico-Tributaria

Subtexto: El viejo modelo ha cambiado/Cada uno cosecha lo que siembra

Sinopsis

Debido a su especial relación con la chica del Departamento de Contabilidad, Gboyega Cole, un joven actualmente en el Servicio de la Juventud descubre que la empresa para la que espera poder trabajar después ha estado cometiendo fraude fiscal, concretamente el Fondo Fiduciario para la Educación. No obstante, el hecho no adquiere relevancia hasta que la empresa en cuestión le deniega el puesto de trabajo. Irónicamente, la empresa se negó a darle trabajo porque el jefe lo considera un titulado inexperto. A este punto, la relación de Gboyega con la chica que idolatra no es lo único que peligra, sino también una carrera. El joven denuncia las prácticas fraudulentas de la empresa ante el Servicio Federal de Rentas Internas nigeriano. Finalmente, los hechos resultan probados y se demuestra el delito.

Fuente: Servicio Federal de Rentas Internas.

Una productora experta, la *Quest Communications*, resultó seleccionada para interpretar y traducir los mensajes de carácter fiscal adaptándonos a una serie TV. Dicha productora se convirtió en un socio clave para el FIRS al aportar los conocimientos técnicos necesarios para llevar a la práctica el trabajo y otros medios logísticos, a la vez que el FIRS se aseguró de la idoneidad de los contenidos fiscales y de que se lanzaban mensajes claros a los espectadores y contribuyentes.

El proyecto ha contado con la participación de ocho funcionarios del FIRS. También intervino el personal multidisciplinar de distintos departamentos tributarios, especialmente con motivo del taller previo al desarrollo del guión. La fase de producción también involucró a expertos de recaudación tributaria, quienes proporcionaron asesoramiento y materiales de comprobación.

El coste de la iniciativa gira en torno a los 80 millones de nairas nigerianos (500 000 dólares estadounidenses, aproximadamente), financiado enteramente por el presupuesto operativo asignado.

Impacto

- Mayor alcance: Con una audiencia semanal de 50 millones de personas, el programa ha tenido mucho éxito a la hora de inculcar una conducta fiscalmente responsable a los ciudadanos de a pie. En total, vieron la serie «Deber vinculante» 80 millones de nigerianos.
- Mayor grado de alfabetización fiscal y sentido del deber: Han mejorado las competencias de quienes pagan impuestos, al igual que lo ha hecho su sentido del deber en relación con el pago «voluntario» de impuestos. La gente percibe que otros contribuyentes están pagando la cuota que les corresponde, además de que la administración tributaria trata de manera justa y transparente a los contribuyentes.

Enseñanzas extraídas

La total externalización del entero proceso de producción se consideró tanto una ventaja como un desafío. La falta de control sobre la producción dio lugar a innumerables imprevistos y retrasos en la programación. La férrea supervisión y la constante participación en el proceso de producción por parte del equipo del FIRS ayudaron a mitigar estos problemas.

El FIRS tiene previsto dar continuidad al programa. De igual forma, la experiencia adquirida a raíz de la primera serie debería garantizar una mayor eficacia en las futuras labores de producción, que adoptará distintas perspectivas y líneas de producción.

Recuadro 21.3. Servicio Federal de Rentas Internas (FIRS)

La principal responsabilidad del FIRS, o Servicio Federal de Rentas Internas nigeriano, consiste en acceder, recaudar y cobrar los impuestos en nombre del gobierno federal.

La misión del FIRS, que cuenta con aproximadamente 150 oficinas en las 6 regiones de Nigeria, es adoptar un sistema tributario transparente y eficaz que optimice la recaudación de ingresos fiscales y el cumplimiento fiscal voluntario. Su visión es la de prestar servicios de excelencia a los contribuyentes en colaboración con otras partes interesadas y hacer de la fiscalidad el centro neurálgico del desarrollo nacional.

Si desea obtener más información, visite la página web: www.firs.gov.ng.

Fuente: Servicio Federal de Rentas Internas.

Capítulo 22

Perú: Estrategia general de Educación Fiscal

Superintendencia Nacional de Aduanas y Administración Tributaria (SUNAT)

El presente capítulo analiza el Programa de Educación Cívico-Tributaria de Perú. En primer lugar, hace un recorrido completo por el programa y sus objetivos, y continúa centrándose en un elemento en concreto: la estrategia general de Educación Fiscal. Por último, realiza una reflexión sobre el impacto y las enseñanzas extraídas, y señala brevemente los futuros pasos en este ámbito.

Los ingresos económicos del Estado peruano, como en la mayoría de países latinoamericanos en desarrollo son, lamentablemente, insuficientes para prestar a los ciudadanos, especialmente a los más pobres, los servicios públicos necesarios. Esto se debe, principalmente, al elevado número de contribuyentes que no pagan sus impuestos, ya sea deliberadamente con miras a obtener provecho individual, o bien de forma involuntaria al estar desinformados o confusos acerca de la necesidad de pagar impuestos. Este comportamiento está directamente relacionado con la falta de educación cívica, que enfatiza la adecuación y observancia de las normas, la transcendencia del interés general y la firme convicción de que todos tenemos que contribuir al sostenimiento de los gastos públicos.

En 2005, la Superintendencia Nacional de Administración Tributaria (SUNAT) de Perú (Recuadro 22.3) identificó la Educación Cívico-Tributaria como una prioridad institucional fundamental para provocar el cambio perseguido. En diciembre de 2012, se creó una Unidad de Gerencia de Cultura Aduanera y Tributaria para dar continuidad y reforzar las actividades existentes en el ámbito de la Educación Cívico-Tributaria.

Educación Cívico-Tributaria en Perú

La Educación Cívico-Tributaria en Perú se dirige a todos los ciudadanos, si bien hace un especial énfasis en los jóvenes y en sus docentes. El objetivo es desarrollar una estrategia sostenible de educación fiscal (Recuadro 22.1). Actualmente, existen dos líneas principales de acción: impartir asignaturas de Cultura Fiscal, por un lado, en escuelas y, por otro, en la Enseñanza Superior. El personal interesado de la SUNAT puede recibir formación a través del curso virtual que lleva por título «Educación Cívica en las Aulas», que capacita al personal y lo dota de las herramientas necesarias para ofrecer e implementar programas de educación fiscal en las escuelas.

Recuadro 22.1. **Objetivos de la Educación Cívico-Tributaria en Perú**

- Promover el cumplimiento tributario y aduanero a través de sencillos mecanismos de sensibilización fiscal y de prevención de delitos fiscales.
- Promover el desarrollo económico y la inclusión social.
- Educar a la sociedad sobre el fin social de la fiscalidad, es decir, los beneficios sociales derivados del pago de impuestos.
- Concienciar a los contribuyentes sobre el efecto negativo de los delitos fiscales para el conjunto de la sociedad.

Fuente: Superintendencia Nacional de Aduanas y Administración Tributaria.

Se imparten asignaturas de Educación Fiscal en todas las Facultades de Educación, al tiempo que forma parte de las actividades recreativas y artísticas extracurriculares en escuelas y universidades (Recuadro 22.2). Se ha realizado un esfuerzo conjunto por mejorar las competencias de los docentes y su grado de compromiso con la enseñanza de la asignatura, a cuyo fin y sobre cuya materia se han elaborado materiales didácticos. Por otra parte, también se organizan concursos de ensayos tributarios.

Asimismo, la SUNAT organiza un Sorteo Escolar de Comprobantes de Pago, mediante el que las instituciones educativas pueden optar a un premio valorado en

300.000 dólares estadounidenses, de media, para poder hacer frente a distintas necesidades. Esto sirve para reiterarles a docentes, estudiantes y padres la importancia de exigir los comprobantes de pago y desincentiva la realización de actividades económicas ocultas o parcialmente declaradas (economía sumergida). También existe una iniciativa análoga, el Proyecto de Certificación Escolar, que incita a los alumnos de 5° año de secundaria de escuelas de todo el país a exigir los correspondientes comprobantes de pago al efectuar una compra o solicitar un servicio.

Con un alcance más general, se recurre a los medios de comunicación contemporáneos tales como los teléfonos móviles, páginas web y redes sociales para concienciar a la ciudadanía y mantener informado al conjunto de la sociedad. En todas estas iniciativas, la misión de la SUNAT peruana consiste en prestar servicios de excelencia.

Recuadro 22.2. **Ayni, la mascota oficial de la SUNAT**

Ayni es un pingüino de Humboldt en peligro de extinción. El nombre de *Ayni* significa «trabajo solidario» en dialecto quechua, y representa un personaje emblemático, muy útil para hablar de fiscalidad con los más pequeños. A partir de la experiencia en el Seminario Internacional de Educación Fiscal organizado por EUROsociAL en Buenos Aires, la SUNAT organizó, a su vez, el Circuito Educativo de Ayni en el principal parque zoológico de la ciudad de Lima, iniciativa de gran éxito que enseña a los niños el valor de los bienes y servicios públicos, la función social de los tributos y la importancia de exigir los comprobantes de pago. Desde entonces, el circuito ha provocado un efecto mimético y se ha emulado en diversas escuelas y ferias por todo el país.

Para mayor información, visite la página: http://aulaprimaria.sunat.gob.pe/index.php/quien-es-ayni (en español).

Fuente: Superintendencia Nacional de Aduanas y Administración Tributaria.

Especial referencia a la estrategia general de Educación Fiscal

La SUNAT asumió tempranamente que si quería *calar* con su mensaje en la ciudadanía, tenía que comenzar por enseñar a todos los niños peruanos las ventajas de la fiscalidad y de la conciencia social.

A tal fin, el primer paso era incorporar los contenidos de naturaleza fiscal y tributaria en los planes de estudios y diseños curriculares, lo que supuso una colaboración a largo plazo con el Ministerio de Educación (abarcando escuelas y universidades), el sector educativo en general y otras instituciones.

Dicha colaboración condujo a la suscripción de un Convenio de Cooperación Interinstitucional con el Ministerio de Educación en Julio de 2006, cuyo objetivo principal era incorporar contenidos sobre conducta fiscalmente responsable en los planes de estudio y diseño curricular de los tres niveles de la Educación Básica Regular en el país: Educación Inicial, Educación Primaria y Educación Secundaria.

Sin embargo, la firma del Convenio era sólo el primer paso de un largo proceso evolutivo de camino a la adaptación de los planes de estudios nacionales. En paralelo, ello requería un enorme esfuerzo organizativo a gran escala por parte del Ministerio de Educación y de la SUNAT para educar y concienciar a los docentes sobre la importancia de incorporar las cuestiones de índole tributaria y fiscal a sus planes de estudios. Hacia finales de 2008, se anunció un cambio inminente en el diseño curricular nacional (DCN). Sin embargo, una reorganización y renovación del personal del Ministerio de Educación a cargo hizo necesario recurrir a todos los medios y canales disponibles para convencer al nuevo personal de la necesidad e importancia de incluir asignaturas de Educación Fiscal en el diseño curricular.

El logro más importante de este largo proceso de deliberación fue que, en 2009, los contenidos y asignaturas de Cultura Fiscal adquieren carácter obligatorio para todos los alumnos, en todos los niveles educativos: de Educación Inicial a Educación Secundaria. Ese mismo año, se diseñó un curso concebido para garantizar la calidad de la enseñanza de contenidos fiscales conforme al nuevo DCN. A partir de 2010, se incluyeron talleres con una duración de tres días, a media jornada, con el fin de ayudar a los docentes a formular conceptos sobre la base de su propia experiencia y conocimientos previos, logrando así que cada docente se involucre más directamente en el tema. En 2012, se incluyó un curso virtual, aparte de la creación de un portal web para poner los materiales pertinentes al alcance de todos los docentes y alumnos de educación primaria y secundaria (www.cultura.sunat.gob.pe).

Junto a estas actividades estratégicas, a partir de 2009 la SUNAT puso también en marcha varias acciones formativas no formales dirigidas a niños y jóvenes para reforzar todo lo aprendido en el aula, tales como el Sorteo Escolar de Comprobantes de Pago y el Proyecto de Certificación Escolar, ambos descritos anteriormente.

Para lanzar el programa, se formó un equipo multidisciplinar de profesionales multitarea, cuyo número de integrantes varió entre los años 2005 y 2012 de los 5 a los 13 miembros. Dicho equipo estaba liderado por una coordinadora, encargada de gestionar toda la planificación a nivel nacional y de divulgar y editar todos los materiales.

El hecho de estar descentralizada la toma de decisiones en el sector educativo obligó a la SUNAT a crear una red de coordinadores del personal a su servicio por todo el país a fin de implementar y coordinar el programa educativo nacional, tanto a nivel regional como local.

Impacto

Los programas de Educación Fiscal pretenden provocar un cambio de conducta a largo plazo, de ahí que no deba medirse o cuantificarse su impacto de la misma forma que la aplicada a proyectos concretos a corto plazo concebidos, por ejemplo, para dar un rápido impulso al cumplimiento de las obligaciones tributarias. Un método idóneo de evaluación de impacto que se espera se aplique en futuro debe centrarse estrictamente en los ámbitos de intervención y utilizar puntos de referencia para medir los avances a medio y largo plazo hacia el cumplimiento de los objetivos del Ministerio de Finanzas y la administración tributaria. Por su parte, la evaluación de las conductas infantiles debe encomendársele al Ministerio de Educación como parte de sus funciones.

- Gran éxito de la iniciativa entre la población infantil: Alrededor de 8 millones de escolares han cursado esta asignatura en escuelas de Educación Inicial, Primaria y Secundaria de todo el país.
- Gran aumento de docentes capacitados: Desde 2008, la SUNAT ha impartido de manera directa cursos de formación a 14 935 docentes.

- Oportunidades de aprender jugando: Actualmente, más de 200 000 niños tienen acceso a circuitos lúdico-educativos y obras de teatro que fomentan una conducta fiscalmente responsable.
- Mayor sensibilización sobre la necesidad de erradicar la economía sumergida: El Sorteo Escolar de Comprobantes de Pago ha suscitado el interés de 3 864 colegios que han formado y concienciado a sus comunidades educativas (padres, profesores y alumnos) para que exijan los comprobantes al efectuar compras con el fin de erradicar la economía sumergida.

En el año 2011, la iniciativa obtuvo un importante reconocimiento al resultar finalista para optar al «Premio a las Buenas Prácticas en Gestión Pública», concurso anual organizado por la entidad peruana «Ciudadanos al Día» que cuenta con el apoyo de la Defensoría del Pueblo y que da a conocer y premia experiencias exitosas de buenas prácticas en el sector público. Asimismo, la iniciativa resultó finalista en la categoría «Incidencia Pública», que evalúa el conjunto de actividades orientadas a lograr el consenso ciudadano necesario para poder mejorar el marco institucional vigente.

Enseñanzas extraídas

Por lo general, el Ministerio de Educación precisa de un plazo mayor que la SUNAT para adoptar decisiones debido a que los nuevos contenidos dirigidos a niños han de ser convenientemente sometidos a un proceso de análisis, reflexión y experimentación. El hecho de que existiera un convenio firmado fue de gran ayuda, aunque también fueron necesarias la perseverancia, creatividad y constancia de la SUNAT para preservar el consenso en torno a la decisión de incluir materias de temática fiscal en los currículos nacionales.

Otro desafío radicaba en el hecho de que los docentes capacitados por la SUNAT no impartían docencia de manera uniforme sobre materias fiscales en las aulas, hecho que se ponía de manifiesto durante la presentación de proyectos de los alumnos.

La Educación Fiscal, dados sus resultados a medio y largo plazo, no siempre se considera una prioridad institucional pese a estar formalmente presente entre los objetivos, metas e indicadores, por lo que se requiere un esfuerzo permanente de sensibilización de autoridades, ya sean internas o externas. En particular, es necesario institucionalizar el tema en los organigramas del Ministerio de Finanzas y las administraciones tributarias para evitar el riesgo de retroceder, recortar personal y no garantizar la continuidad de contenidos.

Futuros pasos

En 2013, se establece un nuevo objetivo estratégico institucional: «Liderar el desarrollo de la conciencia fiscal y aduanera en la ciudadanía», punto de partida que condujo a la creación de la Unidad de Gerencia de Cultura Aduanera y Tributaria.

Recuadro 22.3. **Superintendencia Nacional de Aduanas y de Administración Tributaria de Perú**

La Superintendencia Nacional de Aduanas y de Administración Tributaria (SUNAT) de Perú es un órgano técnico especializado adscrito al Ministerio de Economía y Finanzas. Goza de autonomía funcional, técnica, económica, financiera, administrativa y presupuestaria. Su misión consiste en promover el cumplimiento tributario y aduanero a través de mecanismos de fácil uso de sensibilización en materia tributaria y de prevención de delitos fiscales, lo que implica la gestión de procesos integrados, una utilización intensiva de tecnología y requiere de un equipo humano comprometido, uniforme y competente capaz de prestar servicios de excelencia. Su plantilla de personal se compone de 12 000 empleados públicos y cuenta con oficinas y delegaciones en todas las sedes urbanas de las 26 regiones del país.

Para mayor información, visite la página web de Educación Fiscal: http://cultura.sunat.gob.pe.

Facebook: www.facebook.com/CulturaAduaneraTributaria.

Dirección de correo electrónico: educa@sunat.gob.pe.

Fuente: Superintendencia Nacional de Aduanas y Administración Tributaria.

Capítulo 23

Ruanda: Un homenaje al contribuyente

Agencia Tributaria Ruandesa (RRA)

El presente capítulo analiza el Programa de Educación Cívico-Tributaria de Ruanda. Comienza haciendo un recorrido por el programa al completo y sus objetivos, seguido del análisis de varios elementos específicos: el Día del Contribuyente, los Clubes Fiscales de Amigos y los Consejos Consultivos Fiscales. Por último, realiza una reflexión sobre el impacto y las enseñanzas extraídas como fruto de la iniciativa.

En 1997, el Gobierno de Ruanda llevó a cabo un programa de reformas para restaurar y fortalecer las principales instituciones económicas del país tras el devastador genocidio acaecido en 1994. Entre otras áreas, las reformas se propusieron reactivar la administración tributaria; restaurar los procesos de elaboración y ejecución de presupuestos junto a los de rendición de cuentas, y capacitar al personal encargado de la gestión presupuestaria y económica. El nacimiento de la Agencia Tributaria Ruanesa (RRA, por sus siglas en inglés) (Recuadro 23.2) se produjo como parte de este proceso, esto es, para reconstruir la capacidad de recaudar ingresos del país.

Educación Cívico-Tributaria en Ruanda

La responsabilidad principal de la Educación Cívico-Tributaria recae en manos del Departamento de Servicios al Contribuyente de la RRA, que pretende impulsar las relaciones mutuamente beneficiosas con agentes y grupos de interés externos a través de distintos servicios al contribuyente, entre los que se incluyen la orientación al usuario y las relaciones públicas, organizados básicamente por las Divisiones de Educación Cívico-Tributaria y Comunicación (Recuadro 23.1). El ámbito de actuación y las competencias administrativas de la RRA se extienden verticalmente hasta el nivel de distrito con el fin de facilitar y simplificar el pago de impuestos a nivel local.

Recuadro 23.1. **Objetivos de la Educación Cívico-Tributaria en Ruanda**

- Impulsar el cumplimiento fiscal voluntario gracias a programas educativos eficaces y a unos mejores servicios al usuario.
- Optimizar la prestación de servicios a través de procesos de trabajo en equipo, interdepartamentales.
- Dar a conocer a los contribuyentes las instalaciones e incentivos de la RRA mediante actividades de relaciones públicas estratégicas y una cultura de atención al usuario.

Fuente: Agencia Tributaria Ruandesa.

Tras su creación en 1997, el primer reto al que se enfrentó la RRA fue asentar las bases de una confianza ciudadana en las instituciones para recaudar impuestos de forma justa y eficaz, así como para destinar esos ingresos al interés general. Desde 1998, bajo el eslogan «Impuestos para el Crecimiento y el Desarrollo», la RRA viene desarrollando diversas iniciativas para informar y concienciar a la sociedad ruanesa de la importancia de los impuestos para el desarrollo del país, poniendo de manifiesto las inversiones gubernamentales relacionadas con el desarrollo para explicar que los impuestos proporcionan los recursos necesarios para los servicios públicos y la infraestructura de los que se beneficia toda la sociedad lugareña.

Esta campaña ha cambiado su línea directriz hasta en tres ocasiones desde 1998:

Etapa 1 (1998-2001): Los esfuerzos iniciales iban encaminados a capacitar al propio personal de la RRA, a crear la identidad de la RRA y a infundir confianza entre los contribuyentes y la población en general. En esta primera etapa, la RRA adoptó técnicas convencionales como los folletos y panfletos, junto a iniciativas novedosas tales como programas de entrevistas (en televisión y radio), encuentros en el ayuntamiento y la celebración del famoso Día del Contribuyente (descrito más adelante). Se programaron actividades y eventos a nivel nacional y regional.

Etapa 2 (2002-06): Uno de los principales hitos en la evolución de la RRA fue el lanzamiento de su programa de modernización en 2003. Originariamente, la RRA se estructuraba en departamentos en función del tipo de impuesto; ya en 2003, se produjo un cambio que se tradujo en una estructura más funcional que agrupó los servicios al contribuyente e introdujo un sistema de «ventanilla única». Para mejorar el nivel de alfabetización fiscal ciudadana, la RRA diseñó iniciativas más interactivas con un mayor enfoque en el diálogo con los ciudadanos y contribuyentes. Así, por ejemplo, surgieron los Clubes Fiscales de Amigos (descritos a continuación) en instituciones educativas y centros de enseñanza secundaria con el fin de inculcar una conducta fiscalmente responsable desde edades tempranas.

Etapa 3 (2006-actualidad): Esta etapa ha sido el detonante para mejorar el acceso público a los servicios fiscales, fortalecer las relaciones con las distintas categorías de contribuyentes y consolidar la idea de cultivar una cultura fiscal entre los jóvenes. A tal fin, el Ministerio de Educación creó un currículo en colaboración con la RRA y la Universidad Nacional de Ruanda (NUR, por sus siglas en inglés). Esta colaboración se rige por y está regulada en un memorando de entendimiento con la NUR sobre cooperación y desarrollo de la capacidad.

En la actualidad, las actividades de Educación Cívico-Tributaria incluyen:

- Difusión de información tributaria jurídica y técnica fácilmente inteligible, por ejemplo, a través de consultorías fiscales a medida que satisfagan las necesidades específicas de los usuarios, participación en eventos públicos como ferias y exposiciones, y la celebración anual del Día del Contribuyente (véase más adelante)
- diseño y desarrollo de programas completos de Educación Cívico-Tributaria acerca de la importancia de los impuestos, el papel de los contribuyentes, los incentivos fiscales y el registro de contribuyentes
- mejora de la imagen de la RRA ampliando la responsabilidad social de las empresas (RSE)
- ultimar la creación de Consejos Consultivos Fiscales (descritos más abajo) a nivel de distrito
- elaboración de información escrita y directrices para los contribuyentes y el público en general en un lenguaje sencillo, claro, aun cuando se hable de reformas fiscales
- producción de programas promocionales de radio y televisión, sirviéndose de las artes dramáticas y de representación como herramienta para inculcar una conducta fiscalmente responsable en la sociedad
- canalización de las quejas de los contribuyentes y colaboradores a través de buzones de sugerencias
- seguimiento de las actividades de los Clubes Fiscales de Amigos en centros de enseñanza secundaria y ulterior difusión de las mismas en instituciones de enseñanza superior
- desarrollo de las competencias del personal adscrito al Departamento de Servicios al Contribuyente

- tramitación de las quejas de gestión y de la información de retorno a través de un centro de atención telefónica y una página web
- control del trato al usuario por parte del Departamento de Operaciones, entre otros, de la RRA.

La Federación de Empresas Privadas es un aliado clave en materia de Educación Cívico-Tributaria. Igualmente, se ha creado un Foro de Asuntos Fiscales para permitir el debate entre empresas privadas y administración tributaria sobre temas que requieren una especial atención por ambas partes.

Especial referencia al Día del Contribuyente, a los Clubes Fiscales de Amigos y a los Consejos Consultivos Fiscales

El Día del Contribuyente se celebra una vez al año en toda Ruanda. Plenamente consciente de la enorme transcendencia de adquirir un compromiso político coherente, de alto nivel, en relación con la Educación Cívico-Tributaria, el Presidente de la República de Ruanda dirige este evento, extremadamente útil para reforzar el nexo existente entre la fiscalidad y el desarrollo nacional, impulsar el cumplimiento fiscal y fomentar la confianza en la RRA. En su calidad de invitado de honor, el Presidente de Ruanda otorga premios a los mejores contribuyentes del país, como es el caso de quienes pagan sus impuestos en tiempo y forma, de entre los sujetos con las rentas más altas (parte alta de la horquilla impositiva) y los contribuyentes con rentas bajas y medias. Durante la semana precedente al Día del Contribuyente se suceden diversas actividades orientadas a la responsabilidad social de las empresas (RSE), incluyendo consultas con los contribuyentes y las partes interesadas. Se publica un informe del evento en el que se destacan las cuantías en concepto de ingresos fiscales, así como los logros y retos enfrentados por la RRA. Esta iniciativa ha suscitado un enorme éxito, de ahí que otros países de la Comunidad del África Oriental (CAO), y no sólo, se hayan hecho eco de la misma.

Pese a que los Clubes Fiscales de Amigos fueron concebidos, en principio, para los centros de enseñanza secundaria, actualmente están apuntando también a instituciones de enseñanza superior como las universidades. En el marco de este programa, los funcionarios de la RRA realizan visitas a escuelas y celebran charlas de dos horas para hablar y responder a preguntas sobre cómo gasta y a qué destina el país los ingresos fiscales, en qué se benefician los estudiantes y las diversas normas tributarias vigentes en Ruanda. Los funcionarios de la RRA animan a los estudiantes a comentar con amigos, familia y empresas los temas tratados. La RRA también ofrece prácticas en el seno de la Agencia Tributaria a modo de premio a los estudiantes, concede becas de investigación y organiza concursos de redacción. Todas estas iniciativas contribuyen a inculcar una cultura del pago de impuestos y un mayor conocimiento personal tributario y financiero entre las generaciones más jóvenes.

Los Consejos Consultivos Fiscales (CCF) se introdujeron en el año 2000, habiéndose expandido desde entonces hasta abarcar 30 distritos de Ruanda. Las reuniones de los CCF, en las que intervienen informadores y opinionistas líderes del sector a nivel de *umudugudu* (nivel administrativo de vecindad o término municipal), tienen lugar trimestralmente y son presididas por el alcalde de la localidad. Estos Consejos Consultivos Fiscales han conseguido involucrar a los ciudadanos en la lucha contra la corrupción y el contrabando; han concienciado a los contribuyentes de la importancia de pagar sus impuestos en tiempo y forma y de la incidencia de éstos en el desarrollo, y han contribuido a ampliar la base imponible. Al trabajar con las administraciones locales, los CCF prestan apoyo al proceso de descentralización fiscal y amplían el margen de ciudadanos que toman parte para asegurarse de que no prevalezcan los intereses empresariales.

Impacto

- Aumento de ingresos fiscales: La recaudación tributaria ha mejorado considerablemente en la última década, pasando de estar por debajo del 10% del PIB en 2000 a una previsión del 14% para 2013 (BAfD, 2011). Ya sea o no posible establecer un nexo causal entre la Educación Cívico-Tributaria y los ingresos fiscales, parece que tanto el cumplimiento fiscal como la legitimidad de la RRA entre la población van en aumento.
- Percepción más positiva: La RRA admite que su capacidad de actuación está condicionada, en parte, por factores externos, concretamente la percepción de los contribuyentes (Land, 2004). Sin embargo, goza de un cierto margen de influencia sobre dicha percepción. El compromiso, por parte del Gobierno de Ruanda, de destinar ingresos al desarrollo está ayudando a superar la reticencia de los ciudadanos a pagar impuestos. Iniciativas como la de «Una vaca por hogar pobre» y «Un ordenador por niño» constituyen un buen ejemplo de los programas en boga. La actitud positiva infundida por estos programas ayuda, a su vez, a generar ingresos para más inversiones de esta naturaleza.

Enseñanzas extraídas

La RRA concibe la Educación Cívico-Tributaria como una «obra en construcción» propiamente dicha, por lo que trabaja sin descanso para adoptar nuevos enfoques y seguir desarrollando aquellos otros que parecen funcionar. Además de las actividades enumeradas anteriormente, existen otras tales como el diseño de libros de dibujos animados (inspirados en un proyecto del Servicio de Gestión Tributaria Sudafricano) y el desarrollo de un Foro de Asuntos Fiscales que da cabida a la RRA y a dirigentes del sector privado para abordar temas fiscales de interés común. No obstante, hechos como el de involucrar a los agentes clave, incluidas empresas y sociedad civil, el de llegar a las zonas rurales o el hecho de contar con la participación de pequeñas y medianas empresas, dada la magnitud de la economía sumergida en Ruanda (Land, 2004), siguen siendo todo un reto.

Recuadro 23.2. **Agencia Tributaria Ruanesa (RRA)**

La Agencia Tributaria Ruanesa (RRA) nació en 1997 como un órgano con un grado de autonomía casi absoluto. Su misión consiste en movilizar ingresos para el desarrollo económico a través de servicios eficaces y equitativos de fomento del crecimiento empresarial. Su visión reside en convertirse en una agencia tributaria de alcance mundial, eficaz y moderna, capaz de sufragar por completo las necesidades del país.

Tiene encomendadas las siguientes tareas:

- Estimar, gestionar y recaudar ingresos tributarios, aduaneros y otros ingresos fiscales específicos a través de la efectiva administración y la aplicación oportuna de la normativa tributaria
- recaudar ingresos extrafiscales
- asesorar al gobierno en asuntos de política fiscal relativos a la recaudación tributaria
- asumir otras funciones conexas a la administración tributaria como órgano dirigido por el Gabinete de Gobierno
- ayudar a los contribuyentes a comprender y asumir sus obligaciones tributarias.

El nuevo logotipo de la RRA (una rosa con tres franjas de color azul, amarillo y verde) simboliza los tres valores principales de este organismo: unidad y equidad, crecimiento y desarrollo, y prosperidad. Este logo plasma la renovación de la actitud de los administradores tributarios y toma como punto de partida a los contribuyentes en lo que respecta a la prestación de servicios, oportunidades y mejores prácticas.

Para mayor información, visite la página web de la RRA: www.rra.gov.rw.

Fuente: Agencia Tributaria Ruandesa.

Bibliografía

BAfD (2011): *Domestic Resource Mobilisation for Poverty Reduction in East Africa: Lessons for Tax Policy and Administration*, Banco Africano de Desarrollo, Túnez, disponible en: www.afdb.org/fileadmin/uploads/afdb/Documents/Project-and-Operations/Domestic%20Resource%20Mobilisation%20Flagship%20Report.pdf.

Land, A. (2004): «Developing capacity for tax administration: The Rwanda Revenue Authority», *ECDPM Discussion Paper* 57D, Centro Europeo para la Administración de Políticas de Desarrollo, Maastricht, disponible en: www.ecdpm.org/dp57D.

Capítulo 24

Senegal: Jornadas Fiscales Informativas

Dirección General de Tributos y Patrimonio Público (DGID)

El presente capítulo trata sobre el Programa de Educación Cívico-Tributaria de Senegal. En primer lugar, hace un recorrido por el programa al completo y sus objetivos, y prosigue centrándose en un elemento en concreto: las Jornadas Fiscales Informativas. Para concluir, analiza el impacto y las enseñanzas extraídas como fruto de la iniciativa, y apunta brevemente a los futuros pasos en este ámbito.

El gobierno de Senegal reconoce los importantes desafíos a los que se enfrenta el país en lo que respecta al aumento de los ingresos y el fomento de la inversión en desarrollo. Recientemente, ha emprendido una reforma exhaustiva del Código General Tributario (CGI, por sus siglas en francés) para poner en marcha un sistema tributario más justo, más sencillo y más eficaz, teniendo presente que todo sistema tributario tiene el potencial para dar vía libre u obstaculizar el progreso. El nuevo CGI (Ley 31/2012), en vigor desde finales de 2012, está encaminado a mejorar el bienestar general, hacer que el sistema tributario favorezca el impulso de la inversión e incrementar su nivel de eficacia para movilizar ingresos. Contempla privilegios fiscales generales y medidas para ampliar la base imponible comiendo cierto terreno a la economía sumergida.

El hecho de informar a los contribuyentes presentes y potenciales acerca del nuevo Código Tributario constituye una tarea desafiante que cuenta, a menudo, con el apoyo de una adecuada y fuerte presencia en línea (Recuadro 24.1). En 2013, la Dirección General de Tributos y Patrimonio Público (DGID, por sus siglas en francés) (Recuadro 24.3) modernizó su página web con un nuevo logo, información actualizada y nuevas herramientas virtuales. Por otra parte, revigorizó las ya existentes iniciativas en materia de Educación Cívico-Tributaria, en particular las emblemáticas Jornadas Fiscales Informativas a nivel nacional.

Educación Cívico-Tributaria en Senegal

La DGID no cuenta con una unidad específicamente dedicada a la Educación Cívico-Tributaria; la responsabilidad de organizar las numerosas actividades en este ámbito recae sobre el Departamento de Comunicaciones y Relaciones Públicas, en colaboración con otros departamentos y con la asistencia de funcionarios de la DGID a nivel local en base a las necesidades.

Recuadro 24.1. **Objetivos de la Educación Cívico-Tributaria en Senegal**

- Mejorar la calidad de los servicios prestados a los usuarios, especialmente el de recepción de solicitudes y sensibilización.
- Incrementar el número de contribuyentes cumplidores.
- Legitimar a los ciudadanos a participar en debates sobre el destino de los ingresos fiscales.
- Aumentar el nivel de alfabetización fiscal ciudadana.

Fuente: Dirección General de Tributos y Patrimonio Público.

La Educación Cívico-Tributaria se dirige tanto a personas jurídicas (grandes y medianas empresas) como a personas físicas, si bien la iniciativa ha intentado suscitar, asimismo, el interés del sector de la economía sumergida y de los jóvenes del país.

Para lograrlo, una de sus principales estrategias consiste en organizar Jornadas Fiscales Informativas de carácter nacional y regional, realizar talleres y seminarios y participar en eventos como la Feria Internacional de Dakar. También existe un Máster en Fiscalidad en colaboración con la Universidad Cheikh Anta Diop de Dakar, y se celebran encuentros con grupos sectoriales de contribuyentes. La DGID ha admitido también la importancia de contar con una fuerte presencia mediática y de hacer un buen uso de los medios de comunicación de masas, tales como la radio nacional (en francés e idiomas locales), la televisión y los periódicos, así como una campaña de prensa de tres semanas (que se prolongue durante el plazo para presentar la declaración de la renta). La información también se encuentra disponible en el sitio web, que incluye un simulador de impuestos ampliamente utilizado desde que tuviera lugar la última reforma fiscal. Las oficinas locales de la DGID también emprenden actividades de Educación Cívico-Tributaria; de hecho, la oficina de gestión tributaria de la ciudad de Fatick cooperó con un centro educativo comunitario para inculcar y fomentar conductas fiscalmente responsables (Recuadro 24.2).

Recuadro 24.2. **La fiscalidad se abre paso en las escuelas**

El 9 de diciembre de 2012, la Oficina de Gestión Tributaria de la ciudad de Fatick organizó una manifestación fiscal por las calles de la ciudad en colaboración con el centro de enseñanza media Khar Ndoffène Diouf para celebrar su quincuagésimo (50°) aniversario. El personal de la Oficina de Gestión Tributaria recorrió unos seis kilómetros por las calles de Fatick junto a profesores y alumnos, y lanzó mensajes a través de potentes altavoces para concienciar a la población local de la importancia de cumplir con las propias obligaciones tributarias.

Los manifestantes llevaban camisetas con el eslogan «Al pagar impuestos, estás construyendo una escuela; al pagar impuestos, estás construyendo un hospital; al pagar impuestos, estás construyendo tu país».

En un discurso en el mercado central de Fatick, el Jefe de la Oficina de Gestión Tributaria, Sr. Daouda Badio, subrayó la necesidad de que todos los ciudadanos cumplan sus obligaciones tributarias. El Sr. Badio aprovechó igualmente la oportunidad para recordar a los residentes en Fatick su deber de dar un buen ejemplo con el fin de ayudar a un exalumno de la escuela Khar Ndoffène Diouf, nada menos que el propio Presidente de la República, en su misión de construir el país. El director del centro prosiguió abordando el mismo tema antes de ceder la palabra a uno de los profesores, el Sr. Faye, que reiteró el mensaje en dialecto serer, el idioma local.

La manifestación concluyó hacia el mediodía en su punto de partida, la escuela Khar Ndoffène Diouf, donde el Jefe de la Oficina de Gestión Tributaria y los miembros del personal hicieron una presentación minuciosa de las distintas responsabilidades de la oficina en cuestión, especialmente en los ámbitos de patrimonio del Estado, conservación, registro de la propiedad y fiscalidad.

Fuente: Impôt & Domaines (Revista «Fiscalidad y Patrimonio Público») (2013): *Impôt & Domaines*, revista trimestral, n° 11, enero-marzo de 2013.

Especial referencia a las Jornadas Fiscales Informativas

En 2008, la DGID puso en marcha la iniciativa de la Jornadas Fiscales Informativas a nivel nacional en respuesta al desconocimiento generalizado de la normativa tributaria y ante la escasa colaboración con los funcionarios de la administración tributaria. Por lo general, estos eventos tienen una duración de tres días (entre los meses de mayo y junio) y son organizados a manos de cada oficina regional con el fin de satisfacer las necesidades y exigencias de sus usuarios.

En una economía caracterizada por un elevado porcentaje de economía sumergida, la iniciativa tiene como objetivo ampliar la base imponible facilitando para ello el cumplimiento fiscal, ya sea simplificando el proceso de declaración o el de pago de impuestos. Existe un elevado número de personas que operan en un régimen de economía sumergida, entre ellas muchas no han ido a la escuela y otras tantas no están registradas en los archivos de la administración tributaria. Además, la iniciativa se dirige a las personas físicas sujetas al impuesto sobre la renta, a empresas de titularidad privada o pública de todos los tamaños, a los jóvenes y a los titulares de bienes del país.

Esas tres Jornadas Fiscales Informativas abarcan actividades de distinta índole como conferencias públicas y mostradores de información, donde los funcionarios de la administración tributaria reciben, informan y orientan a los contribuyentes; se cuenta igualmente con la participación de periódicos nacionales; se lanzan en onda programas de radio interactivos y transmisiones de televisión en francés y en los idiomas locales, y se habilitan unidades móviles de gestión tributaria. Asimismo, se celebran reuniones con representantes de los contribuyentes y encuentros entre las administraciones tributarias locales y sus respectivos contribuyentes.

Como prueba del alto nivel de compromiso político con la DGID y del trabajo del Gobierno de Senegal, las Jornadas Fiscales Informativas comienzan con una ceremonia inaugural oficial en la capital, Dakar, presidida por el Ministro de Economía y Hacienda. Con motivo de dichas jornadas, se habilitan mostradores de información en zonas públicas, se emiten programas de radio y se organizan marchas del Director General de la DGID para reunirse con los contribuyentes, siendo el broche final una ceremonia de clausura.

En 2013, tuvo lugar la sexta Jornada Fiscal Informativa. Dada la creciente importancia de las jornadas a raíz de la aprobación del nuevo Código Tributario, se creó un comité organizador central para garantizar la mayor difusión y participación posible.

Son varios los socios y colaboradores que toman parte en la iniciativa con el fin de hacer mella en distintos grupos de ciudadanos y contribuyentes, entre ellos los medios de comunicación, organizaciones empresariales, la sociedad civil, escuelas y universidades, en particular la Universidad Cheikh Anta Diop.

Las jornadas informativas de la ciudad de Dakar contaron con la participación de 30 funcionarios (20 a nivel local y 10 a nivel nacional) que no recibieron cursos de formación especializada. Una parte del coste total asociado a las actividades organizadas con motivo de las jornadas informativas se financia por separado, mientras que otra parte se financia con el presupuesto operativo del Departamento de Comunicaciones y Relaciones Públicas asignado.

Impacto

Pese a no existir evaluación externa alguna, es posible determinar el impacto de la iniciativa gracias a los comentarios de los visitantes de los mostradores de información y a las llamadas telefónicas.

- Mayor sensibilización de los contribuyentes: La iniciativa pretende llegar al mayor número posible de ciudadanos. Al estar también implicados los medios de comunicación, es difícil determinar con exactitud a cuántas personas llegará. No obstante, se considera que ha logrado el objetivo de informar al público sobre la reforma fiscal. Se ha producido una considerable mejora del conocimiento de los contribuyentes (por ejemplo, las competencias para pagar impuestos).
- Mayor sentido del deber: Hay una percepción más sana entre los contribuyentes acerca de que reciben un trato justo y transparente por parte de la administración tributaria.

- Mayor demanda de información: Los contribuyentes se inclinan ahora más que antes a dirigirse a los departamentos correspondientes para solicitar información.
- Mayor índice de cumplimiento fiscal: En los últimos cinco años, se ha registrado un ligero aumento del nivel de cumplimiento fiscal.

Enseñanzas extraídas

La principal enseñanza extraída a raíz de la iniciativa es que las Jornadas Fiscales Informativas sirven de plataforma para que el debate público acontezca con notas positivas, poniendo bajo el punto de mira el tema de los impuestos y su papel en la sociedad.

La implicación personal del Director General ayudó a superar ciertas dificultades.

En cuanto a la financiación de este tipo de eventos, cabe afirmar que es siempre un reto, aunque en este caso se contó con financiación privada externa que sufragó, en parte, el coste de dichas jornadas.

Futuros pasos

En líneas generales, la iniciativa ha experimentado cierta expansión en cuanto a magnitud y alcance. Concretamente, con motivo del último evento, se introdujo una serie de novedades como las visitas a los contribuyentes y el despliegue de mostradores de información en zonas públicas muy concurridas. Se prevé introducir aún varias mejoras, tales como jornadas temáticas para organizaciones profesionales.

Recuadro 24.3. **Dirección General de Tributos y Patrimonio Público (DGID)**

La Dirección General de Tributos y Patrimonio Público (DGID, por sus siglas en francés) constituye el principal órgano de administración tributaria de Senegal, encabezado por la Dirección General. La DGID supervisa todos los ámbitos de la fiscalidad, incluida la administración del patrimonio, el uso del suelo y el registro de la propiedad.

La organización concentra sus esfuerzos en presentar un sistema de cumplimiento fiscal sencillo y de fácil acceso al público en general, tarea que ha precisado de un esfuerzo considerable para mantener una fuerte y atractiva presencia virtual en su página web, desde la que se pueden descargar impresos fiscales y que permite utilizar una calculadora de impuestos.

Si desea obtener más información, visite las siguientes páginas web: www.finances.gouv.sn/index,7.html; www.impotsetdomaines.gouv.sn.

Fuente: Dirección General de Tributos y Patrimonio Público.

Capítulo 25

Singapur: Servicio de exclusión de la presentación de declaración

Hacienda Pública Singapurense (IRAS)

El presente capítulo analiza el Programa de Educación Cívico-Tributaria de Singapur. Comienza haciendo un recorrido por el programa al completo y sus objetivos, seguido del análisis de un elemento en concreto: el servicio de exclusión de la presentación de declaración (NFS). Por último, realiza una reflexión sobre el impacto y las enseñanzas extraídas como fruto de la iniciativa, y apunta brevemente a los futuros pasos en este ámbito.

La Hacienda Pública Singapurense (IRAS, por sus siglas en inglés) (Recuadro 25.2) se estructura en torno a dos temas: usuarios y capacidades. Los usuarios son atendidos por las Divisiones de Gestión Tributaria (TMD, por sus siglas en inglés), que son responsables de ofrecer iniciativas orientadas al usuario y de desarrollar las capacidades técnicas. Los Servicios Centrales se ocupan del proceso de capacitación, centrándose en la prestación de procesos, ya sea genéricos o especializados, en relación con distintos tipos de impuestos. Por su parte, las Divisiones de Empresas se encargan de la coordinación y el desarrollo a nivel de organización.

Educación Cívico-Tributaria en Singapur

La Oficina de Comunicaciones Corporativas, la Unidad de Gestión de Servicios al Contribuyente y las TMD cooperan para poder ofrecer iniciativas de Educación Cívico-Tributaria eficaces e idóneas. La Oficina de Comunicaciones Corporativas es responsable de las estrategias educativas dirigidas tanto a los contribuyentes como al público en general (Recuadro 25.1). La Unidad de Gestión de Servicios al Contribuyente tiene encomendados el diseño y el desarrollo de los canales virtuales de Educación Cívico-Tributaria mediante el uso de plataformas electrónicas y móviles. La misión de las TMD consiste en involucrar y orientar a categorías específicas de contribuyentes.

Recuadro 25.1. **Objetivos de la Educación Cívico-Tributaria en Singapur**

- Asegurarse de que los contribuyentes paguen la cuota impositiva que les corresponde.
- Mejorar el nivel de cumplimiento voluntario.

Fuente: Hacienda Pública Singapurense.

Los procesos de presentación de la declaración y de comprobación, los servicios al contribuyente y los programas educativos se diversifican atendiendo a las necesidades de grupos específicos de contribuyentes. La Hacienda Pública Singapurense (IRAS) clasifica a los contribuyentes en cuatro categorías principales en base a las distintas obligaciones tributarias:

- Personas físicas sujetas al impuesto sobre la renta;
- personas jurídicas sujetas al impuesto sobre sociedades;
- empresas de bienes y servicios con número de registro fiscal, y
- titulares de bienes.

La IRAS desarrolla diversas actividades de orientación dirigidas al público para incitarles a involucrarse en el sistema tributario, entre las que se incluyen los siguientes seminarios:

- Régimen de autoinclusión para rendimientos del trabajo: Los empleadores que se acogen al régimen de autoinclusión remiten únicamente los datos relativos a los salarios de sus empleados a la IRAS por vía electrónica. Se realizan seminarios para empleadores que actualmente no se acojan al régimen de autoinclusión, o empresas de nueva o reciente inscripción, que aportan una visión general del régimen de autoinclusión e ilustran distintas formas de preparar y remitir toda la información relativa a las rentas del trabajo de los empleados a la IRAS por vía electrónica.

- Impuesto sobre sociedades: Los participantes de los seminarios reciben información sobre las obligaciones tributarias generales de las empresas y sobre cómo beneficiarse de regímenes fiscales comunes, incluido el régimen de Bonificaciones a la Innovación y al Desarrollo. Los participantes aprenden también a calcular los impuestos y a presentar una declaración de la renta utilizando el Módulo C-S, un modelo abreviado de declaración de tres páginas para pequeñas empresas.
- El seminario de Introducción al Impuesto sobre Bienes y Servicios está dirigido a empresas del sector de los bienes y servicios de nueva inscripción. Las empresas que se hayan registrado voluntariamente para obtener el correspondiente número de registro deben asistir a este seminario en el plazo de los tres meses posteriores al registro.

Las actividades también incluyen el aprendizaje electrónico:

- El Portal de *e-Learning*, o aprendizaje electrónico, ofrece a los contribuyentes cursos virtuales adaptados a los que pueden acceder en cualquier momento y que pueden realizar a su propio ritmo. Estos cursos abarcan temas que van desde cómo utilizar los servicios electrónicos comunes a cursos de introducción a la fiscalidad. Cada curso está diseñado para ser interactivo y fácil de entender gracias a recursos de vídeo y audio.
- El Servicio de Declaración Voluntaria en línea representa un programa anual de alcance nacional a través del que la IRAS involucra a personas del público y las forma para prestar asistencia a los contribuyentes en el proceso de presentación de su declaración electrónica. Los voluntarios son estudiantes, profesionales que trabajan, padres que se quedan en casa y jubilados. Desde 2003, gracias a este servicio la IRAS ha podido trabajar con 1.400 voluntarios para ayudar a 49.000 contribuyentes a presentar sus declaraciones por vía electrónica.

La IRAS puede comunicarse con los ciudadanos e informarles de sus servicios de distintas formas. Involucra y orienta a los contribuyentes sirviéndose de una amplia gama de medios, tales como su propia página web, Twitter, Facebook, artículos de prensa y anuncios. El *Panel de retroalimentación del contribuyente* se compone de representantes de asociaciones comerciales, empresariales y terceros de varias ramas de actividad, y recibe trimestralmente consultas sobre nuevos servicios o propuestas fiscales. Las consultas públicas tienen lugar en regímenes fiscales específicos para obtener información de retorno o retroalimentación sobre diversos aspectos de la normativa tributaria. Un consultor externo realiza encuestas cada dos años para conocer la opinión de los contribuyentes sobre la interacción con la IRAS y sus necesidades futuras.

Especial referencia al Servicio de exclusión de la presentación de declaración

En 2007, la IRAS introdujo el denominado Servicio de exclusión de la presentación de declaración (NFS, por sus siglas en inglés) con el fin de facilitar y minimizar los costes para los contribuyentes derivados del cumplimiento de sus obligaciones tributarias. Con este nuevo servicio, los contribuyentes no tendrán que presentar declaración cuando sus empleadores hayan remitido la información relativa a sus salarios a la IRAS y les resulten aplicables las mismas deducciones sobre la base cada año. Estos contribuyentes reciben sencillamente una carta o un SMS informándoles de haber sido seleccionados para acogerse al servicio de exclusión de la presentación de declaración (NFS), por lo que no tendrán que presentarla a menos que tengan que declarar haber percibido rentas adicionales o se hayan producido cambios en sus solicitudes de compensación de deudas. Se les enviarán directamente los certificados tributarios correspondientes.

La IRAS comenzó a colaborar con los contribuyentes en el marco del NFS durante la fase de diseño con miras a la sensibilización y aceptación de este nuevo enfoque. Con el fin de determinar la predisposición de los contribuyentes a abordar toda cuestión objeto de interés, la IRAS indagó cuál era el sentir y opinión generales a través de diversos foros, entre ellos el *Panel de retroalimentación del contribuyente*. Los contribuyentes tuvieron también la oportunidad de intercambiar opiniones y preocupaciones sobre la nueva iniciativa con ocasión de las tres sesiones del *Grupo de discusión del contribuyente*, cuyas aportaciones fueron finalmente incluidas para el lanzamiento del servicio NFS. Dicho *Grupo de discusión* estaba formado por una variopinta gama de contribuyentes de todos los ámbitos de la vida cotidiana.

Se puso en marcha una campaña publicitaria nacional para informar acerca de todos los particulares inherentes al servicio NFS, incluidos artículos de prensa y listas de distribución de correos enviados a los contribuyentes. Estos últimos recibieron una carta en la que se les explicaba en qué consistía el servicio NFS gracias a una lista de preguntas más frecuentes (FAQ) y a la habilitación de un servicio de asistencia *ad hoc* y una dirección de correo electrónico para saber más sobre dicho servicio.

Para poner en práctica el servicio NFS, tan sólo era preciso introducir pequeños cambios en el sistema informático que evitasen que los grupos de contribuyentes acogidos a dicho servicio recibiesen sus declaraciones de la renta. Se hizo frente a los costes asociados a los encuentros y a la campaña publicitaria con el presupuesto operativo regular. Tan sólo se necesitaron dos empleados públicos adicionales adscritos al servicio de asistencia sobre el servicio NFS y un buzón específicamente dedicado a la recepción de correos electrónicos sobre este mismo tema. Todo el personal de primera línea recibió formación para dar respuesta a las distintas consultas en relación con dicho servicio.

Impacto

- Significativa utilización del servicio NFS por parte de los contribuyentes: El servicio NFS dio comienzo con un grupo piloto de 45.000 contribuyentes en 2007, ampliándose dicha cifra hasta alcanzar 1,13 millones de contribuyentes hacia finales del año de evaluación 2013.
- Ventajas para la IRAS y los contribuyentes: El gran número de contribuyentes acogidos al servicio NFS que no necesitan presentar la declaración reduce la carga a la que se ve sometido el sistema de presentación electrónica y permite prestar un mejor servicio a los usuarios que no necesitan iniciar sesión.
- Mayor eficacia: Al ser significativamente más bajo el volumen de declaraciones impresas y de otros documentos pertinentes que se remiten, el servicio NFS también ha contribuido a mejorar la eficacia operativa de la IRAS. Las declaraciones de contribuyentes que resulten elegibles también se pueden procesar rápidamente y sin necesidad de operación manual alguna.
- Mejor percepción pública de la IRAS: La Encuesta del Contribuyente 2013 revela que el 97,6% de los contribuyentes encuestados están satisfechos o muy

satisfechos con la calidad del servicio de la IRAS, manifestando un 13,3% de estos contribuyentes tener una opinión positiva o muy positiva de la IRAS.

- Mayor número de contribuyentes cumplidores: El porcentaje de declaraciones presentado por personas físicas dentro del plazo subió de un 89% en 2008 al 94% en 2012.
- Reconocimiento externo al servicio NFS: El servicio NFS fue galardonado con una medalla de bronce, superando a otros 12 organismos públicos, con motivo de edición de los prestigiosos Premios PS21 ExCEL: «Ideas sencillas, resultados extraordinarios» a la calidad y al servicio, celebrada el 1 de noviembre de 2007. Este certamen anual premia los esfuerzos de organismos públicos por contribuir significativamente a la función pública mediante mejoras e innovaciones en su trabajo.

Enseñanzas extraídas

La IRAS admitió que es más que plausible que los contribuyentes puedan formularse una serie de preguntas comunes ante la introducción de una nueva iniciativa, motivo por el que se adjuntó una lista con las preguntas más frecuentes (FAQ) a las cartas informativas sobre el servicio NFS. Esto ayudó a minimizar el volumen de usuarios que necesitaron contactar con la IRAS, al igual que otro factor importante al respecto reside en el hecho de que los contribuyentes pudieron compartir dicha lista de preguntas con sus familias y amigos.

Quedó igualmente patente la importancia que tenía para la gente saber que no estaban infringiendo la ley al no presentar sus declaraciones de la renta, ya que la mayoría de los contribuyentes beneficiarios del servicio NFS que contactaron con la IRAS pedían que se les confirmase que no estaban obligados a presentar tal declaración. En consecuencia, la IRAS emitió un comunicado público confirmando ulteriormente este dato, al tiempo que añadió una frase de ratificación en la carta de notificación relativa al servicio en cuestión.

Futuros pasos

En 2011, la IRAS comenzó a enviar mensajes de texto (SMS) en lugar de cartas a los contribuyentes beneficiarios del servicio NFS que habían facilitado sus números de teléfono móvil. La reciente proliferación de dispositivos móviles refleja que los contribuyentes encuentran los mensajes de texto más cómodos y atractivos que las cartas tradicionales.

Recuadro 25.2. **Hacienda Pública Singapurense (IRAS)**

La IRAS nació en calidad de organismo oficial adscrito al Ministerio de Hacienda en 1992, contando en la actualidad con 1.800 funcionarios. Su visión es convertirse en un referente de administración tributaria a nivel mundial, aliada de los contribuyentes con miras al desarrollo socio-económico del país y un excelente equipo de personas competentes y comprometidas con su labor. Su misión es:

- Actuar como mandataria del gobierno y prestar su servicio en todo lo concerniente a la administración, estimación, recaudación y cobro de impuestos, y
- asesorar al gobierno y representar a Singapur a nivel internacional en materia tributaria.

Para mayor información, visite la página web: www.iras.gov.sg.

Dirección de correo electrónico del Programa de Educación Cívico-Tributaria: taxqueries@iras.gov.sg (consultas individuales sobre el impuesto de la renta).

Fuente: Hacienda Pública Singapurense.

Capítulo 26

Sudáfrica: Unidades Móviles de Gestión Tributaria (UMGT)

Servicio de Gestión Tributaria Sudafricano (SARS)

Este capítulo presenta el Programa de Educación Cívico-Tributaria de Sudáfrica. En primer lugar, hace un recorrido por el programa al completo y sus objetivos, y prosigue centrándose en un elemento en concreto: las Unidades Móviles de Gestión Tributaria (UMGT) del SARS. Una sección adicional aporta información específica sobre la dotación de personal y el coste de la iniciativa. Por último, se analizan el impacto y las enseñanzas extraídas como fruto de la iniciativa, y se apunta brevemente a los futuros pasos en este ámbito.

El Servicio de Gestión Tributaria Sudafricano (SARS, por sus siglas en inglés) (Recuadro 26.2) entendió hace mucho la importancia de la sensibilización fiscal ciudadana para lograr instaurar una cultura de cumplimiento fiscal. El SARS ha asumido un papel de liderazgo en la Educación Cívico-Tributaria introduciendo diversas iniciativas, desde seminarios con fines específicos a actividades de divulgación a largo plazo. Una de estas Unidades Móviles de Gestión Tributaria (UMGT) del SARS se describe más adelante.

El Programa de Educación Cívico-Tributaria del SARS recae bajo el ámbito de competencia de la Sección de Operaciones, cuya Unidad de Educación y Campañas apoya el programa de cumplimiento del SARS y se asegura de que los contribuyentes seleccionados y los grupos de contribuyentes futuros, entre ellos personas físicas, empleadores, propietarios de pequeñas empresas, niños en edad escolar, el Gobierno en calidad de empleador y los funcionarios públicos, son los destinatarios de campañas e información guiadas por los datos para mejorar el cumplimiento fiscal.

Educación Cívico-Tributaria en Sudáfrica

Involucrar a los contribuyentes para aumentar el índice de cumplimiento y ampliar la base imponible es una prioridad del SARS, que no deja de esforzarse por mejorar su alcance, programas educativos, servicios y observancia y ejecución de las normas (Recuadro 26.1). El SARS desarrolla campañas orientadas a la adopción de medidas fiscales específicas, identificadas a raíz del análisis de datos de contribuyentes presentes y futuros que operan en régimen de economía sumergida; no en vano, entre los destinatarios concretos de la iniciativa se encuentran los pequeños y medianos contratistas y subcontratistas que trabajan en el sector de la construcción. La finalidad radica en ayudar a los empleadores permitiéndoles regularizar las retenciones efectuadas sobre los salarios de los trabajadores (sistema de «retención a cuenta» conocido como *pay as you earn* o PAYE, por sus siglas en inglés) y mejorar el cumplimiento en materia de IVA mediante la comprobación material de aplicaciones empresariales. El SARS ofrece seminarios y coopera con las empresas para incitarlas a inscribirse como contribuyentes, además de facilitarles el cumplimiento fiscal.

Recuadro 26.1. **Objetivos de la Educación Cívico-Tributaria en Sudáfrica**

- Explicar por qué deben pagar impuestos los ciudadanos y a qué se destinan los ingresos fiscales.
- Facilitar los medios necesarios para que pueda haber contribuyentes cumplidores a título individual (p.ej.: declaración en línea).
- Llegar a los contribuyentes, incluso en las zonas rurales más remotas, a través de oficinas móviles de gestión tributaria.
- Concienciar a los contribuyentes de sus obligaciones y facilitarles las vías de contacto y asistencia a los mismos allí donde se encuentren en apoyo al Modelo de Cumplimiento de la organización.

Fuente: Servicio de Gestión Tributaria Sudafricano.

El SARS extiende su alcance estando presente en centros comerciales y otros puntos de acceso al servicio, especialmente durante el período impositivo; a través de UMGT (descritas más abajo) para dirigirse a los contribuyentes de las zonas rurales, y mediante servicios habilitados en otras instituciones públicas operativas en zonas en las que el SARS tiene una menor presencia.

Por otra parte, el SARS se dirige también a millones de contribuyentes a través de la radio y la televisión para explicarles la importancia de adoptar una conducta fiscalmente responsable e ilustrarles sobre las formas de convertirse en un contribuyente cumplidor. En particular, el SARS colabora con el canal de televisión *eNews Channel Africa* (eNCA). La retransmisión de una Jornada Fiscal anual a través del canal eNCA alcanza los 3 millones de espectadores. Con motivo de la misma, los funcionarios del SARS ofrecen servicios de consultoría fiscal y prestan asistencia al personal del eNCA en materia tributaria, mientras que los directivos y el delegado del SARS realizan entrevistas para fomentar el cumplimiento fiscal. Esto mismo se repite durante la Jornada Fiscal del grupo de medios de comunicación Primedia, en la que el SARS presta asistencia a sus emisoras de radio afiliadas, Talk702 y Cape Talk, con un alcance tan extenso y amplio como el del canal de televisión. Esta asociación ha permitido al SARS llegar a muchos más contribuyentes.

Forjar alianzas es clave para el SARS, que trabaja con instituciones públicas regionales y locales para prestar ayuda a sus circunscripciones en el ámbito del cumplimiento tributario. Consigue llegar a los futuros contribuyentes a través de instituciones académicas y centros educativos, y coopera igualmente con asociaciones cívicas, empresarios privados, compañías y organizaciones empresariales. A modo de ejemplo, en el sector de la construcción son numerosos los subcontratistas que operan en régimen de economía sumergida, fuera del alcance de la base imponible. Al trabajar con asociaciones del sector de la construcción, el SARS lleva a cabo campañas educativas para mejorar los niveles de cumplimiento y facilitar información legislativa a las empresas de construcción.

Especial referencia a las UMGT del SARS

El SARS desarrolló una Estrategia de Ubicación (2009) a fin de determinar hasta qué punto era necesario ampliar su presencia en zonas en las que el organismo no estaba presente. Este exhaustivo análisis de su presencia en todo el país identificó la necesidad de una presencia mayor y más fuerte en las zonas rurales, donde escasean las oficinas del SARS. El SARS decidió probar el uso de vehículos convertidos en auténticas oficinas móviles como una forma innovadora y de reducido coste de llegar a aquellas zonas más necesitadas en virtud del mencionado análisis (las provincias de KwaZulu-Natal, Cabo Oriental y Limpopo). Estas Unidades Móviles de Gestión Tributaria (UMGT) ayudarían a los ciudadanos a registrarse como contribuyentes, les orientarían acerca de las razones para pagar impuestos, multiplicarían el número de contribuyentes cumplidores y aumentarían el nivel de alfabetización entre los ciudadanos poniendo a su alcance los conocimientos técnicos para convertirse en cumplidores.

Se comenzó realizando un ensayo en 2009 con una UMGT que resultó ser todo un éxito y sirvió de precedente para instaurar otras UMGT en regiones en las que las oficinas del SARS escaseaban. Para el año 2011, el proceso había avanzado y se habían implantado tres nuevas UMGT que estaban listas para comenzar a operar. En septiembre de 2011, tras una fase de prueba de tres meses, se pusieron en marcha las tres UMGT para el período de declaraciones, poniendo así el servicio al alcance de miles de contribuyentes y plasmándose los resultados en un mayor cumplimiento. De no haber sido por las UMGT, los contribuyentes habrían tenido que viajar cientos de kilómetros para resolver sus asuntos en materia tributaria. En consecuencia, el SARS ha decidido hacerse con otras seis UMGT más (que empezarán a funcionar en 2013).

Al mismo tiempo que trabajaba en el despliegue de las UMGT, el SARS se esforzó por ubicar a su personal en los centros de servicios públicos ya existentes (p.ej.: sanidad, educación, fuerzas armadas y cuerpos de policía) en todo el país para prestar servicios al público sin necesidad de erigir toda una infraestructura paralela. Esto ayudó a recortar las colas y el tiempo de espera en las sucursales y redujo el coste soportado por el contribuyente. De igual modo, permitió al SARS visitar a los funcionarios de estas administraciones públicas en sus lugares de trabajo para ayudarles a convertirse en contribuyentes cumplidores.

Los equipos del SARS han entablado buenas relaciones con los medios de comunicación locales y comunitarios, incluidos los periódicos y medios impresos, con el fin de dar a conocer las actividades y ubicaciones de las UMGT en determinadas regiones.

Dotación de personal y coste del programa

Hasta la fecha, la Unidad de Educación y Campañas ha empleado a unas 300 personas con diferentes competencias y para períodos distintos. Alrededor de 30 miembros de la plantilla de personal prestan sistemáticamente servicios a los contribuyentes a través de las UMGT (2 a nivel nacional y 28 funcionarios regionales), cifra susceptible de aumentar en cuanto el SARS está en proceso de adquirir seis nuevas UMGT y necesitará dotarlas de personal procedente de oficinas regionales.

Esta nueva iniciativa ha puesto de manifiesto que los empleados públicos necesitan formación para integrar a las UMGT en los sistemas existentes del SARS, al tiempo que también necesitan gozar de un conocimiento práctico de todos los tipos de impuestos (entre ellos, el impuesto sobre la renta, el IVA o PAYE, esto es, las «retenciones a cuenta») con el fin de asesorar y prestar asistencia a los contribuyentes. A tal fin, se ofrecen mensualmente cursos de formación en línea para mantener al personal informado. El personal de las UMGT debe estar también familiarizado con las tecnologías de la información, ya que las UMGT operan con conexiones a Internet vía satélite.

Los costes operativos de las tres UMGT actualmente en funcionamiento incurridos por el SARS ascienden a 306.200 randes sudafricanos al mes (aproximadamente 30 000 dólares estadounidenses). Dichos costes incluyen:

- Costes de conexión a Internet vía satélite;
- gastos de combustible;
- equipamiento (p.ej.: impresoras, escáneres), y
- gastos de mantenimiento.

Se excluyen la partida de gastos de personal y las dietas de alojamiento cuando los funcionarios se desplazan de una zona a otra.

Impacto

La iniciativa no ha sido aún objeto de evaluación externa. No obstante, el sistema automatizado de recopilación de datos del SARS es capaz de detectar cambios en la perspectiva de los contribuyentes. Asimismo, el SARS encarga investigaciones anualmente para determinar el grado de satisfacción de los contribuyentes con las iniciativas del organismo. Desde que se pusieran en marcha la primera UMGT en septiembre de 2011 y las demás en diciembre de 2012, el programa ha logrado los siguientes resultados:

- **Mayor alcance:** Se ha registrado la visita de un total de 77 367 contribuyentes a las UMGT en 601 centros, con un promedio de 128 contribuyentes por ubicación. Los motivos más frecuentes de la visita a las UMGT eran registrarse como contribuyentes, presentar declaraciones de la renta, comprobar su situación tributaria y regularizar las retenciones efectuadas por los empleadores sobre los salarios de los trabajadores (sistema PAYE de «retención a cuenta»).
- **Incremento del número de contribuyentes registrados:** Desde que se introdujesen las UMGT, el SARS ha experimentado un crecimiento en el número de registros fiscales, con una media de 2 000 registros al año en zonas rurales.
- **Mayor índice de alfabetización fiscal:** Se ha verificado un aumento en el número de contribuyentes capaces de satisfacer sus obligaciones tributarias a título individual a través del servicio de presentación electrónica del SARS como enseñan, en parte, las UMGT.
- **Mayor sentido del «deber» en materia tributaria:** Ha mejorado y aumentado el sentido del deber de pagar impuestos «voluntariamente» entre la población. Esta circunstancia queda patente por el aumento anual del número de personas que presentan sus declaraciones de la renta tempestivamente, en concreto un aumento del 7,7% de 2012 a 2013. Del mismo modo, existe una percepción más positiva de que los contribuyentes reciben un trato justo y transparente por parte de la administración tributaria, así como de que los demás contribuyentes pagan la cuota que les corresponde equitativamente. El SARS adquiere el cariz de una organización solidaria por su labor socio-cultural en materia tributaria.

Enseñanzas extraídas

No se puede dar por sentado que los contribuyentes saben cómo dar cumplimiento a sus obligaciones tributarias; a medida que se introducen nuevas medidas fiscales y que el número de contribuyentes registrados aumenta, es necesario proporcionar información y orientación adicional al contribuyente. Si bien es cierto que la presentación electrónica de la declaración garantiza una mayor independencia, es igualmente cierto el hecho de que «acercar los impuestos a la gente» ha contribuido a incrementar el índice de cumplimiento fiscal, precisamente porque los contribuyentes parecen sentirse más cómodos interactuando directamente.

El principal desafío para las UMGT ha sido de carácter técnico: la accesibilidad de los sistemas del SARS a través de comunicaciones por satélite. La cobertura satelital no siempre es óptima, especialmente en algunas de las zonas rurales, lo que a menudo se traduce en largas filas de espera de contribuyentes esperando su turno. Para solventar esta dificultad, el SARS se ha visto obligado a forjar asociaciones sólidas con terceros proveedores de servicios de infraestructura tecnológica con el fin de asegurarse de obtener una respuesta rápida cuando las UMGT están desplegadas en zonas rurales.

Futuros pasos

Para llegar a más gente en las zonas rurales, el SARS adquirió seis nuevas UMGT que se preveía comenzarían a funcionar en 2013, equipadas con conexiones inalámbricas que les permite ampliar su cobertura.

Recuadro 26.2. **Servicio de Gestión Tributaria Sudafricano (SARS)**

El SARS es el principal organismo de recaudación de impuestos de Sudáfrica, responsable de todos los impuestos, derechos y gravámenes a nivel nacional, así como de facilitar el comercio y de proteger las fronteras sudafricanas de la importación y exportación ilegal de mercancías. Si bien es una herramienta estatal, goza de autonomía administrativa.

El SARS concede gran relevancia al servicio orientado al cliente, lo que garantiza que el contribuyente dispone de todos los medios necesarios para dar cumplimiento a sus obligaciones tributarias de forma transparente y equitativa. En la actualidad, el número total de funcionarios asciende aproximadamente a 15.000, son 51 las sucursales del SARS y 57 las oficinas de aduana. Asimismo, son tres las Unidades Móviles de Gestión Tributaria (UMGT) actualmente operativas, previéndose proceder a la adquisición de otras seis más.

Para mayor información, visite la página web: www.sars.gov.za.

Dirección de correo electrónico del Programa de Educación Cívico-Tributaria: jkhumalo2@sars.gov.za.

Fuente: Servicio de Gestión Tributaria Sudafricano.

Capítulo 27

Turquía: Simplificación de las declaraciones de la renta

Administración Tributaria Turca (GIB)

El presente capítulo analiza el Programa de Educación Cívico-Tributaria de Turquía. Comienza haciendo un recorrido por el programa al completo y sus objetivos, seguido del análisis de un elemento en concreto: la iniciativa para simplificar las declaraciones de la renta. Una sección adicional aporta información específica sobre la dotación de personal y el coste de la iniciativa. Por último, se realiza una reflexión sobre el impacto y las enseñanzas extraídas como fruto de la iniciativa.

La Administración Tributaria Turca (GIB, por sus siglas en turco) (Recuadro 27.2) cuenta con un amplio abanico de iniciativas que reflejan la importancia que atribuye a la Educación Cívico-Tributaria para mejorar el cumplimiento voluntario, dadas a conocer mediante la recopilación de datos de referencia a través de encuestas y recabando comentarios y sugerencias procedentes de los destinatarios finales (Recuadro 27.1). Dos de esas iniciativas son especialmente notorias: el Programa de Formación para Niños «Vergibilir» y el Centro de Comunicación Tributaria.

Recuadro 27.1. **Objetivos de la Educación Cívico-Tributaria en Turquía**

- Recaudar los ingresos adecuados a través de los principios de justicia, imparcialidad y eficacia para aumentar el bienestar social.
- Simplificar el sistema tributario y reforzar el cumplimiento fiscal.
- Prestar servicios de excelencia al contribuyente.
- Convertirse en un modelo de administración a nivel mundial que mejora y abarca todo tipo de estructura y actividad económicas.

Fuente: Administración Tributaria Turca.

El Programa de Formación para Niños «Vergibilir», diseñado para inculcar una conducta fiscalmente responsable en la generación del futuro, llega aproximadamente a 4 millones de niños de 3°, 4° y 5° de enseñanza primaria y les introduce en el mundo de la fiscalidad de una forma apropiada para su edad. El proyecto está dirigido por la Presidencia de la Administración Tributaria Turca (GIB) en cooperación con el Ministerio de Educación turco. Las sesiones formativas son responsabilidad de 299 educadores seleccionados por el Ministerio de Educación turco de entre profesores de ciencias sociales, maestros de escuela y docentes de facultades de ciencias empresariales. Estos educadores son voluntarios y cuentan, entre sus filas, con profesores de las 81 provincias. Para junio de 2011, habían participado 330 000 alumnos de enseñanza primaria en el programa de formación. Se ha elaborado una página web en turco y en inglés que contiene juegos lúdico-pedagógicos, historias y diferentes actividades de temática fiscal especialmente dedicada a los niños como parte del proyecto (www.vergibilir.gov.tr). También se ha preparado un CD titulado «Canciones Vergibilir» dirigido a los alumnos de primaria que promueve valores como la familia, la escuela, una buena higiene y una buena nutrición, junto a la ética fiscal.

El Centro de Comunicación Tributaria (CCT), constituido en 2006, es el primer punto de acceso para los contribuyentes en busca de información de la GIB. Adscrita al Ministerio de Hacienda turco, la GIB proporciona asesoría fiscal, liquida el impuesto sobre vehículos de tracción mecánica y gestiona las denuncias, una oportunidad para que los contribuyentes informen a la administración tributaria sobre casos de evasión fiscal o delitos fiscales cometidos por terceros. Todo ello tiene lugar a través de un centro de atención telefónica y por correo electrónico. El CCT comenzó activando las consultas por correo electrónico para ciudadanos y empresas extranjeros en mayo de 2012. Debido a la normativa en materia de protección de datos, este servicio de consultoría no ofrece ningún tipo de información sobre responsabilidad o cualquier otro tipo de dato sobre cuentas de personas físicas o jurídicas. El CCT ha venido allanando el camino para que otros organismos públicos habiliten sus propios centros de asistencia profesional telefónica.

Especial referencia a la simplificación de las declaraciones de la renta

En Turquía, como en la mayoría de los países, las personas con ingresos procedentes de rendimientos del capital inmobiliario están obligadas a consignarlos en sus declaraciones anuales de impuestos. Sin embargo, el análisis realizado por la GIB ha revelado que de los 1,2 millones de personas de las que se tiene constancia que se encuentran en esta situación, varios cientos de miles no declararon dichos ingresos. La GIB identificó varios problemas con el sistema existente que contribuían a dicha situación. La mayor parte de los contribuyentes consideraba una enorme pérdida de tiempo el tener que personarse en la oficina de gestión tributaria para declarar la percepción de rentas anuales por alquiler de forma manual. Por otra parte, numerosas declaraciones adolecían de defectos y otras tantas no llegaron a realizarse, por lo que a menudo la GIB no estaba en condiciones de garantizar si los contribuyentes habían presentado o no su declaración. También se demostró que las escasas auditorías y la insuficiencia de datos electrónicos contribuían al incumplimiento generalizado. Estas debilidades condujeron a la introducción, en marzo de 2012, de un impreso electrónico precumplimentado (*borrador*) de declaración para consignar los ingresos por alquiler para el ejercicio fiscal 2011.

El programa de declaración electrónica precumplimentada (*borrador*) habilitado en Turquía es más sencillo, más eficaz y más ecológico. Se elabora una declaración de la renta precumplimentada por vía electrónica para cada contribuyente atendiendo a la información procedente de terceros recibida por el almacén de datos de la GIB. Previamente a la plena aplicación del programa de declaración precumplimentada por vía electrónica, se organizó un grupo de discusión con 50 contribuyentes perceptores de rentas por alquiler, a quienes se les describió el funcionamiento del programa, en el centro tecnológico de la GIB. Se recabaron sus opiniones acerca de todos los aspectos inherentes al programa, incluidas las fuentes y los colores que preferían que utilizase el formulario. Acto seguido se procedió a actualizar el programa, concretamente para simplificar la terminología empleada en el formulario precumplimentado de declaración electrónica en la medida de lo posible.

Cuando los contribuyentes realizan sus declaraciones por primera vez, su inscripción en la oficina de gestión tributaria tiene lugar de forma automática. A partir de ese momento, los contribuyentes tienen acceso virtual a sus declaraciones electrónicas precumplimentadas, pudiendo incluir la información que falte y/o corregir la información que aparece ya precumplimentada en el borrador. Todo cambio fiscal que dé lugar a modificaciones se calcula automáticamente en la declaración virtual que se envía fácilmente por vía electrónica con un simple clic. De esta forma, los contribuyentes pueden pagar las cuantías pendientes de liquidación utilizando sus tarjetas de crédito o a través del servicio de banca en línea.

El objetivo clave de la declaración en línea radica en simplificar el procedimiento tributario, contribuyendo así a que sea más fácil y económico para los contribuyentes cumplimentar sus declaraciones de la renta, garantizando al mismo tiempo una mayor precisión.

La GIB ha hecho pleno uso de la tecnología moderna en un intento por fomentar el conocimiento tributario y el cumplimiento fiscal. A este respecto, la GIB desarrolló una campaña publicitaria multimedia a nivel nacional para fomentar el uso de los formularios electrónicos precumplimentados (*borradores*) para la declaración de la renta informando a los ciudadanos de lo fáciles y sencillos que eran. El punto de mira específico se dirigió a los contribuyentes de edad avanzada, quienes perciben generalmente rentas por alquiler. La campaña supuso el envío a 1,2 millones de declarantes de un folleto explicativo enteramente dedicado a la presentación de la declaración mediante formulario en línea. Además, la GIB habilitó mostradores de información en las oficinas de gestión tributaria y centros comerciales, y se adhirió a famosos foros de información tributaria para facilitar información y responder a las posibles consultas sobre esta iniciativa. También se recurrió a los periódicos, televisión y anuncios publicitarios, entre ellos un anuncio a toda página durante tres días en todos los periódicos de tirada nacional con el mensaje «No vale la pena correr el riesgo». La iniciativa se dio a conocer igualmente en la televisión gracias a un famoso concurso y a una serie TV, así como también con carteles y vallas publicitarias en aeropuertos y estaciones de metro. Al aproximarse la fecha límite para la presentación de la declaración, los contribuyentes recibieron un recordatorio en forma de mensaje de texto (SMS).

También se hizo uso de otras plataformas de medios menos tradicionales: el Ministro de Hacienda turco hizo un llamamiento a través de YouTube invitando a los contribuyentes a utilizar el formulario en línea precumplimentado (*borrador*) para presentar la declaración. Además, uno de los cómicos turcos más carismáticos presentó un divertido vídeo explicativo que se publicó en Facebook y YouTube. En dicho vídeo, el cómico explicaba en clave de humor la nueva iniciativa de declaración electrónica, haciendo hincapié en sus aspectos más innovadores. Otra campaña dirigida a los contribuyentes de más edad consistía en un vídeo de cinco minutos en el que se ve a una abuela presentando su declaración en línea con la ayuda de su nieto, donde se subrayaba el hecho de que el programa de declaración en línea ahorra tiempo y dinero y es fácil de utilizar y que también se publicó en Facebook y YouTube.

La iniciativa de declaración mediante formulario en línea precumplimentado (*borrador*) cuenta con la participación de 25 funcionarios a nivel nacional y 2 000 a nivel local; de ellos, 1 800 miembros del personal recibieron formación en 18 áreas regionales. Adicionalmente, 5 ingenieros de tecnologías de la información y otros 20 expertos ayudaron a programar el sistema y a contrastar los datos. Esta iniciativa ha reducido la presión a la que estaba sometido el presupuesto operativo, ya que sus resultados y la contribución generalizada han superado las expectativas (véase a continuación).

Impacto

- Incremento del número de contribuyentes: A consecuencia de la campaña publicitaria, alrededor de 1,2 millones de personas presentaron su declaración de la renta 2011 en línea utilizando el sistema de formulario precumplimentado. En 2010, con anterioridad a la activación de dicho sistema, apenas unas 890 000 personas presentaron su declaración electrónica. La tasa de aumento en el número total de contribuyentes perceptores de rentas por alquiler fue muy elevada: aproximadamente del 33%. El servicio de declaración en línea ha demostrado ser una opción bastante frecuente y, una vez dada a conocer, la gran mayoría de los contribuyentes se han beneficiado del mismo.
- Más ventajas para la GIB: La declaración en línea mediante formulario precumplimentado reduce la necesidad de tener que contrastar los datos, de realizar comprobaciones y de tener que resolver litigios en materia tributaria. Al estar el proceso de introducción de datos controlado por el contribuyente, quien tiene también la oportunidad de confirmar y autocorregir la información facilitada por la GIB y terceras partes, existen menos discrepancias y modificaciones a las

que la GIB haya de dar seguimiento. Del mismo modo, se espera que tenga un impacto directo en la conducta de los no declarantes incitándoles a utilizar el sistema.

- Mayor eficacia: El sistema precumplimentado reduce al mismo tiempo la carga administrativa y los costes que se derivan para los contribuyentes. Efectuar cambios en línea requiere de un menor esfuerzo que la comprobación manual y, al utilizar menos papel, es también más ecológico. Por otra parte, las declaraciones impresas son aproximadamente tres veces más costosas de tramitar que las declaraciones en línea. Los contribuyentes pueden descargar igualmente y conservar otros datos útiles en forma de resumen, datos que podrían necesitar en un segundo momento para declarar sus rentas o presentar una reclamación.
- Mayor índice de cumplimiento fiscal: Pese a que la iniciativa no ha sido objeto de evaluación externa, una aproximación interna apunta a una enorme y significativa mejora del cumplimiento fiscal como resultado de la declaración de impuestos simplificada.

Enseñanzas extraídas

Una campaña publicitaria eficaz a nivel nacional que haga uso de una combinación de distintos medios de comunicación tradicionales y modernos, incluidas las redes sociales, puede dotar a los contribuyentes, ya sean actuales o potenciales, de las herramientas prácticas y la motivación necesarias para declarar sus rentas con éxito. Ello se traducirá en un mayor cumplimiento fiscal en condiciones más favorables y en un mejor conocimiento por parte de la GIB de los contribuyentes a los que se dirige la iniciativa.

Ésta es la primera iniciativa de esas características emprendida por la GIB, y seguirá desarrollándose durante los próximos años.

Recuadro 27.2. **Administración Tributaria Turca (GIB)**

La creación de la Dirección General de Tributos turca fue decretada por ley en 1946. En 2005, fue reemplazada por la Administración Tributaria Turca (*Gelir İdaresi Başkanlığı*). Ello supuso el comienzo de un nuevo período, con el establecimiento de la Presidencia de la Administración Tributaria con la condición de ente subordinado, si bien semiautónomo, del Ministerio de Hacienda. La misión de la GIB consiste en recaudar suficientes ingresos al tiempo que vela por garantizar los principios de justicia, imparcialidad y eficacia para aumentar el bienestar social; contribuir a la simplificación del sistema tributario y la mejora del cumplimiento fiscal, y prestar servicios de excelencia a los contribuyentes.

La GIB cuenta con 1.032 oficinas de gestión tributaria en todo el país y con una plantilla de 40.244 funcionarios en total.

Si desea obtener más información, visite las siguientes páginas web: www.gib.gov.tr; www.vergibilir.gov.tr (portal para niños).

Fuente: Administración Tributaria Turca.

Capítulo 28

Uruguay: Videojuegos de Educación Tributaria

Dirección General Impositiva (DGI)

El presente capítulo trata sobre el Programa de Educación Cívico-Tributaria de Uruguay. En primer lugar, hace un recorrido por el programa al completo y sus objetivos, y prosigue centrándose en un elemento en concreto: los videojuegos de Educación Tributaria. Finalmente, realiza una reflexión sobre el impacto y las enseñanzas extraídas como fruto de la iniciativa.

Los impuestos son uno de los instrumentos de mayor importancia con los que cuenta el Estado para financiar sus actividades y cumplir con sus cometidos. La Dirección General Impositiva (DGI) uruguaya (Recuadro 28.3) es consciente de la importancia de proyectar una imagen íntegra y saneada de su administración tributaria a la sociedad, a cuyo fin se sirve de diversas estrategias de comunicación. Asimismo, la DGI pretende potenciar el cumplimiento fiscal voluntario y desincentivar la evasión fiscal por parte de los ciudadanos, de ahí que la Educación Fiscal represente uno de sus objetivos estratégicos (Recuadro 28.1).

Educación Cívico-Tributaria en Uruguay

El Programa de Educación Fiscal de la DGI se gestó en el año 2003 y comenzó a implementarse en el año 2005 a través de un proyecto piloto denominado «Educación para la Ciudadanía Participativa y Responsable».

Recuadro 28.1. **Objetivos de la Educación Cívico-Tributaria en Uruguay**

- Impulsar la ética fiscal ciudadana.
- Fomentar conductas y valores éticos como la solidaridad, justicia, equidad y responsabilidad en niños y jóvenes.
- Promover la responsabilidad y participación ciudadana en la vida social de la comunidad.
- Combatir el fraude y los delitos fiscales fomentando una actitud íntegra y positiva ante los impuestos entre todos los ciudadanos, niños incluidos.

Fuente: Dirección General Impositiva.

El programa se sustenta en el Convenio Marco de Cooperación suscrito en 2006 entre la Administración Nacional de Educación Pública (ANEP) y la DGI para la realización conjunta de programas educativos sobre civismo y ética fiscal.

El Convenio permitió, asimismo, a la DGI elaborar, en colaboración con docentes, diversos materiales didácticos (tiras de cómics y libros de texto) que se distribuyeron en las escuelas de todo el país. Por otra parte, la DGI organiza talleres para docentes y otros educadores y celebra acuerdos con el sistema de enseñanza primaria y secundaria para desarrollar planes de estudios conjuntamente.

Más recientemente, la DGI ha comenzado a elaborar contenidos fiscales en formato electrónico para las escuelas tales como, por ejemplo, un videojuego que permite a los niños meterse en el papel de superhéroes que viajan en el tiempo para resolver una amenaza que azota a toda la comunidad (véase el siguiente apartado). En la misma línea, la DGI ha creado un espacio lúdico llamado «La Máquina del Tiempo» ubicado en un centro comercial, en la *Ciudad de los Chicos*, que utiliza el formato de juego para incitar a los niños a que se conviertan en ciudadanos responsables. La DGI también ha estado presente en la feria agroindustrial Expo Prado a través de un expositor dirigido al público infantil, para que los niños puedan aprender la importancia de los impuestos de forma lúdica y entretenida.

Los principales colaboradores de la DGI en el ámbito de la Educación Tributaria son la ANEP, el Consejo de Educación Inicial y Primaria, el Consejo de Educación

Secundaria, el Plan Ceibal, el Ministerio de Educación y Cultura y el Instituto del Cine y Audiovisual del Uruguay. Asimismo, la DGI se sirve de los canales de televisión, emisoras de radio y periódicos para sus actividades de Educación Cívico-Tributaria, y colabora con el sector agroindustrial.

En la actualidad, el programa se financia con fondos del Presupuesto Nacional, aunque inicialmente fue cofinanciado por la Unión Europea, enmarcado en el Proyecto de Modernización de la DGI. Posteriormente, pasó a formar parte del Programa de Apoyo a la Gestión Tributaria, que contaba con financiación del Banco Interamericano de Desarrollo (BID).

Especial referencia a los videojuegos de Educación Tributaria

El Plan Ceibal es una iniciativa socio-educativa puesta en marcha en el año 2007 por la Presidencia de la República. Este Proyecto interinstitucional proporciona un ordenador portátil a cada niño en edad escolar y a todo maestro de escuelas públicas de educación primaria de todo el país. Implica la participación de diversos organismos públicos operantes en los campos de la enseñanza y la tecnología. En 2012, el Plan se extendió a estudiantes y docentes del ciclo básico de educación secundaria y técnico-profesional. En estos momentos, se está ampliando a los alumnos de educación superior.

Inspirado en el Proyecto «Un ordenador por niño» (Recuadro 28.2), el Plan Ceibal suministra ordenadores portátiles de bajo coste (también conocidos como «XO»), software libre y conexión inalámbrica dentro y fuera del aula. Estos portátiles son resistentes al uso por parte de niños, al agua y al polvo, son ligeros y fáciles de transportar. Su pantalla dual (blanco/negro y color) permite su uso tanto en espacios cerrados como al aire libre, sin dificultades de visualización por efecto de la luz solar. Se hace entrega de una tarjeta de almacenamiento extraíble. Dispone de puertos USB y cámara de vídeo incorporada.

La DGI vio y sopesó la oportunidad implícita en esta iniciativa para desarrollar contenidos digitales sobre Educación Tributaria a los que pudiera accederse desde la plataforma Ceibal en colaboración con el Consejo de Educación Inicial y Primaria, el Consejo de Educación Secundaria y el Plan Ceibal. El primer producto consistió en un libro interactivo diseñado para docentes de educación primaria. En 2011, la DGI lanzó la aplicación «+Ciudadano», que invita a los niños a mejorar su ciudad mientras aprenden más cosas sobre los impuestos. En compañía del personaje llamado Iván, los niños recorren y mejoran el barrio en el que viven mientras van superando distintos niveles enfocados en temas como los Derechos y Obligaciones, la Sociedad, el Estado y la Cultura Fiscal. Allí deberán ir descubriendo información que les ayudará a completar las diferentes tareas que se les plantean para mejorar, así, los espacios públicos al mismo tiempo que van activando entretenidos minijuegos como recompensa a sus esfuerzos.

Recuadro 28.2. «Un ordenador por niño»

El Proyecto «Un ordenador por niño» cuenta con el apoyo de la Asociación *One Laptop per Child* de Miami y de la Fundación OLPC de Cambridge, dos organizaciones estadounidenses sin ánimo de lucro creadas para gestionar la creación de dispositivos educativos de bajo coste para su uso en países en desarrollo y áreas mundiales deprimidas. Su objetivo es facilitar el acceso de la población infantil a la educación proporcionando a cada niño un ordenador portátil básico, asequible, de bajo consumo energético y con conexión inalámbrica. El proyecto ha abarcado el diseño del hardware, contenidos y software con el fin de hacer posible que los niños se involucren en su propia educación y aprendan, compartan y creen juntos. En octubre de 2007, Uruguay realizó un pedido de 100.000 unidades, convirtiéndose, anecdóticamente, en el primer país del mundo en el que cada niño de educación primaria recibía un ordenador portátil gratis el 13 de octubre de 2009, en el marco del Plan Ceibal.

Fuente: Páginas web de la iniciativa One Laptop Per Child: http://one.laptop.org/stories y Wikipedia (consultada el 9 de octubre de 2013).

La DGI se sirve de videojuegos para conectar con y llegar al sector juvenil de la población. En 2012, la DGI desarrolló un videojuego educativo para alumnos de 3° de educación secundaria del Plan Ceibal. Se trata de un videojuego que transcurre en una ciudad azotada por fuertes tormentas, cuyos edificios han sido arrasados y la documentación y datos virtuales en manos de las autoridades públicas se han perdido. Ante esta situación de emergencia, el gobierno solicita ayuda mientras reorganiza sus servicios y un grupo de jóvenes asume la tarea de conseguir y distribuir recursos. El personaje principal se enfrentará a diferentes servicios de la comunidad que implican reparaciones, nuevas construcciones, pago de salarios, servicios de abastecimiento y suministros, entre otros. Su tarea consiste en gestionar la recaudación tributaria para poder prestar todos los servicios necesarios y que estén operativos para toda la población. Existen distintos niveles de consecución y recompensas, así como pantallas resumen para ver los logros alcanzados por el alumno, donde se manejan los conceptos de recursos, contribuyentes, recaudación tributaria, evasión, presupuesto, costes y gastos. El videojuego fomenta el concepto de ciudadanía explorando contenidos como la convivencia social, el Estado como organización y la participación ciudadana, a la vez que resalta la transcendencia socio-económica de los impuestos para la comunidad. El desarrollo de este recurso contó con el apoyo del Consejo de Educación Secundaria (CES) a través de un grupo de inspectores y docentes con una dilatada experiencia en el desarrollo de materiales didácticos.

La DGI diseñó, igualmente, un Nuevo Portal de Educación Tributaria, accesible a través de los ordenadores portátiles (XO) o desde casa. Este sitio educativo está específicamente dirigido a los alumnos de educación primaria y secundaria, aunque también se ofrecen contenidos educativos relevantes para el público en general. El portal se divide en tres grandes áreas:

- «Descargar juegos»: Son dos los juegos educativos disponibles para descarga.
- «Juegos *online*»: Un espacio recreativo para aprender jugando. En «Iván vs. Evatrones», los niños deben evitar a los *evatrones* (o evasores fiscales) al tiempo que recaudan impuestos. En «Invencible», los niños han de reunir la mayor cantidad posible de impuestos y evitar a los evasores mientras recorren el país. En «DetectIVAte», también podrán encontrar situaciones en las que no se haga entrega de comprobantes fiscales.

- «Para hacer los deberes»: Esta atractiva interfaz de fácil uso da cabida a varias secciones con información técnica relevante dirigida a un sector destinatario más amplio, tales como las estadísticas e información sobre el sistema tributario para estudiantes universitarios o incluso periodistas. En líneas generales, la información se encuentra estructurada en tres grandes áreas:
  - «Importancia de los impuestos»: Contiene infografías que ayudan a comprender mejor la dimensión social de los impuestos, el Sistema tributario y los impuestos en Uruguay. También ofrece información general sobre los comprobantes fiscales.
  - «Recaudación DGI»: Incluye gráficos interactivos que permiten explorar la evolución de la recaudación de la DGI y los cambios en su composición que ilustran la recaudación acumulada del año en curso; la recaudación bruta de la DGI por año, con todos los impuestos agrupados en Renta, Propiedad y Consumo; evolución de la recaudación bruta y el PBI, donde se muestra cómo la recaudación de la DGI ha venido superando la evolución del PBI.
  - «Evasión»: Contiene gráficos interactivos que permiten analizar la evolución de la evasión en Uruguay (como porcentaje de la recaudación potencial de IVA, de la recaudación total de la DGI y como porcentaje del PBI) y una representación gráfica dinámica que muestra la evolución de la evasión en el IVA en los países de América Latina a lo largo de los últimos diez años.

Impacto

- Mensajes fiscales para un público más amplio: El lanzamiento de +Ciudadano amplió el alcance del programa en Educación Tributaria a los 100 000 alumnos de 5° y 6° año y a todos los docentes de escuelas públicas de primaria del país. A su vez, se amplió el alcance del programa a escuelas de secundaria, alcanzando la cifra de 40 000 alumnos de 3er año de ciclo básico y llegando también a los profesores de la asignatura «Educación Social y Cívica» de escuelas públicas de secundaria. Ello significa que el Programa de Educación Cívico-Tributaria ha ido ganando terreno y se ha generalizado entre los alumnos de centros públicos de educación primaria y secundaria de todo el país.
- Más y mejores recursos educativos: En seis años, el Plan Ceibal ha entregado ordenadores portátiles a más de 575 000 alumnos y docentes. Su plataforma educativa ofrece más de 8 500 contenidos educativos y 40 000 docentes han recibido formación sobre la utilización de recursos tecnológicos en el marco del proyecto. Desde sus inicios, el Plan Ceibal ha tenido muy buena acogida entre la gran mayoría de la población.
- Mayor y mejor comunicación: El Plan Ceibal ha contribuido a la difusión de la información, la comunicación y la cultura a nivel global a un sector bastante más amplio de la población, sin importar su ubicación geográfica o el estatus socio-económico. Dado que los niños se llevan sus propios portátiles a casa y que es posible tener acceso a Internet en espacios públicos, el Plan amplía sus redes al facilitar también el acceso a los demás integrantes de la familia de esos niños.
- Menor índice de desigualdad: Diversos estudios de evaluación e impacto del Plan Ceibal revelan que al permitir un acceso informático generalizado e indiscriminado en los hogares de los alumnos se superan ancestrales barreras de

desigualdad, algo que no habría sido factible a través de mecanismos y redes comerciales (Rivoir y Lamschtein, 2012).

Enseñanzas extraídas

El modelo de Educación Tributaria inicialmente utilizado por la DGI era muy tradicional (basado, principalmente, en la utilización de libros), que requería un enorme y costoso esfuerzo por parte de la administración. Su alcance era limitado y aun cuando se distribuyesen libros por todo el país, muchos ni tan siquiera cruzaban las puertas de las bibliotecas de los centros. Por otra parte, eran necesarias acciones formativas permanentes y costosos procesos de supervisión y evaluación.

Aprovechando al máximo las oportunidades implícitas en el Plan Ceibal y las nuevas tecnologías, la DGI ha garantizado un acceso constante y flexible a los contenidos fiscales por parte de los jóvenes. Este nuevo modelo es innovador al fomentar la colaboración y la integración social entre los más pequeños, los docentes, los centros educativos y las familias, además de permitirles formar parte de nuevas comunidades de aprendizaje, ya sean de carácter nacional o internacional.

Así pues, el Plan Ceibal constituye un modelo de referencia acerca del buen uso de los impuestos. Financiado con recursos procedentes del sistema tributario, representa en sí mismo un vehículo para el desarrollo de programas que impulsan una conducta fiscalmente responsable en la ciudadanía, obteniendo así más recursos que revierten en acciones de desarrollo.

Futuros pasos

La DGI orientará su futura actuación a desarrollar nuevos contenidos y recursos educativos electrónicos, tales como:

- Una aplicación especial para alumnos de educación inicial o primaria (de edades comprendidas entre los 6 y los 9 años) que permita ampliar el alcance del programa a través del Plan Ceibal, disponible también en el Portal Educa de la DGI.
- Un recurso educativo dirigido a jóvenes preuniversitarios, disponible en la plataforma Ceibal y en el Portal Educa de la DGI, para fomentar la ética y participación ciudadanas en la vida social de la comunidad.
- Actividades en línea dirigidas a docentes de enseñanza primaria y secundaria, cuyo fin es dotarlos de conocimientos técnicos e información sobre los recursos disponibles. Se pretende facilitar la labor pedagógica de los docentes y educadores a la hora de impartir clases sobre fiscalidad y ciudadanía.

Recuadro 28.3. **Dirección General Impositiva (DGI)**

La Dirección General Impositiva (DGI) uruguaya es un organismo adscrito al Ministerio de Economía y Finanzas. La Secretaría Técnica General de la DGI está a cargo de todas las actividades relacionadas con la Educación Tributaria y es la responsable de la recaudación de los recursos del Estado. La DGI fomenta el cumplimiento voluntario en los obligados tributarios, al tiempo que vela por y defiende sus derechos, actuando en todo momento con integridad, eficacia y profesionalidad a fin de prestar un buen servicio a la sociedad.

En la DGI trabajan 1.400 empleados públicos (de ellos, el 40% se compone de expertos, el 29% de técnicos, el 30% de auxiliares administrativos y el 1% de personal de servicios). Cuenta con oficinas y delegaciones en 19 demarcaciones geográficas, y su sede central se encuentra en la capital, Montevideo. También cuenta con 5 oficinas regionales y 40 dependencias distribuidas por todo el país.

Para mayor información, visite la página web: www.dgi.gub.uy.

Página web del Programa de Educación Cívico-Tributaria: www.dgi.gub.uy/educa.

Dirección de correo electrónico del Programa de Educación Cívico-Tributaria: culturatributaria@dgi.gub.uy.

Fuente: Dirección General Impositiva.

Bibliografía

Rivoir, A. y Lamschtein, S. (2012): «Las tecnologías digitales frente a los desafíos de una educación inclusiva en América Latina», Capítulo V, en Sunkel, G. y Trucco, D. (Eds.): *Plan Ceibal, un caso de usos de las tecnologías de información y de las comunicaciones en la educación para la inclusión social*, en el marco del programa Alianza para la Sociedad de la Información, desarrollado por la CEPAL y la Unión Europea.

Capítulo 29

Zambia: Canal de Fiscalidad radiofónico

Administración Tributaria Zambia (ZRA)

Este capítulo presenta el Programa de Educación Cívico-Tributaria de Zambia. En primer lugar, hace un recorrido por el programa al completo y sus objetivos, y prosigue centrándose en un elemento en concreto: el Canal de Fiscalidad radiofónico. Por último, analiza el impacto y las enseñanzas extraídas a raíz de la iniciativa, y apunta brevemente a los futuros pasos en este ámbito.

Zambia ha recorrido un largo camino en la reforma de su sistema tributario, concretamente en lo concerniente a la mejora de la legislación, a la reducción del tipo de gravamen y a la simplificación de los procedimientos. Como parte de esta tarea, la Administración Tributaria Zambia (ZRA, por sus siglas en inglés) (Recuadro 29.4) ha comprendido que un mejor conocimiento del sistema tributario puede cambiar la conducta de los contribuyentes y la ética fiscal, al tiempo que puede dar lugar a un mayor cumplimiento en materia tributaria.

Educación Cívico-Tributaria en Zambia

La Educación Cívico-Tributaria se ha convertido en un componente importante de los esfuerzos de la ZRA por instaurar una conducta fiscalmente responsable en Zambia (Fjeldstad y Heggstad, 2012). El Departamento de Educación Cívico-Tributaria es una nueva unidad en la sede central de la ZRA (Recuadro 29.1); con carácter previo a su creación, la Educación Cívico-Tributaria y los servicios fiscales estaban integrados y caminaban de la mano, que es justamente lo que sigue ocurriendo en las oficinas provinciales. Un nuevo Servicio de Asistencia y Atención Telefónica al Contribuyente, compuesto por un equipo de ocho personas, proporciona una primera toma de contacto al alcance de los contribuyentes. Por su parte, el Departamento de Asesoría al Contribuyente, encargado de las principales actividades de Educación Cívico-Tributaria de la ZRA, cuenta con una plantilla de cinco personas.

Recuadro 29.1. **Objetivos de la Educación Cívico-Tributaria en Zambia**

- Entablar excelentes relaciones con los interesados, tanto a nivel interno como externo.
- Recaudar impuestos de forma eficaz y eficiente.
- Impulsar el cumplimiento voluntario.
- Orientar a los contribuyentes sobre sus derechos y obligaciones.
- Asegurarse de que los contribuyentes entienden la normativa tributaria y cómo satisfacer sus obligaciones tributarias.
- Incrementar el número de contribuyentes cumplidores.
- Explicar por qué han de pagarse impuestos.
- Legitimar a los ciudadanos a participar en debates sobre el destino de los ingresos fiscales.

Fuente: Administración Tributaria Zambia.

El Programa de Educación Cívico-Tributaria de la ZRA está especialmente dirigido a los contribuyentes sujetos al impuesto sobre la renta (ya se encuentren en la parte alta o baja de la horquilla impositiva); a los contribuyentes sujetos al impuesto sobre sociedades (incluidas grandes, medianas, pequeñas y microempresas, además de empresas públicas); a los jóvenes y al sector de la economía sumergida. Las actividades principales consisten en divulgar información esencial y relevante, como es el caso de los derechos y obligaciones de los contribuyentes, orientar a los contribuyentes para su comprensión de dichos derechos y obligaciones y dotarles de las herramientas necesarias que les permitan satisfacerlas. En el marco de dicho programa, la ZRA ha organizado actividades en los centros educativos de enseñanza secundaria y superior, así como también eventos comunitarios y/o culturales; por otra parte, localiza también los servicios al contribuyente dentro de oficinas u organismos públicos para aumentar su visibilidad y alcance; interactúa directamente con los usuarios mediante seminarios, conferencias, cursos de formación, foros, talleres, sesiones informativas y debates; se sirve de los medios de comunicación (periódicos, radio y televisión a nivel nacional, regional y local), materiales audiovisuales e impresos, tales como guías, folletos y resoluciones públicas, y recurre también a diversas plataformas de redes sociales (como Facebook o Twitter, entre otras).

Sólo en el primer semestre de 2013, el Departamento de Educación Cívico-Tributaria realizó un programa de televisión sobre las modificaciones presupuestarias, llevó a cabo talleres en escuelas de comercio, facultades de ciencias empresariales y centros empresariales, además de programas radiofónicos semanales. En mayo de 2013, se realizó un viaje de estudios a Nepal, financiado por la Agencia Alemana de Cooperación al Desarrollo (GIZ). En esta visita participaron cinco funcionarios de la ZRA: el Director y dos funcionarios del Departamento de Asesoría al Contribuyente, un funcionario de servicios al contribuyente/tributos internos y un último funcionario de servicios al contribuyente/aduanas. La finalidad era revigorizar aún más y proporcionar una estrategia en materia de Educación Cívico-Tributaria para Zambia.

En Zambia rige un procedimiento de consulta de elaboración de los presupuestos que involucra tanto al Estado como a la sociedad (participación ciudadana), dirigido principalmente a los agentes no estatales (Recuadro 29.2).

Recuadro 29.2. **Participación ciudadana en el procedimiento de consulta tributaria en Zambia**

A través del Ministerio de Finanzas y Planificación Nacional, el Gobierno de Zambia ha implementado mecanismos mediante los que los agentes no estatales pueden presentar propuestas en materia de impuestos y gastos de cara a su posible inclusión en los presupuestos generales. Cada vez recurren más a esta posibilidad personas físicas, empresas, asociaciones profesionales y la sociedad civil con objeto de cabildear para obtener privilegios fiscales y exenciones tributarias, conseguir modificaciones en la administración tributaria y en el gasto público e influir los resultados presupuestarios. Junto a la acción de cabildeo a través del procedimiento y estructuras formales presupuestarias, los grupos de interés recurren igualmente a mecanismos informales para influir en la toma de decisiones políticas.

A lo largo de la última década, el Gobierno de Zambia y el sector privado han iniciado un procedimiento de consulta más formal a través del Consejo Empresarial de Zambia. Este foro permite a las instituciones gubernamentales competentes y al sector privado entablar un debate sobre cuestiones políticas clave. El objetivo es generar ideas y dialogar con el gobierno sobre reformas políticas, legislativas e institucionales para fomentar el desarrollo del sector privado. El Consejo Empresarial de Zambia reúne a cuatro Ministros clave del Gobierno (carteras ministeriales de comercio e industria, finanzas y planificación nacional, transporte y comunicaciones, y agricultura) y a la Agencia de Desarrollo Zambia, asociaciones empresariales y el Consejo Consultivo Internacional de Zambia (que se compone de consolidados expertos en negocios internacionales).

Fuente: Adaptación del artículo de Fjeldstad y Heggstad (2012). "Building taxpayer culture in Mozambique, Tanzania and Zambia: Achievements, challenges and policy recommendations", CMI Report, R 2012:1, Chr. Michelsen Institute, Bergen, available at: www.cmi.no/publications/publication/?4499=building-taxpayer-culture-in-mozambique.

Además de colaborar estrechamente con Radio Phoenix (véase a continuación) y la cadena de televisión, la ZRA mantiene una fuerte colaboración con el Ministerio de

Finanzas y Planificación Nacional, así como también con otros departamentos y agencias gubernamentales, centros educativos, organizaciones empresariales y la Agencia Alemana de Cooperación al Desarrollo (GIZ).

Especial referencia al Canal de Fiscalidad radiofónico

La ZRA llega a los contribuyentes a través de un programa de radio semanal de una hora de duración que emite Radio Phoenix. Este programa, que comenzó a emitirse en marzo de 2012 como una alternativa más económica a la televisión para llegar a una franja de público más extensa, tiene cobertura en cuatro de las nueve provincias de Zambia (Provincia de Lusaka, Provincia Central, Provincia de Copperbelt y parte de la Provincia del Sur). De esta forma, extiende su alcance más allá de las tres provincias que son competencia de la ZRA.

El programa de radio se emite en directo todos los miércoles por la mañana. La primera mitad del programa aborda cuestiones fiscales, tales como los tributos internos, impuestos aduaneros o modificaciones en el sistema tributario, y tiene lugar una entrevista entre el Director del Departamento de Comunicaciones y Cooperación de la ZRA y un experto de la ZRA. La segunda mitad del programa consiste en un espacio de llamadas en directo para permitir a los contribuyentes formular preguntas, plantear inquietudes o aportar sugerencias y comentarios. El público en general envía también sugerencias y comentarios por correo electrónico, por contacto directo personal o llamando al centro de atención telefónica. La crítica y la retroalimentación se utilizan de manera constructiva para mejorar la calidad del programa.

Inicialmente, las entrevistas para el programa de radio eran conducidas por un moderador; sin embargo, se consideró que el entrevistador necesitaba adquirir un conocimiento técnico más profundo para formular preguntas relevantes y pertinentes al experto de la ZRA, de ahí el que, en la actualidad, sea el Director o Vicedirector del Departamento de Comunicaciones y Cooperación de la ZRA el encargado de realizar y dirigir las entrevistas.

Esta iniciativa es fruto de un esfuerzo en equipo que involucra al Departamento de Educación Cívico-Tributaria al completo. Los temas de cada programa se deciden en una sesión de planificación trimestral a cargo del mencionado Departamento, aunque también pueden ser propuestos por el personal o por los oyentes. A menudo es necesario convencer a los funcionarios de otros departamentos de la ZRA para participar en el programa, ya que no existe ningún requisito formal que les obligue a participar en temas de Educación Cívico-Tributaria. El guión del programa es responsabilidad de un funcionario del Departamento de Educación Cívico-Tributaria, quien se encarga de prepararlo todas las semanas para que lo revise después todo el equipo.

Ni los funcionarios ni otros colaboradores o participantes en las entrevistas han recibido formación específica para emprender dicha iniciativa.

El coste del contrato anual con Radio Phoenix asciende a 47.000 kwachas de Zambia (equivalentes a unos 8.600 dólares estadounidenses). Actualmente, no hay un presupuesto específico asignado a actividades de Educación Cívico-Tributaria; por su parte, el programa se financia enteramente con el presupuesto operativo del Departamento de Investigación y Planificación de la ZRA.

Impacto

- **Alcance del programa:** Radio Phoenix llega a cuatro de las nueve provincias de Zambia, abarcando un área de 643 kilómetros. Es difícil establecer con exactitud el número de oyentes, si bien es cierto que las llamadas en onda son muy numerosas y frecuentes, por lo que el programa de radio contribuye a aumentar el nivel de conocimiento de los contribuyentes.
- **Cambio de percepción:** El programa ha cambiado la percepción de los contribuyentes de la ZRA. Anteriormente, la gente se sentía bastante incómoda con el hecho de contactar con la ZRA; en la actualidad, este hecho parece haber cambiado gracias al nuevo enfoque consistente en considerar a los ciudadanos como auténticos aliados (Recuadro 29.3).
- **Cambio de tendencia en el cumplimiento fiscal:** Los contribuyentes son ahora más conscientes de sus obligaciones y derechos, circunstancia que debería plasmarse en un mayor índice de cumplimiento fiscal.

Recuadro 29.3. **Encuesta a la percepción de los contribuyentes**

En 2012, el Departamento de Investigación y Planificación realizó un estudio sobre la percepción de los contribuyentes acerca de la equidad y la transparencia de la información facilitada por la ZRA. Una de las preguntas, a la que respondieron 79 contribuyentes, les invitaba a manifestar si tenían conocimiento de que la ZRA contempla: (i) el derecho de apelación; (ii) el derecho a reivindicar sus derechos y obligaciones, y (iii) el derecho a un trato justo y equitativo. En caso de que un contribuyente respondiese «sí» a las tres preguntas, se confirma la percepción de recibir un trato justo. Los tres aspectos se ponderaban con el mismo porcentaje para establecer una puntuación relativa a la equidad.

Esto reveló que el 73% de los usuarios de la ZRA consideraban recibir un trato justo por parte del personal de la ZRA. De forma análoga, de una muestra de 75 contribuyentes, el 96% manifestó que la información tributaria facilitada por la ZRA era clara.

Fuente: Administración Tributaria Zambia (2012): *Taxpayer Charter Monitoring Report,* Second Quarter 2012, Departamento de Investigación y Planificación, ZRA, Lusaka.

Enseñanzas extraídas

El hecho de que la Educación Cívico-Tributaria no sea una de las actividades centrales de los funcionarios de la ZRA que trabajan en otros departamentos denota que existen escasos incentivos o que el tiempo disponible para que participen en las mismas es muy reducido. El Director del Departamento de Educación Cívico-Tributaria ha intentado solventar el problema solicitando a los distintos jefes de división que abogasen por la participación del personal de sus respectivas unidades.

El programa de radio constituye una iniciativa novedosa en cuyo marco no se ha impartido formación específica a los moderadores o presentadores en materia de relaciones públicas, habilidades de presentación y competencias para la gestión de consultas en público. Así pues, aún queda un largo camino por recorrer en este ámbito.

Futuros pasos

Actualmente, no existe un presupuesto específico asignado a actividades de Educación Cívico-Tributaria, de ahí que se haya empleado el presupuesto operativo del Departamento de Investigación y Planificación de la ZRA para financiar la iniciativa que nos ocupa. El pasado año, las actividades desarrolladas en este ámbito fueron financiadas por la Unidad de Gestión del Gasto Público y Contabilidad Financiera, adscrita al Ministerio de Finanzas. La escasez de recursos indica que será inviable llevar a cabo todas las actividades de Educación Cívico-Tributaria previstas para el año en curso, actividades que iban desde programas en emisoras de radio comunitarias en toda Zambia a programas y anuncios de televisión, pasando por talleres, debates interescolares de temática tributaria, espectáculos y representaciones ambulantes, folletos y opúsculos.

Recuadro 29.4. **Antecedentes de la Administración Tributaria Zambia**

La creación, en 1994, de la Administración Tributaria Zambia (ZRA) fue decretada por la Ley de regulación de la Administración Tributaria Zambia, que le otorgaba la condición de órgano semiautónomo. Siguiendo el ejemplo de Uganda en 1992, Zambia se convirtió en el segundo país africano en adoptar un modelo de administración tributaria con carácter semiautónomo. La ZRA cuenta con dos divisiones operativas: la División de Tributos Internos (impuestos directos e IVA) y la División de Servicios de Aduana, cada una de ellas encabezada por un Comisario. La misión de la ZRA es:

- Convertirse en un organismo reconocido mundialmente como faro de excelencia en el ámbito de la administración tributaria;
- optimizar y preservar la recaudación tributaria a través de sistemas integrados, eficaces, eficientes y transparentes, gestionados por profesionales para satisfacer las expectativas de todas las partes interesadas;
- estimar, aplicar, gravar y recaudar todos los ingresos públicos debidos, y
- asegurarse que de todos los ingresos recaudados le sean abonados al Departamento del Tesoro.

Si desea obtener más información:

- Página web: www.zra.org.zm.
- Facebook: www.facebook.com/pages/Zambia-Revenue-Authority/456894244349519?fref=ts.
- Dirección de correo electrónico del Programa de Educación Cívico-Tributaria: advice@zra.org.zm.

Source: Administración Tributaria Zambia.

Bibliografía

Fjeldstad, O. H. y Heggstad, K. K. (2012): «Building taxpayer culture in Mozambique, Tanzania and Zambia: Achievements, challenges and policy recommendations», Informe CMI, R 2012:1, Instituto Chr. Michelsen, Bergen, disponible en: www.cmi.no/publications/publication/?4499=building-taxpayer-culture-in-mozambique.

Zambian Revenue Authority (Administración Tributaria Zambia) (2012): *Taxpayer Charter Monitoring Report, Second Quarter 2012*, Departamento de Investigación y Planificación, ZRA, Lusaka.

ORGANIZACIÓN DE COOPERACIÓN Y DE DESARROLLO ECONÓMICOS (OCDE)

La OCDE constituye un foro único en su género, donde los gobiernos trabajan conjuntamente para afrontar los retos económicos, sociales y medioambientales que plantea la globalización. La OCDE está a la vanguardia de los esfuerzos emprendidos para ayudar a los gobiernos a entender y responder a los cambios preocupaciones del mundo actual, como el gobierno corporativo, la economía de la información y los retos que genera el envejecimiento de la población. La Organización ofrece a los gobiernos un marco en el que pueden comparar sus experiencias políticas, buscar respuestas a problemas comunes, identificar buenas prácticas y trabajar en la coordinación de políticas nacionales e internacionales.

Los países miembros de la OCDE son: Alemania, Australia, Austria, Bélgica, Canadá, Chile, Corea, Dinamarca, Eslovenia, España, Estados Unidos de América, Estonia, Finlandia, Francia, Grecia, Hungría, Irlanda, Islandia, Israel, Italia, Japón, Luxemburgo, México, Noruega, Nueva Zelanda, Países Bajos, Polonia, Portugal, Reino Unido, República Checa, República Eslovaca, Suecia, Suiza y Turquía. La Comisión Europea participa en el trabajo de la OCDE.

Las publicaciones de la OCDE aseguran una amplia difusión de los trabajos de la Organización. Éstos incluyen los resultados de la compilación de estadísticas, los trabajos de investigación sobre temas económicos, sociales y medioambientales, así como las convenciones, directrices y los modelos desarrollados por los países miembros.

FUNDACIÓN INTERNACIONAL Y PARA IBEROAMÉRICA DE ADMINISTRACIÓN Y POLÍTICAS PÚBLICAS (FIIAPP)

La Fundación Internacional y para Iberoamérica de Administración y Políticas Públicas (FIIAPP) es una institución pública española dedicada a la cooperación internacional. Su objetivo es mejorar los marcos institucionales y legales, el funcionamiento de los organismos públicos y la calidad de vida de los ciudadanos en los países donde opera. La FIIAPP facilita el intercambio y la transferencia de conocimientos, y cada año moviliza a más de 1.000 funcionarios públicos para realizar estudios y formar a altos funcionarios y responsables políticos, fundamentalmente a través de asistencia técnica pública (del sector público al sector público).

La Fundación está presidida por la Vicepresidenta del Gobierno de España, y los Ministros de Asuntos Exteriores, Justicia y Sanidad forman también parte de su patronato. Su participación, junto con la de otros importantes representantes del Gobierno español, garantiza el máximo apoyo institucional a las iniciativas de la FIIAPP.

EUROSOCIAL II

La cohesión social es una de las máximas prioridades de los gobiernos de la Unión Europea y América Latina. Así se ha manifestado en sucesivas cumbres donde los jefes de Estado y de Gobierno de ambas regiones han acordado respaldar esta prioridad birregional con recursos y contenido mediante el lanzamiento de EUROsociAL, un programa de cooperación técnica de la Unión Europea que refleja la creciente preocupación por la cohesión social, considerada como un "reto común" para Europa y América Latina.

EUROsociAL tiene como objetivo asegurar un espacio regional para el diálogo político entre la Unión Europea y América Latina en torno a la cohesión social. Es un programa horizontal e institucional que moviliza los conocimientos expertos de las instituciones públicas de ambas regiones en un ejercicio de aprendizaje entre iguales. EUROsociAL emplea un enfoque regional basado en la colaboración para abordar retos comunes en el diseño, la aplicación, la gestión y la evaluación de políticas destinadas a impulsar la cohesión social.

La subvención para poner en marcha EUROsociAL (2011-2015) fue concedida a un consorcio liderado por la Fundación Internacional y para Iberoamérica de Administración y Políticas Públicas (FIIAPP), compuesto por más de 40 instituciones de Europa y América Latina.

OECD PUBLISHING, 2, rue André-Pascal, 75775 PARIS CEDEX 16
(23 2014 48 4) ISBN 978-92-64-20516-1 – 2015-17

www.ingramcontent.com/pod-product-compliance
Lightning Source LLC
LaVergne TN
LVHW080652011026
849160LV00014B/1400